Rolf Friedemann Pauls

Deutschlands Standort in der Welt

Rolf Friedemann Pauls

Deutschlands Standort in der Welt

Beobachtungen eines Botschafters

Seewald Verlag
Stuttgart · Herford

Alle Rechte vorbehalten
© Seewald Verlag Dr. Heinrich Seewald GmbH & Co.,
Stuttgart · Herford 1984
Schutzumschlag: Herbert C. Trave, Schwaig
Satz und Druck: F. L. Wagener, Lemgo
Gebunden bei Klemme & Bleimund, Bielefeld
Printed in Germany. ISBN 3-512-00693-0

Inhalt

Vorwort und Dank	7
Ein schwieriges Vaterland	9
Deutschland und Europa	31
Deutschland und Amerika	51
Deutschland und der europäische Osten	71
Deutschland und die Dritte Welt	85
Deutschland und der Nahe Osten	101
Deutschland und Israel	119
Deutschland und China	129
Deutschland im Bündnis	147
Deutschsein – mit Maß und Ziel	165

Vorwort

Dieses Buch ist geprägt von der Sorge, die mich umtreibt, daß in unserem Vaterland zum dritten Mal in diesem Jahrhundert die Vernunft verlorenzugehen droht.

Das wäre mehr, als selbst ein großes Volk verkraften könnte, das elfhundert Jahre, das Heilige Römische Reich Deutscher Nation tragend, durch die europäische Geschichte teils gestampft, selten gehüpft, mitunter geschritten ist und viel gelitten hat.

Dank

Für die Anregung und die Ermutigung zu dieser Arbeit danke ich Herrn Dr. Heinrich Seewald.

Besonderen Dank schulde ich meinem Kollegen aus drei Jahrzehnten, Hermann Kusterer, der mir bei Entstehen und Redaktion dieses Buches mit unschätzbarer freundschaftlicher Kritik und gutem Rat zur Seite stand.

Meinen Söhnen und Enkelkindern

Ein schwieriges Vaterland

Als am 9. Mai 1945 um 0 Uhr die Waffen endgültig schwiegen, ging es für einen Augenblick fast wie Aufatmen durch das Land, als sei ein grauenhafter Alptraum zu Ende.

Aber der Tag, in den der Alpträumende erwachte, war ganz und gar nicht dazu angetan, ihn das Grauen vergessen zu lassen. Deutschland lag so von innen und außen zerschunden am Boden, wie nie zuvor in seiner Geschichte, und mancher fragte sich, was das denn überhaupt sei, ja, ob es das überhaupt noch gebe, Deutschland?

Deutschland war schon seit jeher ein schwieriges Vaterland, man wußte nie so recht, wo es anfing und aufhörte. Es war mehr eine Idee als eine staatliche Wirklichkeit, war mehr Sehnsucht, die sich oft genug zum Gefühlsüberschwang verstieg, als politische Realität – von relativ kurzen Zwischenzeiten abgesehen, in denen es schien, als hätten die Deutschen eine feste Gestalt gefunden; es schien freilich nur so, denn kaum war diese Sicherheit gewonnen, zerrann sie schon wieder.

So auch am 9. Mai 1945. Das Reich war zerbrochen. Nur wer von klein auf miterlebt hat, welch machtvolle politische Kraft von dem Reichsgedanken ausstrahlte, kann ermessen, was das bedeutete.

Indessen muß dem Traum, der zum Alptraum geworden war, eine Wirklichkeit zugrundeliegen, weil anders Träumen – und gar kollektives Träumen einer wie immer zu umgrenzenden, aber jedenfalls vorhandenen Gruppe von Menschen, einer Nation – nicht möglich ist. Niemand wird also leugnen, daß es das gibt: Deutschland. Weiß auch immer noch niemand so recht, wo es anfängt und wo es aufhört, so ist es doch für uns, die wir uns ganz selbstverständlich Deutsche nennen, wie für die anderen, die uns nicht weniger selbstverständlich so bezeichnen, ein ernstgenommener Faktor in der Welt.

Belassen wir es bei dieser Überlegung, doch seien wir uns auch weiterhin stets bewußt, daß Deutschland nicht erst seit dem 9. Mai 1945 ein schwieriges Vaterland ist.

Aus unserer Mitte heraus und von außen wird der Deutsche als Politiker kritisiert, weil er dazu neige, mit seinem praktischen Handeln an der Wirklichkeit vorbeizugehen. Diese Kritik ist in weitem Ausmaß berechtigt, wenn sie feststellt, daß es uns an der Kunst der empirischen Handhabung der Dinge fehlt, die für das angelsächsische politische Leben so bezeichnend ist. Dennoch haben die Politiker der Jahre nach 1945 erstaunlichen Pragmatismus bewiesen, jedenfalls, was »Deutschland« angeht. Tatsächlich haben sie zwar zunächst dem Drängen, insbesondere der westlichen Besatzungsmächte nachgegeben und Einzelverfassungen der deutschen Länder erarbeitet. Aber sie machten dabei nicht halt, sondern verbanden diese Landesverfassungen in einem – wiederum pragmatisch – bewußt als »Grundgesetz« bezeichneten Basisdokument, das das Zusammenleben von Deutschen so lange regeln sollte, als die weltpolitische Konstellation ein Zusammenführen »aller« (?) Deutschen in einem Gesamtstaat, unter dem man mittlerweile eine Größenordnung zu verstehen sich bereitfand, die in geschichtlichen Kategorien eher als »kleindeutsche« Lösung bezeichnet worden wäre, nicht zuließ. So ist die Bundesrepublik Deutschland viel mehr ein deutscher Kern- als ein deutscher Teilstaat.

Es mag an dieser Stelle nützlich sein, sich einmal die damaligen Gegebenheiten wieder vor Augen zu führen.

Nach der Zerschlagung Hitlerdeutschlands saßen die Siegermächte über den Besiegten zu Gericht. Dabei kam der Besiegte nicht einmal zu Wort, so als gebe es ihn gar nicht. Um so erstaunlicher erscheint im Rückblick die Tatsache, daß eben dieser wortlose, nach aller äußerer Form handlungsunfähige und mithin politisch inexistente Besiegte aus dieser Wortlosigkeit herausfinden und wieder ein Jemand, ein Subjekt werden konnte.

Die Siegermächte teilten sich den Raum in Besatzungszonen, über die sie nicht nur die Herrschaft ausübten, sondern die sie im Wortsinne verwalteten, wenngleich mit Hilfe einiger von ihnen als zuverlässig angesehener (übrigens auch weitestgehend von der verwalteten Bevölkerung anerkannter) Einzelpersonen aus dem Kreis der Besiegten. Von Anfang an aber wollten die Siegermächte die so gewonnenen geographischen Räume nicht auf Dauer zu echten »Kolonien« machen. In der Potsdamer Erklärung vom 2. August 1945 heißt es (III, Abs. 5): »Es ist nicht die Absicht der Alliierten, das deutsche Volk zu vernichten oder zu versklaven.« Sie wollten ein »demokratisches« Deutschland, wobei der Begriff »demokratisch« im Westen eine ganz andere Färbung hatte als im Osten, aber das hatte nichts mit Deutschland, sondern mit den inhärenten Gegebenheiten der jeweiligen

Systeme zu tun. Der Begriff »Deutschland« hatte wiederum sehr unterschiedliche Färbungen, beginnend bei einem äußerst losen Miteinander deutscher Einzelstämme oder Länder bis hin zu den recht zentralistischen Vorstellungen der kommunistischen Weltmacht.

Das Problem, vor dem die nur in engen Grenzen handlungsfähigen Deutschen standen, war, eine von fremder Besatzungsgewalt gewollte Wiederentstehung staatlicher Form wirklich im Volke zu verankern. Die Landesverfassungen, die auf Wunsch der Alliierten erarbeitet wurden, die wohl auch nach und nach der unmittelbaren Eigenverwaltung der ihnen zugefallenen Räume und Menschen überdrüssig wurden, sollten einen Zukunftszustand beschreiben und nicht den vorhandenen Zustand kodifizieren, wie es eigentlich Aufgabe von Verfassungen ist. Daraus entstanden nicht unerhebliche Widersprüche.

Das politische Wesen der liberalen Bewegung des 19. Jahrhunderts war der Wille, das politische Verhältnis zwischen den Komponenten staatlichen Lebens in geschriebenen Verfassungen zu kodifizieren als Unterpfand der Rechtsstaatlichkeit. Aus Französischer Revolution und Napoleonischer Zeit war die Entwicklung reif geworden zum Erlaß geschriebener Verfassungen, so reif, daß auch die politische Reaktion – um diesen viel mißbrauchten Begriff hier am historisch richtigen Platz zu verwenden – sich ihrer nicht erwehren konnte, wenn sie auch noch stark genug war, um eine Verfassung zu oktroyieren und zu gewähren. So war die geschriebene Verfassung in Deutschland ein reifes Ergebnis am Ende einer Zeit des Übergangs vom aufgeklärten Absolutismus zum liberalen Rechtsstaat. Sie bezeichnete Ende des einen und Anfang des anderen politischen Prinzips. Sie kodifizierte den politischen Willen ihrer Zeit und erwuchs aus wirklichen Gegebenheiten. Dieses beides sind Forderungen, die an eine vollgültige Verfassung zu stellen sind. Keine Verfassung, ja kein Gesetz ist zeitlos und absolut gültig, sondern sie alle sind der mannigfachen Entwicklung der Zeit unterworfen. Jede zur Kodifikation reife Materie ist zum Zeitpunkt ihres Erscheinens als Gesetz schon zu einem gewissen Grade überholt. Eine Tatsache, die den Gesetzgeber in Zeiten des Übergangs zu ganz besonderer Vorsicht veranlassen sollte bei allen Kodifikationen, die Grundsätzliches regeln.

Als die Landesverfassungen erarbeitet wurden, war die Besatzungslage die Grundgegebenheit allen deutschen Lebens. Das politische Ziel der Besatzung war Rückführung Deutschlands zu demokratischen Verhältnissen. Die Vorstellungen der einzelnen Besatzungsmächte darüber, was Demokratie ist, wichen stark voneinander ab. Dem Sinne des Begriffes und seiner historischen Überlieferung aber entsprach es, daß die Staatsgewalt in einer Demokratie vom Volke ausgeht, ungeachtet, ob dies im Text der Verfassungsurkunde wörtlich zum Ausdruck kommt oder nicht. In Deutschland jedoch lag die Staatsgewalt nicht beim Volk, sondern bei den Besatzungsmächten. Alle von deutschen Stellen, Parlamenten oder Regierungen ausgeübte Staatsgewalt beruhte letzten Endes nicht auf einem vom Volke erteilten Mandat, sondern auf der Delegation seitens der Besatzungsmacht, die ihrerseits nicht an die Verfassung gebunden war, sondern sie genehmigte, also auch wieder aufheben und die ihr nachgeordneten deutschen Stellen von ihrer Beachtung befreien konnte, wobei die rechtlichen Grenzen der Besatzungskompetenz nicht klar abgesteckt waren. Die Landesverfassungen waren daher ihrem Wesen nach nicht demokratisch, auch wenn sie demokratische Verfahrensregeln umschlossen. Der in ihnen enthaltene Satz »Die Staatsgewalt geht vom Volke aus« bedeutete eine innere Unwahrhaftigkeit. Daraus resultierte eine psychologische Gefährdung ihres demokratischen Erziehungszweckes.

Noch problematischer stand es um die Grundrechte, die in den neuen Landesverfassungen einen breiten Raum einnahmen. Die geschichtliche Erfahrung hat gelehrt, daß Grundrechtserklärungen solange fragwürdig sind, als ihre Durchsetzung nicht garantiert oder erzwingbar ist. Die bloße Deklamation ist nur von geringem Wert. In dieser Hinsicht gehörten die Deklamationen der deutschen Landesverfassungen zu den wertloseren. Alle Landesverfassungen erklärten z.B. das Recht der Freizügigkeit. Tatsache jedoch war, daß jeder deutsche Ort Zuzugssperre hatte, daß Millionen Deutscher mit befristeter Aufenthaltsgenehmigung irgendwo saßen, und wenn der weitere Aufenthalt ihnen versagt wurde, überhaupt nirgends »frei hinziehen« konnten. Für das ganze Kontrollratsgebiet galt das Verbot, den Wohnsitz länger als 3 Tage zu verlassen. Jeder Wohnungswechsel bedurfte der Genehmigung. Angesichts dessen wirkte die verfassungsrechtliche Freizügigkeit wie ein Hohn. Ähnlich stand es mit der Freiheit der Wohnung, dem Postgeheimnis, der Koalitionsfreiheit...

Wenn sich nun diese gewichtigen und zu jener Zeit sehr realen Bedenken gegen die detaillierte Ausarbeitung von Landesverfassungen, die angesichts der herrschenden Umstände mehr eine Sehnsucht als eine Wirklichkeit kodifizierten, im weiteren Verlauf, wie wir ihn heute überblicken können, nicht als gerechtfertigt herausstellten, dann lag die Ursache dafür sehr tief. Genauer: Es gab eine Ursache und es gab ein Werkzeug.

Die Ursache war die schon oben genannte Sehnsucht der Menschen in Deutschland nach einem »anständigen deutschen Staat«. Das Werkzeug war der Parlamentarische Rat, besser: die Männer und Frauen, die in ihm ebenso gemeinsam in der Grundüberzeugung wie im Detail miteinander ringend das Grundgesetz der künftigen Bundesrepublik Deutschland ausarbeiteten.

Gleich zu Beginn der Arbeit des Parlamentarischen Rates wurde die Frage seiner juristischen Legitimation erörtert. Dabei sprach der spätere erste Präsident der Bundesrepublik Deutschland, Theodor Heuss, ein gutes Wort, das die Dinge politisch an den richtigen Platz rückte:

> »Unsere Arbeit bekommt ihre Legitimation nicht aus dem [alliierten Londoner] Dokument I und nicht aus dem Auftrag der Ministerpräsidenten, sondern bekommt ihre geschichtliche Legitimation aus der Leistung, die wir vollbringen.«

Es galt, ein politisches Vakuum, das mit dem Zusammenbruch 1945 entstanden war, in dem Raum zu füllen, in dem zu eigenen politischen Entscheidungen im gewissen Umfang die Möglichkeit bestand. Die bedingungslose Kapitulation der deutschen Wehrmacht am 8. Mai 1945 hatte militärische Rechtswirkung, aber keine staatsrechtliche. Sie bedeutete, daß die Alliierten ohne Bindung an spezifizierte Vertragsbedingungen, nur den allgemeingültigen Regeln des Völkerrechtes unterworfen, mit den deutschen Streitkräften verfahren konnten. Jedoch hatte das deutsche Volk mit der Kapitulation nicht durch legitimierte Vertreter einen Verzicht auf eigene Staatlichkeit zum Ausdruck gebracht. Die debellatio, die völlige militärische Niederlage, bedeutet nicht uno actu den Untergang der Staatlichkeit des Besiegten. Sie gibt dem Sieger nur den Rechtstitel, den Untergang der Staatlichkeit durch Annektion oder Subjugation, also durch Unterjochung oder völlige Unterordnung, herbeizuführen. Beides ist nicht geschehen. Die Potsdamer Erklärung enthielt vielmehr den ausdrücklichen Verzicht darauf. Mit ihrer gemeinsamen Erklärung vom 5. Juni 1945 übernahmen die vier Siegermächte die »[...] höchste Autorität hinsichtlich Deutschlands, einschließlich aller Machtvollkommenheiten, die der deutschen Regierung zustehen. Die Übernahme zu den vorstehend genannten Zwecken der besagten Autoritäten und Machtvollkommenheiten bewirkt nicht die Annektierung Deutschlands.« Das Deutsche Reich blieb als Rechtssubjekt bestehen, war jedoch geschäftsunfähig, da die Hoheitsgewalt in die Treuhänderschaft der Alliierten übergegangen war.

In dem Maße, in dem Hoheitsrechte von den Treuhändern dem deutschen Volk zurückgegeben wurden, mußte der Gesamtstaat reorganisiert werden. Es war jedoch kein neuer Staat zu schaffen. Die staatsrechtliche und historische Bedeutung der Präambel des Grundgesetzes liegt darin, daß sie diesem Willen der Bundesrepublik, die Kontinuität zum Deutschen Reich zu beanspruchen, eindeutig Ausdruck gibt. Die Präambel ist ein integrierender Teil des Grundgesetzes. Sie betont gewisse leitende Gedanken, die für die Interpretation des Ganzen und die es tragende Staatsauffassung maßgebend sind:

»Im Bewußtsein seiner Verantwortung vor Gott und den Menschen, von dem Willen beseelt, seine nationale und staatliche Einheit zu wahren und als gleichberechtigtes Glied in einem vereinten Europa dem Frieden der Welt zu dienen, hat das Deutsche Volk in den Ländern Baden, Bayern, Bremen, Hamburg, Hessen, Niedersachsen, Nordrhein-Westfalen, Rheinland-Pfalz, Schleswig-Holstein, Württemberg-Baden und WürttembergHohenzollern, um dem staatlichen Leben für eine Übergangszeit eine neue Ordnung zu geben, kraft seiner verfassungsgebenden Gewalt dieses Grundgesetz der Bundesrepublik Deutschland beschlossen. Es hat auch für jene Deutsche gehandelt, denen mitzuwirken versagt war. Das gesamte deutsche Volk bleibt aufgefordert, in freier Selbstbestimmung die Einheit der Freiheit Deutschlands zu vollenden.«

Das deutsche Volk in den nord-, west- und süddeutschen Ländern wollte also mit diesem Grundgesetz seine nationale und staatliche Einheit wahren, nicht aber sie neu begründen, und handelte dabei stellvertretend auch mit für jenen Teil des deutschen Volkes, dem diese Freiheit zur Verfassungsgebung versagt war. Mit dem Grundgesetz wurde in diesen Staat der Wille zur Extensität hineingelegt. Sie erstreckt sich in zwei Richtungen. Da war zum einen das Streben, seine Kompetenzen durch schrittweises Ansichziehen zunächst noch den Besatzungsmächten verbliebener Hoheitsbefugnisse zu erweitern, bis hin zur völligen Wiedererlangung der Souveränität, um sie gegebenenfalls freiwillig zugunsten eines europäischen Kollektivsystems zu beschränken (Art. 24, Abs. 1 und 2). Da war zum anderen der Entschluß, die staatsrechtlich vom Bund noch nicht erfaßten Teile des deutschen Gebietes und Volkes, wie das Saargebiet oder die mitteldeutsche Irredenta, in diese Bundesrepublik einzubeziehen. Dieses Ziel klang schon in dem alliierten Londoner Dokument I an, worin es heißt: »Die Verfassunggebende Versammlung wird eine demokratische Verfassung ausarbeiten, [...] die am besten geeignet ist, die gegenwärtig zerrissene deutsche Einheit schließlich wiederherzustellen.« Die Teilnahme Berliner Vertreter an den Beratungen und der Versuch, Berlin schon jetzt als zwölftes Land dem Bund zuzugliedern, zeigen, wie stark und ernsthaft dieser Wille von der ersten Stunde der Verfassungsarbeit an war.

Begünstigt durch die weltpolitischen Umstände, insbesondere die immer schärfer zutage tretende Konkurrenz zwischen den beiden Supermächten, die von den immer ungeschminkter verfolgten Weltbeherrschungsansprüchen der Sowjetunion ausgelöst wurde, begünstigt aber wohl auch durch die pragmatische, stets aufs Machbare und den Erhalt der glaubwürdigen Zuverlässigkeit des neuen deutschen Staates ausgerichtete, sich jeder Überforderung enthaltende Politik der Bundesregierung, wurde die erstere Richtung der im Grundgesetz verankerten Extensität relativ bald erreicht. Niemand kann heute behaupten, die Bundesrepublik trage die Züge eines Besatzungsprodukts. Vorhandene Einschränkungen der Handlungsfreiheit sind weder größer noch härter, als sie jeder Staat der Erde hinnehmen muß, und hiervon sind selbst die beiden Weltmächte nicht völlig verschont. Die zweite Extensitätsrichtung dagegen verlor nach der Volksabstimmung von 1955 und dem deutsch-französischen Saarvertrag von 1956 über die Eingliederung des Saarlandes ab 1957 im weiteren Verlauf immer mehr an Kraft und beschränkte sich allmählich nur noch darauf, wenigstens den Grundsatz als solchen zu bewahren.

Bei der Erarbeitung des Grundgesetzes standen dem Parlamentarischen Rat stets die Erfahrungen von Weimar vor Augen. Die damalige Demokratie war nicht zuletzt auch an den überidealistischen Vorstellungen von Demokratie gescheitert, die einen Wesenszug der Weimarer Verfassung ausgemacht hatten. Ganz entscheidend für eine funktionsfähige Demokratie war die Stellung des Bundespräsidenten zum einen, die des Bundeskanzlers zum andern.

Die Stellung des Reichspräsidenten in der Weimarer Republik war eine plebiszitär-parlamentarische. Für die verfassungsrechtliche Regelung seiner Stellung war der Gedanke maßgebend, die Vorzüge des amerikanischen und des damaligen französischen Systems zu vereinen. Der Präsident der USA ist vom Volk gewählt, ist Staatsoberhaupt und regiert selbst. Die ihm untergeordneten Staatssekretäre sind nur ihm verantwortlich. Der Präsident der französischen Republik wurde parlamentarisch gewählt und hatte daher dem Parlament gegenüber nicht die Stellung innerer Unabhängigkeit, wie der amerikanische. Er regierte nicht selbst, sondern war, ohne an der staatlichen Willensbildung beteiligt zu sein, repräsentatives Staatsoberhaupt.

Die Stellung des Reichspräsidenten war plebiszitär insofern, als er durch Volkswahl in sein Amt berufen wurde und dem Parlament gegenüber eine sehr unabhängige Stellung hatte, denn die Rechtsquelle seiner Existenz war der des Parlaments gleichwertig, ja in der politischen Bewertung überlegen, da er ein ungeteiltes Mandat besaß gegenüber dem aufgeteilten der Volksvertreter. Parlamentarisch war seine Stellung, weil er nicht selbst regierte, sondern durch eine parlamentarisch verantwortliche Regierung. Der Bundespräsident hingegen wird nicht durch Plebiszit, sondern parlamentarisch durch die nur zu diesem Zweck gebildete Bundesversammlung – Artikel 54 Grundgesetz – gewählt. Er steht dem Parlament nicht mit der Unabhängigkeit des Reichspräsidenten gegenüber, denn er ist ein Geschöpf des Parlaments, wobei die Mitwirkung der von den Landtagen berufenen Mitglieder der Bundesversammlung die föderalistische Note der Verfassungsstruktur betont. Die Schöpfer dieser parlamentarischen Präsidentschaft haben dem Inhaber des Amtes die Bedeutung einer »pouvoir neutre et intermédiaire« zugedacht. Hugo Preuß hat es einmal als die wichtigste Funktion des Reichspräsidenten bezeichnet, »ein gewisses Zutrauen, einen ruhenden Pol in der Verfassung zu bilden«. Das ist weniger eine Frage der potestas als der auctoritas, besonders dann, wenn die verfassungsmäßige Macht sehr viel geringer ist, als dem Reichspräsidenten zur Verfügung stand, und das Gewinnen der position neutre durch die parlamentarische Wahl erschwert wird. Kein verfassungsmäßiges Amt ist in seinem Wert und Gewicht so abhängig von der gestaltenden Kraft der Persönlichkeit, die es einnimmt, wie das Amt des Bundespräsidenten.

Rein repräsentativ oder nur vom Gewicht der Persönlichkeit des Bundespräsidenten geprägt ist sein Amt jedoch nicht. In schwierigen parlamentarischen Situationen wird er durch sein Recht zur Parlamentsauflösung zur Schlüsselfigur. Dieses Recht steht ihm indes nur in – wie zu hoffen ist – Ausnahmesituationen zu, wenn nämlich durch eine parlamentarische Patt-Situation die Unregierbarkeit droht. Der Reichspräsident konnte aus eigener Initiative den Reichstag auflösen und bedurfte zur Auflösungsverfügung nur einer ministeriellen Gegenzeichnung. Da er den Reichskanzler ohne Mitwirkung des Reichstages berufen und entlassen konnte, war er in der Lage, sogar gegen den Willen des amtierenden Kanzlers zur Auflösung zu schreiten, indem er diesen entließ und einen auflösungswilligen Kanzler berief. Staatsrechtlich war es möglich, daß er einen Reichstag vor seinem ersten Zusammentritt wieder auflöste. Dieses Extrem macht den Unterschied in der Machtzumessung zwischen Reichs- und Bundespräsident ganz deutlich.

Von sich aus kann der Bundespräsident nur im Falle des Artikel 63 Abs. 4 völlig frei entscheiden, ob er auflösen will oder nicht, wenn im dritten Wahlgang von einem neuen Bundestag ein Minderheitskanzler gewählt ist. Dieser Fall kann angesichts der Artikel 68 und 69 nur beim Beginn einer neuen Legislaturperiode eintreten und bringt den Präsidenten in jedem Falle in eine schwierige Lage, da er sich sowohl mit der Ernennung des Minderheitskanzlers als auch mit der Auflösung gemäß Artikel 63 in Widerspruch setzt zur neuen – wenngleich rein negativen – Mehrheit des Bundestages. Dieser Fall ist bis heute nie praktisch geworden. Würde er es, so läge der Staatsnotstand in recht greifbarer Nähe...

In dem Fall der Auflösung nach Artikel 68 ist der Präsident an den Vorschlag des Kanzlers gebunden, um tätig zu werden. Dasselbe gilt für die Initiative zum Gesetzgebungsnotstand gemäß Artikel 81.

Im Gegensatz zur politisch leitenden Funktion des Reichspräsidenten ist der Bundespräsident mithin nicht an der unmittelbaren Führung der politischen Geschäfte beteiligt, sondern erfüllt neben seiner überwiegend repräsentativen Aufgabe vor allem auch die Funktion der letzten Zuflucht in dem Augenblick, in dem die Unregierbarkeit des Landes droht. Das freilich kann nur eine Atempause sein, damit das Land wieder zu einem Grundkonsens gelangen kann. Dieser unausgesprochene, aber reale Grundkonsens der Nation ist die absolute Voraussetzung für ein Funktionieren der Verfassung überhaupt.

Die Beschränkung der politischen Kompetenzen und Wirkungsmöglichkeiten des Bundespräsidenten wird im übrigen besonders deutlich bei der Bildung der Bundesregierung. Während der Reichspräsident ohne Bindung an das Parlament den Kanzler ernennen und entlassen konnte, ist der entscheidende Faktor für die Berufung und Entlassung jetzt der Bundestag. Er hat den Kanzler zu wählen und kann das tun auch im Gegensatz zum Vorschlag des Präsidenten nach Artikel 61, Abs. 3 und 4. Diesem bleibt nur ein erstes Vorschlagsrecht und, wie schon erwähnt, die Entscheidung, ob er nach Artikel 63 Abs. 4 einen Minderheitskanzler ernennen oder das Parlament auflösen will. Natürlich wird der Präsident, zumal er durch den Vorgang seiner Wahl dem Bundestag eng verbunden ist, normalerweise keinen Vorschlag machen, dessen Aussicht auf Verwirklichung er nicht sondiert hat.

Der Kanzler ist die politisch überragende und zentrale Figur des ganzen Regierungssystems. Standen in der Weimarer Verfassung als Leiter des exekutiven Willens Präsident und Kanzler der gesetzgebenden Körperschaft gegenüber, so ist dies nach dem Grundgesetz der Kanzler allein, während ein Dualismus auf der gesetzgebenden Seite in Erscheinung tritt durch die starke Beteiligung des Bundesrates neben dem Bundestag, ungleich stärker als die des Reichsrates der Weimarer Verfassung.

Die Tatsache der Wahl des Kanzlers durch den Bundestag und die Unmöglichkeit der Entlassung durch den Präsidenten gibt ihm eine wesentlich stärkere Position, als der Kanzler in der Weimarer Zeit hatte. Die möglicherweise aus der Wahl resultierende Abhängigkeit vom Bundestag wird gemildert durch den Umstand, daß sein Sturz durch konstruktive Kautelen erschwert ist, denn nach Artikel 67 kann der Bundestag dem Kanzler das Mißtrauen nur dadurch aussprechen, daß er einen neuen Regierungschef wählt.

Auf seinen Vorschlag werden die Minister ernannt und entlassen. Diese bedürfen nicht des Vertrauens des Bundestages und können nicht durch Mißtrauensvoten aus dem Kabinett entfernt werden. Allein der Kanzler ist vom Parlament wirksam angreifbar und damit der eigentliche und alleinige Repräsentant der Regierungsbank. Die Tatsache, daß er die Richtlinien der Politik bestimmt und über im Zusammenhang mit den Richtlinien der Politik entstehende Meinungsverschiedenheiten allein entscheidet, macht ganz deutlich, daß die Regierung eindeutig nach dem Prime-Minister-System orientiert ist, während die Weimarer Verfassung in der Praxis ein Kollegial- oder Prime-Minister-System ermöglichte. Die verfassungsrechtliche Stellung der Bundesminister liegt zwischen der der Staatssekretäre bis 1918 und der der Reichsminister der Weimarer Republik. Was die Exekutive gegenüber der Weimarer Verfassung durch die Schwächung der präsidialen Stellung im Grundgesetz eingebüßt hat, ist durch die Stärkung der Stellung des Kanzlers ausgeglichen worden.

Die Stärke einer Position bemißt sich nicht zuletzt danach, wie einfach oder schwierig der Amtsinhaber aus seinem Amt entlassen werden kann. Um sich des Kanzlers (und damit der ganzen Regierung) zu entledigen, bedarf es des »konstruktiven Mißtrauensvotums« nach Artikel 67. Ihm zufolge wird ein Mißtrauensantrag nur wirksam, wenn eine Mehrheit der Mitglieder des Bundestages im selben Atemzug einen neuen Kanzler wählt.

So sehr das konstruktive Mißtrauensvotum die Stabilität der Regierung unterstützt, öffnet es doch auch die Hintertür zur Schwächung der Position des Kanzlers. Bekanntlich haben weniger die unbeschränkten Mißtrauensvoten als der Kabinettszerfall die Stabilität der Regierungen der Weimarer Republik untergraben. Ähnliche Entwicklungen zeichnen sich in der Bundesrepublik ab.

Sollten sich bei einem fortschreitenden Zerfall der politisch-parlamentarischen Sitten Parteien, die ohnehin diesen Staat so nicht wollen, und solche, denen alle Mittel recht sind, sofern sie ihnen nur zur Macht verhelfen, zur Bildung »konstruktiver«, das heißt in Wahrheit destruktiver Tagesmehrheiten zusammenfinden, so wäre der daraus hervorgehende Kanzler ein Spielball der Launen unkontrollierbarer Kräfte (sofern er nicht gar selbst ihr diabolischer Anführer wäre) und triebe die Bundesrepublik Deutschland dem Chaos entgegen. Eine solche Gefahr war in den ersten Jahrzehnten der Bundesrepublik Deutschland nirgends erkennbar: Die im demokratischen Grundkonsens verankerten Kräfte dominierten auf allen Seiten. In einer Lage, in der mittlerweile Kräfte parlamentsfähig geworden sind, die jedenfalls zum Teil die Unregierbarkeit des Landes anstreben, rückt diese Gefahr in bedrohlich greifbare Nähe. Wenn linke Ideologie und Machteifer in der traditionsreichen und grunddemokratischen SPD weiter in dem Maße um sich griffen, wie es in neuerer Zeit hier und da auffällig geworden ist, stünde zu befürchten, daß sie ihr demokratisches Bekenntnis hinter das reine Machtstreben zurücktreten lassen könnte. Ob in einem solchen Fall die Wähler so tiefe Einsicht in die heraufziehende Gefahr zeigen würden, daß sie jede solche »neue Mehrheit« absolut ausschlössen, wäre zumindest fraglich. Aber selbst »wenn«, dann wäre eine solche Entwicklung gefährlich, weil sie das Risiko eines übersteigerten Rechtsradikalismus heraufbeschwören könnte, dem dann auch die besonnenen, aber weitgehend indifferenten Kräfte der Mitte, die schweigende Mehrheit, standzuhalten hätten. Eine Polarisierung wäre die Folge, die in jedem Fall jenen »anständigen deutschen Staat« zerstören würde, den die Väter des Grundgesetzes wollten und den das Volk der Bundesrepublik Deutschland in seiner großen, freilich brüchiger und resignierter werdenden Mehrheit bis heute will.

Damit aber wäre der Grundkonsens erloschen; es entstünde eine »andere Republik«, von der uns – gelinde gesagt – nichts Gutes winkte. Gegen eine solche Entwicklung hülfen auch die sonstigen Vorkehrungen nichts, die das Grundgesetz gegen die Unregierbarkeit vorgesehen hat, und die wir uns der Vollständigkeit halber noch kurz vor Augen führen wollen: Parlamentsauflösung und Gesetzgebungsnotstand.

Hat der Kanzler seine Mehrheit verloren und gelingt es ihm nicht, sie wieder zu konsolidieren, bleibt ihm nur die Möglichkeit, nach Artikel 68 selbst die Vertrauensfrage zu stellen. Wird sie nicht bejaht, kann er den Bundestag im Einverständnis mit dem Bundespräsidenten durch diesen auflösen lassen. Damit hat der Kanzler allerdings ein gewichtiges Druckmittel in der Hand, nämlich die Drohung, daß dem Bundestag, wenn er nicht dem Kanzler folgt, etwas Übles passiert: Auflösung oder Gesetzgebungsnotstand. Hier ist die zweite wichtige politische Kompetenz des Bundespräsidenten. Nach Artikel 68 läuft die Auflösungsfrist 21 Tage. Steht der Kanzler mit dem Präsidenten im Einklang, kann dieser auf Antrag des Kanzlers augenblicklich nach Verneinung der Vertrauensfrage den Bundestag auflösen, ohne letzterem für neue Überlegungen mehr Zeit zu geben als die zwischen Antrag und Abstimmung verfassungsmäßig vorgesehenen 48 Stunden. Das Einverständnis des Präsidenten mit der Politik oder Person des Kanzlers ist also für letzteren nicht unwichtig, wenn er den Bundestag unter Druck setzen will; denn wenn der Präsident den Kanzler los sein möchte, kann er trotz dessen Auflösungsvorschlag dem Bundestag drei Wochen Zeit geben, von sich aus zu klären und eine neue Mehrheit zu bilden. Der Präsident kann natürlich denselben Zweck auch mit sofortiger Auflösung verfolgen, denn das Amt des Kanzlers endet in jedem Fall mit dem Beginn einer neuen Legislaturperiode, und der Präsident ist dann frei hinsichtlich seines Erstvorschlages an den Bundestag. Er kann dem Bundestag den Mann seiner Wahl vorschlagen, der dann allerdings auch gewählt werden muß. Ein politisch willensstarker Präsident hat also die Möglichkeit, im Rahmen seiner verfassungsmäßigen Kompetenzen im Falle des Konfliktes zwischen Kanzler und Parlament auf Zeit zum politischen Akteur zu werden und aus dem Hintergrund an die Rampe zu treten.

Es sei hinzugefügt, daß die parlamentarischen Möglichkeiten der Opposition mit der Unmöglichkeit eines einfachen Mißtrauensantrages nicht erschöpft sind. Nirgends ist im Grundgesetz verboten, einen Antrag im Bundestag einzubringen, dem Kanzler das Vertrauen des Bundestages auszusprechen. Eine Oppositionspartei kann also in einer Krisenlage, in der die Regierungsmehrheit brüchig geworden ist, ohne daß sich jedoch eine neue Mehrheit bisher bilden konnte, den Antrag stellen, dem Kanzler das Vertrauen auszusprechen. Der Antrag muß in dieser Form zur Abstimmung kommen. Materiell ist das ohne sonderliche Bedeutung, denn der Kanzler kann seinerseits die Vertrauensfrage damit verbinden, um nach Artikel 68 die Möglichkeit der Auflösung oder der Auslösung des Gesetzgebungsnotstandes zu schaffen, wobei es kein Kunststück ist, diesen Antrag so zu formulieren, daß er als der weitergehendere zuerst zur Abstimmung kommt und den Oppositionsantrag verdrängt. Die Bedeutung dieses Vorganges liegt aber darin, daß die Opposition damit die Möglichkeit hat, taktisch das Gesetz des Handelns in die Hand zu bekommen und zu einem Zeitpunkt die Regierungsmehrheit zu zerschlagen, in dem vielleicht noch nicht alle Möglichkeiten einer anderweitigen Bereinigung der Krise erschöpft sind.

Verneint der Bundestag die nach Artikel 68 gestellte Vertrauensfrage und folgt dem weder die Auflösung noch die Neuwahl eines anderen Kanzlers, so führt das mit ziemlicher Sicherheit zu einem Gesetzgebungskonflikt zwischen Regierung und Parlament. Hier tritt Artikel 81 ein, der die Erklärung des Gesetzgebungsnotstandes ermöglicht. Danach kann der Bundespräsident auf Antrag der Bundesregierung mit Zustimmung des Bundesrates für eine Gesetzesvorlage den Gesetzgebungsnotstand erklären, wenn der Bundestag sie ablehnt, obwohl die Bundesregierung sie als dringlich bezeichnet hat. Das gleiche gilt, wenn die Vorlage abgelehnt ist, obwohl der Kanzler mit ihr die Vertrauensfrage nach Artikel 68 verbunden hat. Lehnt der Bundestag nach Erklärung des Gesetzgebungsnotstandes die Vorlage erneut ab oder nimmt er sie in einer für die Regierung als unannehmbar bezeichneten Fassung an, so gilt das Gesetz als zustandegekommen, soweit der Bundesrat ihm zustimmt.

Der Gesetzgebungsnotstand schafft ein vom Normalfall völlig abweichendes Kräfteverhältnis. Während bei der Auflösung des Bundestages der Antrag des Kanzlers am Anfang des Verfahrens steht, kommt es zur Herbeiführung des Gesetzgebungsnotstandes zunächst auf den kollektiven Willen der Regierung an. Sie muß den Antrag stellen, sie muß eine Vorlage als dringlich und muß eine abgeänderte Fassung als unannehmbar bezeichnen. Minister, die zu einer nunmehr in Opposition stehenden Partei gehören und dieser folgen, können also ihre Zustimmung zur Erklärung des Notstandes verweigern. Allerdings kann der Kanzler gemäß Artikel 64 Abs. 1 ihre Entlassung durch den Präsidenten herbeiführen und die erledigten Ressorts mit ihm ergebenen Ministern besetzen, so daß eine Hemmung der Erklärung des Gesetzgebungsnotstandes von Regierungsseite kaum zu erwarten und praktisch doch das Wollen des Kanzlers ausschlaggebend ist. Nichts betont indes die ungleich stärkere föderalistische Struktur der Bundesrepublik gegenüber dem früheren Reich mehr als die Tatsache, daß für den Gesetzgebungsnotstand der Bundesrat als Legalitätsreserve eingeschaltet wurde.

Seine ausschlaggebende Stellung als Legalitätsreserve bei der Notstandsgesetzgebung rückt den Bundesrat in den Mittelpunkt des funktionellen Verfassungssystems. Er ist, wenn auch nicht unumschränkter Herr des Notstandes, so doch der entscheidende Faktor dabei, da dieser nur eintreten kann mit seiner Zustimmung und er zu seiner gesetzgebenden Auswirkung abermals der Zustimmung des Bundesrates bedarf. Diese starke Position des Bundesrates im Notstand macht ihn zu einem bestimmenden Faktor im ganzen Regierungssystem; denn der Kanzler muß danach trachten, um den Notstand zu gegebener Zeit praktizieren zu können, mit dem Bundesrat, das heißt mit den Ländern im Einklang zu stehen. Er kann einen Konflikt mit dem Bundestag nur riskieren, wenn er der Mehrheit der Bundesratsstimmen sicher ist und bedarf andererseits einer zuverlässigen Gefolgschaft der Mehrheit des Bundestages, wenn er in Wahrnehmung zentraler Interessen die Gefahr eines Konfliktes mit den Ländern läuft. Es ergibt sich also für die Bundesrepublik das Kräftedreieck: Bundestag – Kanzler – Bundesrat, während sich im Weimarer Staat Präsident – Kanzler – Reichstag gegenüberstanden.

Die Stellung des Bundesrates in diesem verfassungsmäßigen Ausnahmezustand beschränkt auch materiell den Bereich der Notstandsgesetzgebung. Es werden solche Gesetze Aussicht auf Inkrafttreten haben, die in einer gewissen föderalistischen Linie liegen. Angesichts dieser Tatsache und der normalen verfassungsmäßigen Kompetenz des Bundesrates für den Erlaß von Rechtsverordnungen gemäß Artikel 80 Abs. 2, von Verwaltungsvorschriften gemäß Artikel 84 Abs. 2 sowie seiner übrigen für die Ausführung der Bundesgesetze in der Bundesverwaltung gegebenen Befugnisse (Artikel 84 Abs. 1 und 3-5, Artikel 85 Abs. 1, Artikel 89 Abs. 3, Artikel 91 Abs. 2) wird der Bundesrat für die Zeit des Notstandes praktisch zu einer Neben- oder Mitregierung. Nach Artikel 81 Abs. 3 läuft die Frist des Notstandes sechs Monate. Das ist also der Zeitraum, in dem sich Regierung und Bundestag wieder zusammenraufen sollen.

Gelingt es nicht, die Krise binnen sechs Monaten zu lösen, bleibt nur die Auflösung des Bundestages nach erneuter Vertrauensfrage, denn der Kanzler kann den Gesetzgebungsnotstand während seiner Amtsperiode nur einmal in Anspruch nehmen. Der Gesetzgebungsnotstand hat jedoch eine Lücke, denn das Gesetzgebungsrecht des Bundestages erlischt nicht während des Gesetzgebungsnotstandes. Er kann also im Bereich seiner Zuständigkeit weiterhin rechtskräftige Gesetze beschließen, das suspensive Veto des Bundesrates nach Artikel 77 Abs. 4 überstimmen und die Verkündung dieser Gesetze erzwingen. Er kann auf diesem Wege die Notstandsgesetze, soweit sie nicht der verfassungsmäßigen Mitbestimmung des Bundesrates bedürfen, wieder aufheben; diese können dann im Wege der Notstandsgesetzgebung wieder in Kraft gesetzt werden. Die Regelung des Gesetzgebungsnotstandes im Grundgesetz ermöglicht folglich eine vollkommene Gesetzeskonfusion. Besteht im Parlament eine destruktive, verfassungsfeindliche Flügelopposition, dann ist die Notstandsregelung untauglich.

So also ist in ganz groben Umrissen jener »anständige deutsche Staat«, den die Verfasser des Grundgesetzes vor Augen hatten, für den Notfall konstruiert. Der Staat, der für Deutschland nach dem totalen Zusammenbruch wieder Ansehen und internationale Geltung erwarb. Der Staat auch, der vermutlich durch seine bloße Existenz, seine Glaubwürdigkeit und Verläßlichkeit als letztlich auf moralischen Grundsätzen – eben dem Grundkonsens – aufbauender Partner die Sowjetunion zwang, im anderen Teil Deutschlands wenigstens die Fiktion einer Eigenstaatlichkeit aufzubauen – freilich mit allen Kautelen einer Besetzung, wie sie im westlichen und freien Teil längst überholt ist. Die Frage ist zu bejahen, ob dieser beklagenswerte Zustand des deutschen Teilstaates DDR letzten Endes nicht doch noch besser ist als die Fortdauer der Unmündigkeit: besser wenn nicht im Sinne der vollen Einheit aller Deutschen in Freiheit, so doch wenigstens für die unmittelbar Betroffenen.

Diese Bundesrepublik repräsentiert heute in den Augen der Welt Deutschland. Sie wird es so lange können, als in ihr der in diesen Zeilen schon beschworene Grundkonsens erhalten bleibt: Ein freies Deutschland zu bewahren und zu verkörpern, bis der Tag kommt, da alle Deutschen in den Genuß dieser Freiheit gelangen können.

Was ist aus dem Konsensus in 35 Jahren geworden?

Der Wiederaufbau nach der Katastrophe war kein Wunder, sondern das Ergebnis einer ungeheuren Leistungsbereitschaft aller, einer Identifizierung jedes einzelnen mit dem Ziel, das Elend zu überwinden und in Zusammenarbeit menschenwürdige Zustände für alle zu schaffen. Es gelang, mehr als 10 Millionen Flüchtlinge planvoll und durch die Eigeninitiative dieser Unglücklichen in das ökonomische und politische Leben voll zu integrieren und zu einem wichtigen Element des Wiederaufbaus zu machen und sie vor der so leicht möglichen Radikalisierung zu bewahren.

Das als wesentlich erkannte Ziel, den Klassenkampf zu überwinden und Arbeiter nicht zu Proletariern werden zu lassen, konnte unter Mühen und im Zusammenwirken mit den klug und verantwortungsbewußt geführten Gewerkschaften erreicht werden. Es war keine Restauration, es war ein originärer Aufbau aus der Katastrophe, das Schaffen einer neuen politischen, wirtschaftlichen und sozialen Struktur, getragen vom Willen aller zum Maßhalten und zur gemeinsamen Leistung. So entstanden der anständige deutsche Staat und eine freie, höchst leistungsfähige Wirtschaft. Natürlich gab es scharfe Differenzen über den politisch und wirtschaftlich einzuschlagenden Weg, aber sie konnten die Grundübereinstimmung nicht zerstören. Mit dem Eindringen in die demokratische Verfassungswirklichkeit entwickelten sich die den demokratischen Werten innewohnenden Spannungsbögen zwischen Freiheit – Sicherheit und Freiheit – Gleichheit. Sicherheit im Innern und nach außen ist nicht möglich, ohne die persönliche Freiheit durch Pflichten zu begrenzen. Das ist der unvermeidliche Preis des Erhalts der Freiheit. Das Streben nach Gleichheit begrenzt die Freiheit, wenn über gleiches Recht hinaus auch gleiche Chancen für alle geschaffen werden sollen. Da die Menschen verschieden sind, werden auch ihre Chancen immer unterschiedlich sein.

Friedrich Nietzsche hat einmal gesagt: »In Zukunft, also im 20. Jahrhundert, werden diejenigen in einer Gesellschaft die eigentliche Macht ausüben, die fähig sind, ihre Sprachregelung in der Gesellschaft durchzusetzen. Dann ist die Wahl der Begriffe und der Sprache kein Nebenkriegsschauplatz, sondern dann wird der Kampf um die Sprache zur entscheidenden Schlacht.« Er hatte recht, und wir stehen im vierten Jahrzehnt der Bundesrepublik mitten in diesem Kampf. In dem Maße, wie die Ablehnung des Kommunismus willentlich reduziert und die Bedrohung geleugnet wird, geraten die ideologisch-politischen Formulierungen unter linksradikalen Einfluß. So ist zum Beispiel der Begriff des Totalitarismus nahezu ganz durch den des Faschismus ersetzt worden, als gäbe es ihn nur auf der radikalen Rechten, was immer rechts und links hier noch meinen mag. Die Reihe der Beispiele ließe sich beliebig verlängern.

Durch deformierte Sprache wird Desinformation erreicht. Zunehmend bestimmen lautstarke, aggressive Minderheiten Themen und Ton der Debatte und finden die stets präsente Aufmerksamkeit der elektronischen Medien. Im Februar 1984 demonstrierten 28 Frauen vor dem Bonner Verteidigungsministerium. Anwesend: 38 Reporter und 6 Fernsehteams. Große Berichterstattung in den Medien. Ende April 1984 veranstaltete die Luftwaffe bei Wittmund einen Tag der offenen Tür, besucht von 60 000 Bürgern. Kein Reporter, kein Fernsehteam. Am Abend großer Zapfenstreich auf dem Marktplatz von Wittmund. 5000 sangen die Nationalhymne mit. Kein Reporter, kein Fernsehen. Die überwältigende schweigende Mehrheit macht sich eindrucksvoll nur bei den Wahlen bemerkbar, ansonsten beherrschen Minderheiten die Szene der öffentlichen Meinungsmache und vermitteln, auch nach draußen, ein falsches Bild der politischen Meinung dieses Landes.

Aber täuschen wir uns nicht. Der Abkehr von Gott folgte die Herrschaft der Ideologien, die zu bloßem Forderungsdenken führt. Mehr und mehr gewollt ist die Freiheit von etwas und abgelehnt die Freiheit für etwas, die Disziplin und Selbstdisziplin erfordert. Immer weniger wird der Staat als Garant sittlicher und rechtlicher Normen begriffen. Immer mehr als Dienstleistungsbetrieb. Die Kräfte der Selbstzerstörung nehmen bei uns zu, und das ist die eigentliche Krise unseres Gemeinwesens.

Verglichen mit der Anfangszeit der Bundesrepublik Deutschland leiden die westlichen und besonders die europäischen Demokratien an Entscheidungsschwäche. Diskussion ist notwendig und richtig, gewiß, aber Diskussion, die nicht zu einer Entscheidung führt, gerät zum Dauergeschwätz. Die Politiker starren zu gebannt auf die Ergebnisse der Meinungsumfragen, anstatt unaufhörlich den Wählerauftrag in die Tat umzusetzen. Die aus Entscheidungsschwäche unklar gehaltene Gesetzgebung führt zu einer hoffnungslosen Überforderung der Verwaltungsgerichte. Richter, die technologische Laien sind, entscheiden über Milliardenprojekte von Kernkraftwerken. Die Zahl der Gesetze wird zur Flut; sie sind indes so unordentlich erarbeitet, daß das Bundesverfassungsgericht zur Ersatz-Legislative gerät. Dabei ist aufgrund der Gewaltenteilung und klaren Kompetenzzuweisung kein Regierungssystem so entscheidungsfähig wie das demokratische. Aber es muß auch qualitativ ausgefüllt werden.

Das seit der Frühzeit der Bundesrepublik Deutschland überkommene und selbstzufrieden gewordene Dreiparteiensystem ist durch die Wahlerfolge der Grünen empfindlich gestört worden. In dem Maße, als die Grünen in Parlamenten regierungsfähige Mehrheiten verhindern können, wird die staatliche Stabilität in Frage gestellt.

Grüne und Alternative kommen nicht aus dem Nichts. Die alten Parteien waren so selbstzufrieden, so wenig zur ständigen intellektuellen Erneuerung fähig geworden, daß sie auf neu sich stellende Fragen keine oder höchst unbefriedigende Antworten hatten, neue Probleme nicht schnell genug erkannten und keine überzeugenden Lösungsmöglichkeiten für sie fanden. Ihre Informationsarbeit war zur Routine geworden und nicht mehr sensibel für das, was die Leute umtrieb.

So suchten immer mehr Bürger nach etwas Neuem und gerieten dabei nicht an die qualifiziertesten Ratgeber. Die hemmungslose Demagogie und die sachliche Unfähigkeit der neuen parlamentarischen Gruppen liefern den alten Parteien die Chance, den Schaden zu reparieren, aber nur dann, wenn sie hellwach werden und wirksam reagieren.

Unternehmer mit starker innovativer Kraft entwickeln die Wirtschaft, investieren, erweitern, bereichern, steigern die Produktion, schaffen wachsende Werte und produzieren solides Geld. Das können nicht Organisationen, das kann nicht der Staat. Überall in der Welt, wo sie es nach Theorie und Plan versuchen, sind sie gescheitert und scheitern täglich neu. Die Zahl der Beispiele ist Legion, in Ost und West. Was in die Mangel von ideologisch bestimmten Organisationen gerät, wird flach ausgewalzt. Je länger sie bestehen, um so mehr werden sie zum Selbstzweck und verlieren an Schöpferkraft.

Die freie Wirtschaft ist als einzige imstande, Wohlstand für alle und die ökonomische Grundlage für eine solide Sozialpolitik zu schaffen. Je mehr der Staat eingreift, je mehr die Belastbarkeit der Wirtschaft leichtsinnig geprüft wird, je mehr Bürokraten den unternehmerischen Schwung einschnüren, je mehr reguliert wird, desto weniger kann die Wirtschaft ihre nationalökonomisch und sozialpolitisch unverzichtbare Aufgabe erfüllen. Die zentrale Bedeutung einer freien, ungegängelten Wirtschaft liegt darin, daß ohne sie eine freie politische Ordnung unmöglich wird und umgekehrt. Dazu gehört eine stabile Währung, ohne die nichts funktioniert. Wir haben das Auf und Ab in den letzten drei Jahrzehnten exerziert. Je mehr wir die Wirtschaft wieder von den ihr übergestülpten administrativen Fesseln befreien, um so mehr werden wir eine Wende zum Besseren erleben. Erwehren wir uns vor allem derer, die zweifellos zu klug sind, um das alles nicht richtig zu erkennen, die aber den Erfolg unseres politischen und wirtschaftlichen Systems nicht wollen, ja ihn aktiv zu verhindern suchen, weil sie dieses System als solches und a priori ablehnen.

Noch lebt die Mehrheit im Konsens. Aber dieser ist bedroht. Niemand kann sich eine schweigende Mehrheit weniger leisten als wir Deutsche. Nur mit der Aktivierung der schweigenden Mehrheit können und werden wir unsere Zukunft sichern.

Wir haben es erlebt, daß Arme, die in einem Land dynamischer Unternehmen leben, zu Wohlstand kommen und Chancen wahrnehmen können, und daß andererseits Arme in erzwungener Egalität und verwalteter Planung arm bleiben. Sozialneid ist die Triebkraft zum Kollektivismus, aber weil er Druck von unten erzeugt, sind auch Politiker, die alles andere als Kollektivismus wollen, allzu leicht geneigt, dem Druck nachzugeben, um Tagesbeifall zu finden. Konrad Adenauer hatte den Mut zum Unpopulären und errang damit seine größten Erfolge, weil er zu überzeugen verstand.

Ludwig Erhard entfesselte die Wirtschaft und erkämpfte der Eigeninitiative freien Wirkungsraum. Der Erfolg sprach millionenfach für sich.

Aber das hinderte uns neiderfüllte Deutsche nicht, Unternehmer und Unternehmungsgeist zu verteufeln und im Prüfen der Belastbarkeit der Wirtschaft so kaputt zu machen, daß die Zahl der Beschäftigten seit 1970 bis heute – 1984 – stagniert. In der gleichen Zeit haben die unternehmerischen Volkswirtschaften der USA 26 und Japans fünf Millionen neue Arbeitsplätze in Produktion und Dienstleistungen geschaffen. In eben dieser Zeit ist die Eigenkapitalausstattung der deutschen Unternehmen im Durchschnitt von fast 30 Prozent auf unter 20 Prozent gesunken und zur geringsten von allen wichtigen Industrieländern geworden. Das ist ein alarmierendes Datum, in dem sich die ganze Krise unserer Wirtschaft ausdrückt. Wenn wir so weitermachen und mehr Wohlstand von weniger Arbeit erwarten, werden wir enden wie »de Fischer un sin Fru« im Märchen.

Großunternehmen, auch erfolgreiche, haben stets gegen ihre eigene Bürokratisierung und Schwerfälligkeit zu kämpfen. In den kleinen und mittleren Unternehmen stecken die vitalen Antriebs- und Innovationskräfte. Ihnen muß Mut gemacht und der Weg geebnet werden. Sie waren in den letzten 150 Jahren das geist- und kraftvollste Element unserer Wirtschaft und können es heute noch – oder wieder – sein.

Heinz Nixdorf hat vor 32 Jahren mit nichts als seinem Können und Willen angefangen. Heute beschäftigt er 17 500 Mitarbeiter bei einem Umsatz von 2,7 Milliarden DM im Jahre 1983. Im Mai 1984 hat dieser bedeutende Mann in einem erschütternden Interview gesagt: »Die Gründung dieses Unternehmens durch einen Studenten im neunten Semester, 1952, war nur in einem Klima des Aufbruchs möglich, da, wo man glauben durfte, daß Handel und Wandel in Deutschland in freier Form möglich seien, daß es nur der Überzeugung und der Fähigkeit bedürfe, nicht unbedingt des Startkapitals.« Auf die Frage, ob ein Erfolg wie der seinige wiederholbar sei, erwiderte Nixdorf: »Ja, in einem anderen Land, zum Beispiel in den USA, nicht mehr in Deutschland. Innovation läßt sich in den USA viel leichter durchsetzen als bei uns.«

Wir haben uns ab 1968 in eine Kulturrevolution gestürzt, die angetrieben wurde von der utopischen Idee der vollkommenen Machbarkeit der perfekten Gesellschaft. Eine Idee, überhitzt aus einer neurotischen Übersteigerung revolutionären Fortschrittsglaubens. Das mußte in der Welt der Tatsachen scheitern. Wie immer in der Geschichte schlug die Überhitzung in eine Unterkühlung um. Dem revolutionären Fortschrittsglauben folgte der nicht minder neurotische Katastrophenglauben, in dem sich nicht weniger anarchische Elemente austoben: Nuklear-Katastrophe, Umwelt-Katastrophe, Wald-Katastrophe, Bevölkerungs-Katastrophe.

Diese Eruption, der Wechsel der Generationen und der in vollkommener Ungeistigkeit leichtfertig vernachlässigte Geschichtsunterricht tragen entscheidend zum Schwinden des Bewußtseins der bedrohten Freiheit und dessen bei, was unsere Bundesrepublik für die Sicherung unserer Freiheit bedeutet.

Aus der gedanklichen Folge: Freiheit – Frieden – Einheit, wurde: Frieden – Freiheit – Einheit, völlig verkennend, daß Friede nur in und durch Freiheit gesichert werden kann, daß wir mit der Freiheit stehen oder fallen. Ohne Freiheit nach außen und im Innern ist der Friede nicht mehr gesichert, sondern nur noch für kurze Zeit geborgt von der Gnade des Mächtigeren.

Die klare Erkenntnis, daß Entspannung nicht die Überwindung des Konflikts, sondern seine bloße Beherrschung mit politischen Mitteln bedeutet, wurde unter aktiver Mitwirkung an solcher Bewußtseinsminderung interessierter Kräfte euphorisch oder böswillig verdrängt, getreu der geschichtlichen Wahrheit, daß angsterfüllte Massen leichter zu beeinflussen und zu lenken sind als klar urteilende und mutige. Geistreichelnde unter den Intellektuellen, bar jeder wirklichen Intellektualität, die eines beständig provozierten Konfliktes zwischen Geist und Macht bedürfen und stets gegen legitime Macht sind (soweit sie nicht in ihren Händen liegt), proklamieren die abenteuerliche These vom Konflikt zwischen der durch Mehrheitsentscheidung verliehenen Legalität und einer angeblichen, aus fragwürdiger Demoskopie – mit suggestiver Fragestellung kann man jede gewünschte Antwort erzielen – und Massendemonstrationen abgeleiteten Schein-Legitimität.

Von da ist es dann nur noch ein Schritt zur Proklamation des »Widerstandsrechtes« gegen verfassungsgemäß getroffene Entscheidungen des demokratischen Staates. Diese zutiefst undemokratische Forderung ist ein Hohn auf jedes Rechtsdenken und eine Infamie gegenüber dem, was Widerstand gegen die Diktatur, als ein Lichtblick in unserer dunkelsten Zeit, für uns Deutsche seelisch und historisch ausmacht. Menschlich gesehen treiben diejenigen, die das Widerstandsrecht gegen den demokratischen Staat proklamieren, ihre krankhafte Eitelkeit ins Absurde. Die zügellose Aggressivität, die da nicht nur von Narren demonstriert wird, erschreckt unsere Nachbarn und Freunde so, daß scharfsinnige Beobachter unter ihnen in dem bis zum Haß vehementen Anti-Amerikanismus deutscher Minderheiten einen aus Aggressionsbedürfnis herrührenden Ersatz für Anti-Semitismus erblicken.

Indessen haben letzte Untersuchungen des Pariser Meinungsforschungsinstitutes Louis Harris in den USA, Japan, der Bundesrepublik und fünf anderen europäischen Ländern ergeben, daß die Deutschen ihrer Ängste überdrüssig werden. Seit Herbst 1983, dem Ende der hochgepeitschten Raketendebatte, sei die Zahl der von Kriegsfurcht erfüllten Deutschen um die Hälfte von 28 auf 14 Prozent gesunken. Vergleichbares gelte für andere Existenzängste. Wir lägen unter den befragte Ländern wieder in der Spitzengruppe des Optimismus. Möchte es so stimmen und sich weiter stabilisieren.

Die Bundesrepublik Deutschland hat der ernsten Gefahr des Terrorismus standgehalten. Sie ringt nun um die Überwindung des grünroten Utopismus.

Fürwahr ein schwieriges Vaterland.

Deutschland und Europa

Politik ist das ständige Bemühen, die drängenden Probleme der Gegenwart zu meistern. Sie ist aber auch eine unentwegte Auseinandersetzung mit der Geschichte. Ist Gott der Herr der Geschichte? Sind es die Menschen, die Geschichte machen? Jedenfalls kann keiner stolz darauf sein. So werden es doch wohl die Menschen sein, die die Verantwortung dafür tragen müssen, denn Gott hat uns die Freiheit des Willens gegeben.

Europas zentrales Problem – heute und morgen – ist, die Resultate seiner tausendjährigen Geschichte einzuordnen in die immer mehr drängenden Erfordernisse seines künftigen Überlebens. Und da es eine Geschichte immer weiter schreitender Zersplitterung war, bedeutet dieses Einordnen zu einem guten Teil Überwinden der Geschichte oder ihrer Folgen. Aus der Geschichte lernen heißt aus Fehlern lernen. Gelungen ist es bisher nur sehr unvollkommen, aber das berechtigt nicht, die Mühe darum aufzugeben.

Die Geschichte wiederholt sich nicht primitiv, auch nicht in ihren Fehlern, außer in dem einen: Kriege zuzulassen, obwohl noch nicht ein einziger Krieg auch nur ein einziges Problem wirklich gelöst, dafür aber jeder neben Leid und Elend unendlich viele neue Probleme geschaffen hat.

Die Revolution der Technologie läßt uns in einer Welt leben, die sich in stets steigendem Tempo wandelt, die alle Zeit- und Entfernungsmaße laufend verkürzt und damit auch die Reibungsflächen vergrößert. Die wichtigste Lehre aus der Geschichte muß daher für uns sein: Geduld zu lernen, Geduld zu haben miteinander. Aber Geduld heißt nicht Passivität.

Die große bewegende Idee der europäischen Nachkriegszeit war die der Einigung. Der Kontinent, der die nationalstaatlichen Formen ausgeprägt hatte, brach auf, um sie zu überwinden und über die Grenzen hinweg zueinander zu finden. Viel ist erreicht worden, besonders durch die Europäische Gemeinschaft auf wirtschaftlichem Gebiet. Politisch ist die deutsch-französische Aussöhnung und heute Freundschaft das europäische Fundament.

Die Rolle, die Europa in den vergangenen Jahrzehnten in der Weltpolitik gespielt hat, zeigt, daß keiner der europäischen Staaten mehr stark genug ist, um als wesentlicher Faktor in der Gestaltung der Weltpolitik zu wirken. Die bedrückende Entwicklung der Nahostkrise und der Mittelmeerlage macht dies sehr deutlich. Welche konstruktive Rolle könnte ein vereintes Europa, das in der Lage ist, mit einer Stimme zu sprechen und einen Willen auszudrücken, zur Konsolidierung im Nahen Osten und darüber hinaus und damit auch zu seiner eigenen Sicherung spielen!

Die Selbstverteidigung Europas ist weniger die Frage von Divisionen, Flugzeugen und Panzern, sondern ganz entscheidend eine solche der politischen Einigung. Ein geeintes Europa wäre ein achtunggebietender Faktor gegenüber jeder Macht und wäre mit seinem zusammengefaßten, einheitlich organisierten Potential und mit dem Willen, sich zu behaupten, ohne eine einzige Kanone mehr, als sie die europäischen Staaten heute besitzen, in der Lage, sein Schicksal selbst zu sichern, weil der politische Willensakt als solcher in Moskau richtig verstanden würde. Die Befassung der Europäischen Politischen Zusammenarbeit – EPZ – mit sicherheitspolitischen Fragen ist ein erster, aber nicht ausreichender Ansatz. Die Beteiligung der Europäischen Kommission an den Arbeiten der EPZ ist konsequent, weil sie auf eine Vervollkommnung der Gemeinschaft zielen kann.

Der Wille, stabile Friedensbedingungen in Westeuropa zu schaffen, war der wesentliche Antrieb, die NATO, aber auch die Europäische Gemeinschaft zu schaffen. Wie viele der heute um den Frieden Bemühten sind sich bewußt, daß die EWG der entscheidende, schwer errungene Erfolg der ersten Europäischen Friedensbewegung nach dem Kriege ist? Geschaffen von denen, die das mörderische Kämpfen und Vernichten überstanden und wechselseitige Besetzung erfahren hatten.

Für ihre Kinder ist der Friede in Europa zu etwas Selbstverständlichem geworden. In der Tat bedarf er der dauernden Sicherung. Eine europäische Verteidigungsstruktur als bloße Rückversicherung oder als Ersatz für einen Rückzug der USA aus Europa reicht nicht aus, denn die abschreckende, umfassende Präsenz der USA in Europa bliebe unverzichtbar, weil selbst eine kombinierte englisch-französische Nuklearmacht – für einen Augenblick das heute ganz Unwahrscheinliche unterstellend – zur Abschreckung nicht ausreiche und die europäischen Staaten nicht fähig wären, die -zig Milliarden zur konventionellen Kompensation des amerikanischen Abzugs aufzubringen. Aber eine solche europäische Anstrengung würde die außen- und sicherheitspolitische Zusammenarbeit mit den USA bedeutend erleichtern und die Struktur des Bündnisses festigen. Der europäische Einfluß auf die Gestaltung der amerikanischen Politik würde erheblich gestärkt.

In einer Zeit, in der bei uns der Konsens über Sicherheits- und Friedenspolitik zerfällt, könnten die Europäer durch diese Tat den vielleicht entscheidenden, die Emotionen beruhigenden Beitrag zur Wiederherstellung des Konsenses leisten. Eine Etappe dahin wäre, die Westeuropäische Union – WEU – auszubauen und möglichst alle europäischen NATO-Verbündeten zu ihren Mitgliedern zu machen. Die im WEU-, nicht dagegen im NATO-Vertrag enthaltene automatische militärische Beistandsklausel ließe die Aktivierung der WEU zu einem sicherheitspolitischen Gewinn werden. Da sicher nicht alle mitmachen, sollte man mit einem Kern der dazu Bereiten beginnen und den Beitritt für andere, zum Beispiel Dänemark, Griechenland, Spanien, offenhalten.

Solange Europa das Ziel seiner Einigung nicht erreicht hat, sondern mit vielen Stimmen und Meinungen spricht, ohne einen geschlossenen Willen entwickeln zu können, bleibt es angewiesen auf die amerikanische Präsenz, deren Minderung im genau prozentualen Maße ein Machtvakuum schaffen würde, das notwendigerweise die andere Weltmacht anzieht. Unsere politische Besorgnis ist dabei noch größer als die um die militärische Bedrohung. Man muß es bedauern, aber man muß es auch klar sehen, daß im Augenblick eine Minderung der amerikanischen Präsenz in Europa das europäische Einigungswerk nicht vorantreiben, sondern gefährden würde, weil es zentrifugale Kräfte in Richtung Moskau weckte. Andererseits ist für die Vereinigten Staaten – ein Kontinent, gewöhnt, über die beiden ihn begrenzenden Weltmeere hinwegzudenken – die Freiheit Westeuropas die entscheidende Voraussetzung ihrer atlantischen Position, ihrer Weltmachtstellung. Man beginnt sich indes erneut die Frage zu stellen, ob sich Amerika dessen heute noch im selben Maße bewußt ist – und Politik, mithin Geschichte, werden weit mehr von Bewußtseinslagen als von sogenannten »Sachzwängen«, die nur ihre Folge sind, bestimmt –, wie es das in den 50er und 60er Jahren war. Schon damals war eine mögliche Absetzbewegung Amerikas der Alptraum Konrad Adenauers.

Die großen Aufgaben und Möglichkeiten der Zukunft, die durch nichts einen so faszinierenden Ausdruck finden wie durch die Erschließung des Weltraums, aber auch durch das, was man die »neuen Technologien« nennt, machen uns Europäern erschütternd klar, wie notwendig die Einigung unseres Kontinentes ist, um auf diesem Felde etwas erreichen zu können. Vor einigen Jahrzehnten schufen europäische Wissenschaftler und Technologen die unmittelbaren Voraussetzungen für das, was außerhalb Europas von den beiden großen Weltmächten seitdem in eindrucksvoller

Weise praktiziert worden ist. Aber sie schufen nicht aus dem Nichts. Es ist gar keine Frage, daß die Welt auch heute noch in ihren fortschrittlichsten Bereichen von europäischem Geist und europäischem Erfindungsreichtum geprägt ist und somit auf den Grundlagen Europas steht. Nicht nur technisch, wohlgemerkt; denn war es nicht die europäischstämmige Welt, die der Freiheit zum Aufbruch verholfen hat? Und ist es nicht eben diese Freiheit – die Fähigkeit nämlich, Millionen und Abermillionen freier Entscheidungsträger zuzulassen, ihnen zur Entfaltung zu verhelfen –, die den Motor aller Entwicklung bildet? Es ist nicht wahr, daß die Welt die Menschen nicht ernähren könne. Weil die Menschen zahlreich und zugleich frei waren, hatten sie die Kraft und den Erfindungsreichtum, Überproduktionen einzuleiten, die heute Europa viel mehr zu schaffen machen als etwa die Frage der Ernährung seiner Bewohner.

Freilich geschah dies zum Teil zu Lasten der Umwelt, unverantwortlich, gedankenlos oft. Man nahm die Natur für zu selbstverständlich, und hier liegt eine weitere Herausforderung für die bequem gewordenen Europäer, sich aus ihrer Trägheit zu lösen, Erfindungsgeist an den Tag zu legen, Ordnungen zu erfinden, die ein weiteres Fortschreiten ermöglichen. Es geht nicht um ein Zurück, sondern um ein geordnetes, planvolles – nicht etwa um das von starren Apparaturen in ideologischer Zwangsjacke »geplante«, sondern das frei und einfallsreich vorausschauende –, von allen und einem jeden getragenes, in allen Bereichen ausgewogenes Vorwärts.

Das ist in der Wirtschaft weit über die konjunkturelle Belebung hinaus ein Problem der Strukturanpassung. Diese ist eine nationale, aber angesichts der Verflechtung der wirtschaftlichen Bedingungen in der Gemeinschaft auch eine europäische Aufgabe. Neben der schrittweisen Überwindung der Haushaltsdefizite und einer Senkung der Zinsen muß damit eine angebotsorientierte Anpassung der produktiven Strukturen einhergehen. Nur so kann die wirtschaftliche Belebung in einem sich selbst tragenden Prozeß des Wachstums und der zunehmenden Beschäftigung fortentwickelt werden. Mit einer wachen Flexibilität der wirtschaftlichen Strukturen und Produktionsfaktoren wären wir seit dem Ölschock von 1973 nicht so tief in die Krise geraten. Aber wir haben in Wirtschaft und Politik nicht beweglich und sensibel genug durch eigenen Strukturwandel auf die sich ändernden außenwirtschaftlichen Bedingungen reagiert. Vielmehr haben wir nur versucht, überholte Strukturen durch Subventionen zu erhalten und durch Erhöhung konsumtiver Ausgaben auf Kosten der eigentlich notwendigen Investitionen Lücken zu schließen. Das führte in eine die Inflation antreibende Defizitspirale, aus der wir uns nun mühsam herauszuwinden haben. Es ist unsinnig, die Inflation durch Ausgaben- und Nachfragesenkung zu bekämpfen und sie gleichzeitig durch die Subventionierung nicht wettbewerbsfähiger Produktionen und durch nicht produktionsfähige, sich selbst tragende Beschäftigungsprogramme wieder anzutreiben. So kann der Staat oder kann die Europäische Gemeinschaft der wichtigsten wirtschaftspolitischen Aufgabe, zur unternehmerischen Risikobereitschaft und Kapitalbildung, zur Innovation, zur beruflichen Qualifizierung anzuregen, nicht gerecht werden.

Gelingt es jedoch nicht, die wachsenden Handelshemmnisse auf dem Weltmarkt wieder abzubauen, wird alles Bemühen um den Strukturwandel Stückwerk bleiben. Schuldzuweisungen helfen da nicht, denn alle, auf beiden Seiten des Atlantik und des Pazifik, haben gesündigt. Helfen kann nur eine Koordinierung der Politiken zum Abbau der Hemmnisse. Vergessen wir nicht, daß der Wiederaufbau nach dem Kriege ohne das Schaffen eines weltweiten freien Handels- und Geldmarktes unmöglich gewesen wäre.

Die Erweiterungen der Europäischen Gemeinschaft über den Kern der ursprünglichen Sechs hinaus sind problematisch gewesen und geblieben. Mit dem Eintritt Großbritanniens verbanden wir die Hoffnung, der weite überseeische Blick der Briten werde der sich kontinental verfangenden Gemeinschaftspolitik starke pragmatische Impulse vermitteln. Es war eine Enttäuschung, und die Dinge wurden noch provinzieller.

Es zeigt sich, daß die neuen Mitglieder aus ihrer einzelgängerischen Geschichte heraus noch größere Schwierigkeiten mit gemeinschaftlichem Denken und Verhalten entwickeln als die ursprünglichen Sechs. Die stets aufgeregten Griechen haben dafür schon eindrucksvolle Beispiele geliefert. Die Gemeinschaft wird die Erweiterungen nur dann ohne schweren Schaden überstehen können, wenn das im Vertrag verankerte und auf Druck von de Gaulle sistierte Prinzip von Mehrheitsentscheidungen zur vertragsgemäßen, vollen Geltung gebracht wird. Wenn die Weiterentwicklung, die Intensivierung der Gemeinschaft im gesamten Rahmen nicht möglich ist, muß eine Kerngruppe damit ernst machen, muß vorangehen und den Anschluß für die anderen offenhalten.

Wenn das nicht gelingt, ist es besser, das eine oder andere Mitglied verläßt die EG, als daß es durch sein Veto alles zum Stillstand und damit Rückgang bringt. Das für die Erweiterungspolitik viel verwandte Argument, der Beitritt festige die demokratischen Strukturen in Europa, ist wenig überzeugend. Wenn irgendwo militärische oder zivile Kräfte glauben, putschen zu können und zu sollen, wird sie die Mitgliedschaft in der EG nicht davon abhalten, aber die EG hat das Dilemma dann in ihrer Mitte, mit dem sich die NATO schon ausgiebig hat plagen müssen. Nur wirkt das in der funktionell viel integrierteren EG weit gravierender, als es das in der NATO schon getan hat.

Bei allem begründeten Jammer über die Gemeinschaftspolitik sollten wir Deutschen nie vergessen, daß wir den größten politischen Vorteil von der EG hatten und haben. Ohne sie wäre es uns nie gelungen, das zerstörte Verhältnis zwischen uns und unseren Nachbarn so eng und so vital zu entwickeln, wie es geglückt ist.

Das Gerede vom »Zahlmeister Europas«, weil wir den höchsten Nettobeitrag leisten, ist eine sehr einäugige Betrachtungsweise. Niemand hat aus dem gemeinsamen gewerblichen Markt so großen Vorteil gezogen wie wir Deutschen. Weit über 50 Prozent unserer Exporte gehen in die Länder des Gemeinsamen Marktes.

Eines ist überreif: eine drastische Reduzierung der Grenzkontrollen nach dem Muster der zwischen den Beneluxstaaten geübten Praxis. Es gibt keine überzeugenden Gründe dagegen, auch nicht solche der Sicherheit. Wie viele Terroristen sind bei Grenzkontrollen verhaftet worden? Den unglücklichen und unvergessenen Hanns Martin Schleyer transportierten seine Mörder unbehelligt über die Grenzen. Eine verstärkte Zusammenarbeit und Gemeinsamkeit in den Belangen der inneren Sicherheit würde weit mehr erbringen, als Grenzkontrollen es können. Deren Abschaffung, ebenso ein Abbau der anstelle von Zöllen neu geschaffenen Grenzabgaben, würde über den praktischen Nutzen hinaus das politische Bewußtsein der Europäer für die Gemeinschaft neu anregen und einhellig als ihr Erfolg gewertet.

Der Umweltschutz ist in allen seinen Auswirkungen ein alle Grenzen weit überschreitendes Problem und schreit nach gemeinschaftlich koordinierten Lösungen. Wenn die Staaten ihn in direktem staatlichem Handeln und Verwalten angehen, führt das zu riesigen neuen Behörden, großen Verwaltungskosten und bleibt immer noch von fragwürdiger Effizienz. Der Umweltschutz in Europa muß marktwirtschaftlich konzipiert und organisiert werden. Gemeinschaft und Staaten haben Rahmen und Ziele abzustecken. Die nötigen Produktionen und Dienstleistungen sind von kommerziellen Unternehmen in Konkurrenz miteinander zu erbringen. Sie arbeiten wirtschaftlicher als Regiebetriebe der öffentlichen Hand, und sie schaffen Werte und Arbeitsplätze.

Es ist überdeutlich geworden, daß nur große Marktzusammenschlüsse in der Lage sind, die geistige, organisatorische und finanzielle Dynamik aufzubauen, die dazu gehört, diese Aufgaben praktisch zu meistern. Für die europäische Zukunft in der modernen technologischen Zivilisation wird es entscheidend sein, hieran aktiv mitzuwirken. Europa muß sich unter Wahrung seiner Vielfalt, die seine Kraft ausmacht, einigen, und es muß frei bleiben, oder es wird in einigen Jahrzehnten als geschichtsbildende Kraft ausscheiden und dann wahrhaftig endgültig der Dekadenz verfallen sein. Die Geschichte kennt genügend warnende Beispiele für diesen Vorgang.

Heute überwiegt keine der europäischen Nationen die andere so an Machtpotential und Einfluß, daß sie eine prädominierende Rolle spielen könnte. Die europäischen Staaten und Völker stehen insoweit auf gleichem Fuß und sind geradezu dafür gemacht, als Gleiche mit Gleichen zusammenzuarbeiten.

Dazu müssen wir Europäer den Rückfall in nationalstaatliche Egoismen überwinden, der die Europäische Gemeinschaft seit dem Ende der Gründungsphase mehr und mehr beherrscht. Supranationalismus kann kein Weg sein, weil er zu sehr im Widerspruch zu dem aus der Geschichte Gewachsenen steht und aus Mangel an geistiger Kraft im Bürokratismus enden würde. Um alle Kräfte zu mobilisieren, brauchen wir eine föderale Lösung für die europäische Einigung. Doch einen europäischen Bundesstaat uno actu zu schaffen ist unmöglich. Er muß aus einem Staatenbund, einer Konföderation erwachsen, dem geschichtlichen Gesetz folgend, daß allen Konföderationen die Tendenz innewohnt, im Laufe der Zeit die Zentralgewalt zu stärken, bis dann die Kompetenz als solche übertragen wird.

Aus den zehn EG-Mitgliedern eine Konföderation aufzubauen, wird für absehbare Zeit nicht gelingen können. Ob die ursprünglichen Sechs jetzt dazu noch fähig sind, muß bezweifelt werden. Ihr Unterfangen würde sich über viele Jahre hinquälen und unter den überwuchernden Diskrepanzen den Gestaltungswillen begraben.

Aber es ist jetzt der geschichtliche Moment gekommen, schöpferisch zu handeln. In Bonn mit Kohl und in Paris mit Mitterand ist die Konstellation dafür jetzt glücklich. Frankreich und Deutschland sollten deshalb einen Vertrag zur Schaffung einer französisch-deutschen Konföderation schließen. Der Vertrag muß von den Parlamenten ratifiziert werden. Er sollte vorsehen, daß beide Regierungen sofort drei Gemeinsame Regierungsausschüsse unter Leitung von je zwei parlamentarischen Staatsministern mit Sitz in Straßburg zur vorbereitenden Koordinierung der Außen- und Sicherheitspolitik, der Wirtschafts-, Wissenschafts- und Finanzpolitik sowie der Verkehrs- und Kommunikationspolitik einrichten. Gleichzeitig sollten Bundestag und französische Kammer je 55 Mitglieder eines Verfassungsrates wählen, der in Straßburg zusammentritt und unverzüglich die Arbeit am Entwurf einer konföderativen Verfassung mit Schwerpunkt auf den obengenannten Sachgebieten aufnimmt. Als Arbeitsdauer sollte ein Jahr vorgesehen werden. Danach hätten die Regierungen ihn mit ihrer Stellungnahme den beiden Parlamenten zur Ratifizierung zuzuleiten. Die so gebildete und in erste Form gegossene Konföderation muß von Anfang an anderen europäischen Staaten zum Beitritt offenstehen.

Es muß jetzt etwas geschehen, was das in seinen Ängsten und Selbstzweifeln immer willenlosere Europa emporzureißen vermag. Die Deutschen und Franzosen können es, und sie müssen eintausend Jahre nach der verhängnisvollen Teilung des Reiches Karls des Großen jetzt ihre größte geschichtliche Stunde allem Kleinmut entwinden und sich gemeinsam zu neuer geschichtlicher Tat aufraffen. Zeit und Geschichte sind dafür reif.

Amerika wird dann sein europäisches Engagement mit starker neuer Zuversicht bewerten, auch wenn es sich nicht gleich dazu entschlösse, wie es sich beim ersten Versuch – dem deutsch-französischen Vertrag von 1962 – nicht gleich entschloß. Die Sowjetunion wird protestieren, wie sie beim ersten Versuch, den Adenauer und de Gaulle unternahmen, lauthals protestierte, weil sie ganz wie damals von Respekt erfüllt sein wird. Wir brauchen von ihr nicht geliebt zu werden – kann eine zynische diktatorische Macht überhaupt lieben? –, aber was wir brauchen, ist Respekt.

Italien und die Beneluxländer werden schließlich folgen, so wie sie beim ersten Versuch, trotz aller Proteste, zu ihrem eigenen wie unser aller Glück gefolgt wären, hätten wir nicht in Kurzsicht und Kleinmut die Arme sinken lassen. Europa wird sich – nicht von heute auf morgen, aber welches Haltbare wird schon von heute auf morgen gebaut? – endlich konsolidieren und neue Kraft gewinnen.

Man feiert heute allenthalben im Westen den deutsch-französischen Vertrag. Er gehört zum stabilsten, was wir im Westen haben. Er bringt es sogar fertig, daß sich eine christdemokratisch-konservative und eine mit Kommunisten zusammenarbeitende sozialistische Regierung seinetwegen einig sind. Warum? Weil sich in ihm eine tiefe geschichtliche Strömung niederschlägt, die wir – und ich meine sehr bewußt: »wir Deutschen« – verwässert haben. Wer erinnert sich eigentlich noch des damaligen heftigen Streits? Wer der Präambel? Wer der Armsündermiene, mit der deutsche Politiker sich überall in der Welt für ihn entschuldigten mit dem Hinweis, man möge das den zwei starrköpfigen Greisen, die auch manches Gute für sich hätten, bitte nachsehen und das werde sich schon alles als nicht so schlimm herausstellen?

Wenn wir für Europa überhaupt noch eine Chance haben, dann jetzt, und dann ruht sie auf Deutschland und Frankreich.

Der Aufbruch zur »französisch-deutschen Union« muß in den wesentlichen Bereichen der Politik in der Gründungsphase operative und erste, der Vertiefung fähige institutionelle Tatsachen schaffen. Hierzu gehört die Schaffung einer gemeinsamen Währung auf der Basis des im EWS (Europäisches Währungssystem) als Verrechnungseinheit bereits existierenden ECU. Die D-Mark hat sich schon durch ihre hochwertige Stabilität als kleinere Reservewährung neben dem Dollar bewährt. Es verlangt größere Opfer von uns, begrenztere von den Franzosen, die gemeinsame Währung ECU mit ihrem Entstehen, vor allem getragen von der D-Mark, als Reservewährung zu etablieren.

Finanzen und Wirtschaft haben natürlich mit Geld zu tun, aber mehr noch mit Vertrauen. Wo Vertrauen waltet, kommt gutes Geld hin, wirkt sich produktiv aus und wird damit noch solider. Im Mißtrauen verfällt selbst das beste Geld.

Das Jahrtausendereignis der Schöpfung der französisch-deutschen Union – die Beendigung der Teilung des Karolingischen Reiches – wird starkes Vertrauen in die europäische Zukunft schaffen. Die zugegeben schwierige Schaffung einer gemeinsamen Währung würde erfolgreich gelingen mit der Einrichtung einer gemeinsamen Zentralbank.

Der Gründungsakt der Regierungen darf nicht staatlich isoliert bleiben. Fachkommissionen der fähigsten Köpfe aus Banken, Industrie und Handel sollten mit dem Blick auf die europäische Erweiterung und die aktive weltwirtschaftliche Verflechtung Empfehlungen für enge unternehmerische Zusammenarbeit in den Bereichen der Finanzierung, Forschung, Entwicklung, Umsetzung in den Markt und Vertrieb ausarbeiten.

Entsprechend sollten die Postverwaltungen und die einschlägigen Industrien Pläne für ein gemeinsames Kommunikationsnetz unter Nutzung aller elektronischen Möglichkeiten ausarbeiten und so auf den Weg bringen, daß es mit allen anderen europäischen Systemen, die zur Beteiligung aufgefordert sind, voll kompatibel gestaltet wird. Diese Innovation erfordert große Investitionen, aber diese amortisieren sich rasch und können zahlreiche produktive Arbeitsplätze schaffen. Voraussetzung ist freilich, daß sich die europäischen Industrien wieder auf ihre eigene Schöpferkraft besinnen und sich nicht damit begnügen, nach Staat (und Protektionismus) zu rufen, wenn ihnen amerikanische oder japanische Konkurrenz das Leben nicht ganz so leicht machen, wie sie es doch so gerne hätten. Innovation in Amerika und Japan entsteht auf Privatinitiative. In Deutschland ist sie kurzatmig geworden. Wenn der Deutsche heute japanische Autos kauft, dann deshalb, weil sie bei gleicher Qualität billiger oder bei gleichem Preis besser ausgestattet sind. Sie mit staatlicher Gewalt auszuschließen läßt uns technologisch und – noch viel wichtiger! – willensmäßig erschlaffen.

Arbeit gibt es genug bei uns, aber sie ist zu teuer geworden. Deshalb muß vieles liegen bleiben, unterlassen werden. Bei vergleichsweise geringer werdenden Gestehungskosten könnten wir mehr anpacken, mehr produzieren, mehr umsetzen, mehr Arbeitsplätze schaffen. In dieser Lage die Arbeit noch teurer zu machen, ist die schlechteste aller Antworten auf die uns bedrängenden Fragen.

Der französisch-deutsche Unionsvertrag sollte vorsehen, daß Frankreich das Territorium der Bundesrepublik Deutschland in den Abschreckungs- und Wirkungsbereichbereich seiner Force de frappe einbezieht, deren Verfügungsgewalt in französischer Hand bleibt, um allen östlichen und westlichen Befürchtungen über einen deutschen Finger am Abzug vorzubeugen. In einem gemeinsamen Planungs- und Führungsstab fände die deutsche Mitwirkung ihren Platz. Beide Länder sollten für die Vorneverteidigung die volle Ausschöpfung ihres Reservistenpotentials zur Aufstellung konventioneller Verbände im Mobilmachungsfalls vorsehen, deren operative Führung bei dem deutschen NATO-Befehlshaber Mitteleuropa läge, weiter aufbauend auf der heutigen deutsch-französischen Zusammenarbeit für den Eventualfall, die sich bereits planerisch und praktisch bewährt hat. Am Böhmerwald und an der Elbe werden Deutschland und Frankreich gemeinsam verteidigt.

Die deutsch-französische Integration macht die Rückkehr Frankreichs in die militärische NATO-Integration entbehrlich. Der deutsche NATO-Befehlshaber Mitteleuropa übernähme als zweite Funktion das Kommando über die deutsch-französischen Heeresverbände und taktischen Luftflotten, während die atomar verwendbaren Kräfte unter französischem Kommando stünden.

Präsident der französisch-deutschen Union wird der jeweilige Präsident der Französischen Republik, der deutsche Bundeskanzler sein Stellvertreter.

Das alles ist eine unvollkommene Skizze für die französisch-deutsche Union. Sicher gibt es viele weitere Probleme: gemeinsamer Haushalt, die mentalen und strukturellen Unterschiede. Aber laßt uns den Streit, wer europäische Führungsmacht sein soll, der Europa jahrhundertelang um und um gewühlt und es gehindert hat, von einem geographischen Begriff zu einer geistigen Kraft und zu einer politischen Tat zu werden, beenden. Für einen geschichtlichen Augenblick schien es, als sei nach der Französischen

Revolution mit Napoleon die Antwort gefunden. Sie zerbarst an der Maßlosigkeit des Korsen und der Schwäche der Deutschen. Laßt uns 170 Jahre später, ehe Europa zur politischen Bedeutungslosigkeit zerrinnt, endlich auf die Frage antworten.

Frankreichs Rolle wird heute zu oft ausschließlich als eine westeuropäische, unter dem Gesichtspunkt der Nichtteilnahme an der militärischen Integration der NATO verstanden.

Wir haben uns mit Frankreichs Nichtteilnahme abgefunden, ohne aufzuhören, dies zu bedauern. Aber sie ist ein Element von Frankreichs Selbstverständnis – Frankreichs Rolle jedoch greift weiter. Frankreich ist auch eine atlantische und mediterrane Macht, mit zwei starken Flotten und einer Landmacht. Es spielt eine für den Westen lebenswichtige west- und nordafrikanische Rolle. Frankreich ist über die Jahre die einzige Macht mit ständiger maritimer Präsenz im Indischen Ozean gewesen. Es ist eine Macht von weltweitem politischem, geistigem und kulturellem Goodwill. Eine außerordentliche zivilisatorische, wenn auch keine Weltmacht. Die deutsche und französische Wirtschaft sind heute so eng ineinander verwoben, daß jeder des anderen Erfolge oder Mißerfolge voll miterlebt oder erleidet. Die beiden Völker sind sich in einem fast revolutionären Akt des Bewußtseinswandels nähergekommen.

Die junge deutsch-französische Freundschaft ist von unvergleichlichem Wert, auch im Verhältnis der Deutschen zu Amerika. Die deutsche und die französische Position in den USA unterscheiden sich wesentlich. Wir können auf der deutsch-amerikanischen Freundschaft nicht herumtrampeln, wie es sich die Franzosen mit ihrer Freundschaft zu Amerika von Zeit zu Zeit schadlos leisten können.

Wirtschaftlich und finanziell ist die Bundesrepublik Deutschland stärker, aber sie ist der Kernstaat eines getrennten Volkes und eines geteilten Landes. Das französische und das deutsche Volk haben seit dem frühen Mittelalter Geist und Werte des Abendlandes wesentlich mitgeprägt und ausstrahlen lassen in wechselseitiger Anfeuerung und furchtbarer Feindschaft bis an die Grenze der Selbstzerstörung. Beide Völker wollen heute nicht den Abend ihrer Geschichte zu einer alles verdunkelnden Nacht werden lassen, sondern die Stunde nutzen, in der die von ihnen geschaffene Europäische Gemeinschaft in eine Milchverwertungsgesellschaft zu versacken droht, um Europa durch eine Tat der Zwei aus seiner Hoffnungslosigkeit herauszureißen.

Sie wollen diesem Europa vorangehen, es aus seiner nur noch verwalteten tödlichen Stagnation reißen, neuen Aufbruch wagen. Dabei fällt unseren französischen Nachbarn eine natürliche Führungsrolle zu. Beide haben darunter gelitten, politische Großmacht zu sein. Beiden ist es mißlungen. Aber Frankreich ist vermöge der »civilisation française« eine kulturelle Großmacht. Es ist, was am Ende des 20. Jahrhunderts zählt: eine unabhängige Nuklearmacht. Es ist, was bei aller Schwäche der Vereinten Nationen weltweit zählt, ständiges Mitglied des UN-Sicherheitsrates mit Vetorecht. Es ist, was für uns Deutsche schwer ins Gewicht fällt, Garantiemacht in Berlin.

Die gemeinsame Außen- und Sicherheitspolitik würde die amerikanische Garantie des nuklearen Schutzes der Bundesrepublik Deutschland nicht entbehrlich machen, denn als allein abschreckendes Potential reicht die Force de frappe gegenüber der nuklearen Sowjetmacht nicht aus. Ohne eine weitere Präsenz substantieller konventioneller amerikanischer Streitkräfte würde die nukleare Garantie an abschreckender Glaubwürdigkeit einbüßen. Dasselbe gilt für die Überzeugungskraft der amerikanischen Berlin-Garantie.

Sicher würde Amerika die Gründung der Union zunächst mit Skepsis begleiten, aus Sorge um eine Lockerung des deutsch-amerikanischen Bündnisses und aus Ungewißheit, wie sich das Unternehmen auf die anderen Europäer auswirkt. Indes: Unser Bündnis mit den USA würde sich zwar wandeln, aber es würde nicht lockerer, denn der deutsche Partner Amerikas gewänne an Stabilität. Die anderen Europäer würden zuerst empört auf den »Alleingang« der zwei reagieren. Aber das ist zu überwinden.

Jeder andere Versuch, etwa zu sechst, oder gar zu zehnt (oder elf oder zwölft...), bliebe im endlosen Debattieren stecken, würde zu nichts Konkretem führen. Schon einmal haben wir uns von solchen Halbheiten ins Boxhorn jagen lassen. Wer es gut mit Europa meint, muß vorangehen.

Italien und die Beneluxländer werden sich nach einer Pause des Nachdenkens anschließen. England würde zunächst die »special relationship« mit den USA voranzutreiben suchen, um sie neben das neue kontinentale Gebilde zu stellen. Später indes würde es den Anschluß suchen. Hat es das nicht schon einmal getan? Ein Ablauf, grob vergleichbar dem um die EWG, würde sich wiederholen.

Die EG als Organisation erhielte ein neues Willenszentrum, das der Gemeinschaft kräftige Impulse verleihen könnte, aus der gegenwärtigen Sackgasse der Unbeweglichkeit und technokratischen Verstrickung herauszufinden zu wiedergewonnenem Fortschritt.

Die Sowjetunion würde mit lautstarken Protesten aus Vorwürfen und Anklagen reagieren, sich dann aber mit der neugeschaffenen Tatsache abfinden, vielleicht gar anfreunden. Nichts imponiert den Sowjets mehr als mit fester Stetigkeit geschaffene Fakten. Schließlich würde ein neuer Respekt vor den Westeuropäern in ihre Politik Eingang finden. Auf den Respekt aber kommt es an in der internationalen Politik, nicht auf die ohnehin nicht zu erwerbende, sondern bestenfalls durch Gemeinsamkeit der Wertvorstellungen vorhandene Zuneigung.

Die Einbindung des Hauptproblems der auf der Suche nach sich selbst immer wieder unruhigen Deutschen – ihrer Teilung und Trennung – in einen festeren europäischen Verbund würde viele Besorgtheiten in Ost und West beruhigen.

Eben dieser Verbund aber böte über die Zeit die günstigste Aussicht, eine Antwort auf die »deutsche Frage« zu finden.

Wenn Europa im gegenwärtigen Immobilismus stecken bleibt, wird es bald nicht mal mehr eine Reparaturwerkstatt sein, sondern seine Zukunft verdösen. Darum müssen wir nach den Sternen greifen, auch wenn die Länge unserer Arme im umgekehrt proportionalen Verhältnis zur Entfernung zu den Sternen zu stehen scheint. Was uns fehlt, ist einzig und allein der Mut und der Wille zum Mut.

Deutsche und Franzosen haben 40 Jahre nach dem Kriege so viel wechselseitige Unbefangenheit füreinander gefunden, daß sie gemeinsam Mut wagen können. Wenn wir es nicht tun, dann werden uns unsere Enkel einst fragen: »Ihr habt die Chance gehabt, und was habt ihr daraus gemacht?«

Vor neun Jahren sagte ein damals führender chinesischer Politiker in Peking: »Ihr Europäer seht doch, daß ihr, geteilt wie ihr seid, euren Interessen nicht mehr ausreichend Geltung verschaffen könnt. Was wir nicht verstehen können ist, daß so kluge und erfahrene Leute, die über so bedeutende Potentiale verfügen, nicht die einzig mögliche Konsequenz ziehen, eine gemeinsame Außen- und Verteidigungspolitik zu organisieren in einem überzeugenden institutionellen Rahmen.«

Man kann darauf einiges über die Schwierigkeiten, tausend Jahre trennender europäischer Geschichte zu überwinden, antworten. Fest steht, daß ein vereinigtes Europa allein durch die Wirkung der politischen Tat, ohne einen Panzer, ein Schiff, ein Flugzeug mehr, seine Sicherheit und Durchsetzkraft um ein Mehrfaches steigern könnte. Die wechselseitige Bindung zwischen Europa und Nordamerika würde dadurch nicht entbehrlicher, aber auf die Dauer fester untermauert, weil gleichgewichtiger.

So lange die deutsch-französische Freundschaft intakt ist, haben wir noch die Chance.

Die europäische Politik dieses Landes wäre nicht ehrlich und wäre nicht bis ins letzte konsequent, wenn wir nicht auch eine Lösung des deutschen Problems in der deutschen Einfügung in eine europäische Ordnung sähen. Wir sind keine Träumer und denken nicht an die Wiederherstellung eines »Deutschen Reiches«, wohl aber werden wir das Streben nie aufgeben, daß alle Deutschen miteinander an einer europäischen Friedensordnung aktiv mitwirken können, welche organisatorische Form immer dafür gefunden werden kann. 25 Jahre nach dem Kriege ist die Trennung der Menschen noch unendlich gravierender geworden als die Teilung des Landes. Solange wir die Trennung nicht überwinden können, werden wir unentwegt bemüht sein, ihre Folgen zu mildern. In eintausend Jahren leidvoller Geschichte sind die Deutschen ein Volk und eine Nation geworden, und sie sind entschlossen, es zu bleiben.

Die deutsche Teilung und Trennung ist zuerst unser deutsches Problem. Die Regierungen in Bonn und Ost-Berlin können es nicht lösen. Sie können nur einen Modus vivendi für ein störungsarmes Mit- und Nebeneinander schaffen.

Aber die deutsche Teilung ist auch ein eminentes europäisches Problem. Das ist unseren Nachbarn und Verbündeten in ihrer Sorge um das mögliche Heraufziehen eines neutralistischen deutschen Nationalismus wieder bewußter geworden. Sie wissen, daß Deutschland entweder frei ist und zum Westen gehört, oder im östlichen Machtsog seine Identität und Handlungsfreiheit verliert.

Niemand kann uns Deutschen eine Politik aufzwingen, die nicht unser vitales Interesse berücksichtigt, das Ringen um die Freiheit aller Deutschen in West- und Mitteldeutschland mit dem Streben nach einer Europäischen Union und dem Festhalten am Atlantischen Bündnis zu einer politischen Symbiose zu verbinden. Keiner unserer Freunde wünscht – und wir können es nicht wünschen – in einer Zentral-Europapolitik zu enden, die zu einer Schaukel zwischen Ost und West wird und uns isoliert um Freiheit und Frieden bringt und Westeuropa mit sich zerrt. Nur europäisch verbunden vermögen wir unser eigenes Vaterland wiederzugewinnen.

Eine aus dem westlichen Rahmen gelöste Wiedervereinigungspolitik wäre für die Westeuropäer tödlich, denn ohne die Deutschen ist Westeuropa nicht zu halten. Auch das ist unsere europäische Verantwortung. De Gaulle hat es einmal so ausgedrückt: »Deutschlands Schicksal ist, daß nichts ohne es geschehen kann.«

Ein wesentliches Axiom unserer europäischen Politik muß es sein, noch aufgeschlossener nach außen zu werden, als es bisher der Fall war. Nichts ist gefährlicher, als wenn die Deutschen im eigenen Saft schmoren. Diese Aufgeschlossenheit für den andern, für das brüderliche und auf gegenseitiger Achtung gründende Miteinander der großen Vielfalt, gilt sowohl gegenüber unseren nächsten Verwandten in Europa als auch für unsere schon etwas ferneren Verwandten in Amerika und darüber hinaus für die Solidargemeinschaft der Menschen in der Dritten Welt.

Die rasante industrielle Entwicklung der Europäischen Gemeinschaft hat auch der amerikanischen Wirtschaft und dem Handel in den vergangenen zehn Jahren bedeutende Vorteile eröffnet. Auf beiden Seiten sind Wünsche offen geblieben. Es muß unser ernstes Bemühen sein, auch hier das Maß an Verständigung und enger konstruktiver Zusammenarbeit zwischen Europa und Amerika zu erreichen, das für unsere Beziehungen so bezeichnend geworden ist und entscheidend war für den Erfolg unseres Bündnisses und unserer Zusammenarbeit auf allen Gebieten. Dazu bedarf es beiderseitiger Rücksichtnahme und besserer Kenntnisse des einen über den andern. Dann bauen sich die Vorurteile leichter ab.

Aufgeschlossen auch nach Osten müssen wir darum bemüht bleiben, trotz unterschiedlicher politischer, gesellschaftlicher und wirtschaftlicher Ordnungen ein besseres System des politischen Verstehens und der wirtschaftlichen und kulturellen Zusammenarbeit zu schaffen, um das politische Mißtrauen zu mindern, die Spannung zu senken, die Rüstungslasten zu verringern und Kräfte zur Förderung der Dritten Welt freizusetzen.

Dabei dürfen wir nicht blauäugiger Naivität aufsitzen. Mag die ost-west-ideologische Auseinandersetzung ihren Höhepunkt überschritten haben, so nimmt doch die machtpolitische Auseinandersetzung ihren gefährlichen Fortgang. Wachsamkeit bleibt allezeit geboten.

Das gilt auch für den KSZE-Prozeß. Ein erstaunliches Phänomen: 1980 trotz Afghanistan in Madrid in seine dritte Phase getreten, 1982 trotz Polen fortgesetzt, und im Herbst 1983 trotz der Flugzeugtragödie über Sachalin mit einem weiteren Schlußdokument abgeschlossen. Und jetzt tagt man in Stockholm. Aber wie verbindlich ist das Ganze?

Wenn diese ganze Mühe trotz aller Rückschläge verbindlich gemacht werden könnte, dann läge darin der Ansatz zu einer Friedenskonstruktion in Europa.

Eine bedeutende Errungenschaft haben die KSZE-Arbeiten herbeigeführt: unser enges, verständnisvolles Zusammenwirken über die guten bilateralen Beziehungen hinaus mit den europäischen Neutralen. Ein europäisches Band, das damit fester um die EWG- und EFTA-Märkte geschlungen ist.

Ohne über irgend jemandes Politik Illusionen zu haben und ohne die Gefährlichkeit der brennenden Krisenherde nur einen Augenblick zu verkennen, müssen wir uns darauf vorbereiten, daß der Ost-West-Konflikt mit immer schärfer werdenden Konturen in die Nord-Süd-Differenz eingebunden werden wird, daß die weltpolitische Zukunft beherrscht werden wird von dem Spannungsverhältnis zwischen denen, die über die Produktionsmittel dieser Welt verfügen – dazu gehören die Sowjetunion und andere kommunistische Staaten ebenso wie Europa, Japan und Amerika –, und den Milliarden, die daran nur unzureichend oder gar nicht teilhaben. Von den über sechs Milliarden Menschen, die nach heutiger Berechnung im Jahre 2000 auf der Welt leben werden, werden bestenfalls 1,4 Milliarden in hochentwickelten Ländern leben. Das heißt, auf jeden von uns kommen fast drei Menschen, die nach unseren Vorstellungen in Elend leben. Dies sind die ganz großen Probleme der Menschheit für den Rest dieses Jahrhunderts und das nächste, die unterentwickelten Länder zu befähigen, sich selbst zu ernähren und ihre technische Zivilisation ihrem ureigenen Genius gemäß so zu fördern, daß sie ihnen ein menschenwürdiges Dasein garantiert. Das setzt unabdingbar voraus, daß wir zahlreich genug sind, um weiterhin erfindungsreich sein zu können. Die Übervölkerung der Welt dadurch bewältigen zu wollen, daß sich Europa und Amerika selbst den Garaus machen, indem sie sich vom verpflichtenden Leben lossagen und nur noch dem Genuß des ephemeren Heute hingeben, dessen Segnungen wir der Askese unserer Väter und Vorväter verdanken, heißt den Teufel mit Beelzebub austreiben wollen. Die Menschheit strebt auf, befindet sich auf dem Weg nach oben, seitdem es Menschheit überhaupt gibt. Eine Gipfelbesteigung gelingt gewiß nicht, wenn der erste der Seilschaft abstürzt. Es ist nicht sein »Verdienst«, daß er der erste ist. Es ist vielmehr drückende Verantwortung. Dabei weiß der erste der Seilschaft sehr wohl, daß seine Aufgabe ohne alle die anderen, die nach ihm kommen, nicht erfüllbar ist, daß ein jeder sein Teil beizutragen hat in der Solidargemeinschaft aller Menschen, ungeachtet ihrer Farbe, Religion, Rasse oder ihres Geschlechts. Gleichberechtigung heißt nicht Gleichmacherei, sondern heißt gleiche Achtung, gleiche Würde, aber Unterschiedlichkeit der Schwerpunkte des Beitrags, ein jeder nach seinem – Gott sei Dank unendlich vielfältigen – Vermögen. Nicht weil er mir in allem austauschbar gleich ist achte und liebe ich meinen Nächsten, sondern weil er so ganz er selbst ist und ich ihn weder ersetzen noch ohne ihn auskommen kann.

Diese alle unsere Kräfte beanspruchenden Aufgaben treffen uns in einer Zeit, in der unsere Lebensumstände durch die technische Entwicklung einer immer schneller werdenden, tiefgreifenden Veränderung unterliegen. Diese Dynamik – haben wir sie nicht selbst geschaffen? – übt auf uns einen beständigen und, wie ich meine, heilsamen Druck aus, unsere Zeit auch zu ebenso tiefgreifenden, sehr aktiven Reformen zu nutzen, sie zu einer Zeit aktivster Evolution zu machen. Nur wenn wir das Trägheitsmoment bestehender Formen und Verhältnisse im evolutionären Weg der Reformen überwinden, werden wir verhindern können, daß sich revolutionärer Druck entwickelt. Die technologische Revolution der letzten Jahrzehnte hat das Weltbild stärker verändert als Jahrhunderte zivilisatorischer Entwicklung zuvor. Die Jugend erlebt dies und erlebt auch, daß wir unsere Probleme zu meistern suchen in Kategorien des Denkens, Fühlens, Philosophierens und Politikmachens, die im 19. Jahrhundert stehengeblieben sind. Nicht sie verwerfen heißt die Antwort, sondern sie weiterentwickeln. Nicht unsere Geschichte loswerden wollen wir, sondern auf ihr aufbauend die Zukunft meistern. Wie der Gedächtnisverlust des einzelnen seinen Identitätsverlust nach sich zieht, haben wir kollektiv Identität nur im Bekenntnis zu unserer Geschichte.

Die Frage unserer Jugend, ob stehengebliebene Denkschemata die schlüssige Antwort auf die Herausforderung darstellen, mit der wir am Ende des 20. Jahrhunderts konfrontiert sind, ist berechtigt. Wir müßten an unserer Jugend verzweifeln, wenn sie nicht skeptisch und kritisch wäre nach den fürchterlichen Fehlern, die die Generation ihrer Väter und Großväter zu vertreten haben. Daß diese Jugend nicht nur mehr Objekt ihrer Erziehung und Ausbildung sein will, sondern diese selbst entscheidend mitzugestalten verlangt, wird zu einer Intensivierung des demokratischen Prozesses führen. Anarchistische Auswüchse der gegenwärtigen Auseinandersetzung – sie sind neben der Langeweile in Ermangelung eines lebenswerten Ziels vor allem ja auch die Folge unseres Stehengebliebenseins – sollten den Blick nicht dafür trüben, daß hier etwas herangebildet werden kann, das die eigenverantwortliche Mitwirkung jedes einzelnen von Jugend auf in seinem Gemeinwesen ungleich lebendiger wird gestalten können, als dies bisher der Fall sein konnte. Wenn wir uns dabei darüber klar sind, daß der Wille der Mehrheit bestimmen muß, daß dies aber erfordert, die Minderheit in ihrer Existenz zu achten und ihre Meinung zu respektieren, wenn wir uns klar darüber sind, daß die vollkommene Meinungs- und Koalitionsfreiheit und die Informationsfreiheit als ihr institutioneller Ausdruck das entscheidende Element jedes gesunden Zusammenlebens darstellen, daß nur die vollkommene Freiheit von Lehre und Forschung die Würde des Geistes und seinen Fortschritt garantieren kann und daß Gewalt die schlechteste aller Methoden des Handelns ist, dann sind wir auf dem richtigen Weg. In diesem Sinne ist für uns der von persönlichen finanziellen Voraussetzungen unabhängige Zugang zu allen Bildungs- und Ausbildungsmöglichkeiten, unter voller Respektierung des Leistungsprinzips und ohne deshalb das quantitative Niveau der Bildungseinrichtungen senken zu müssen, ein Haupterfordernis unserer Gesellschaftspolitik. Indes dürfen wir dabei nicht vergessen, daß ein jedes Individuum das Recht zur vollen Selbstentfaltung haben muß, wenn Freiheit neben der Gleichheit – Gleichheit der Würde und der Person – einen Sinn haben soll. Daß wir also ob der Gleichheit des Zugangs nicht die Freiheit der Selbstentfaltung knebeln dürfen. Nicht der Zugang aller zur Universität schafft solche Selbstentfaltung, sondern wird für viele zur frustrierenden Plage und degradiert Wert und Würde der nichtakademischen Berufe, die so wichtig sind wie die universitären. Nur indem wir beides tun, werden wir ein geistiges und intellektuelles Klima schaffen, das freier Menschen würdig ist und alle im Erfolg liegenden konstruktiven Befähigungen optimal zu wecken versteht. Hierin liegt ein Essentiale der Festigung einer lebendigen Demokratie. Nur eine Gesellschaft, in der sich das Individuum bei gleichzeitiger moralischer Bindung an das recht verstandene Gemeinwohl in voller Freiheit entfalten kann, wird auf die Dauer auch zu größten kollektiven Leistungen fähig sein.

Unser freies und unternehmerisches Wirtschaftssystem werden wir mit allen seinen wirtschaftspolitischen Vorzügen im politischen Bewußtsein der arbeitenden Menschen auf die Dauer nur fest verankern können, wenn der Zuwachs an Produktionsmitteln dazu beiträgt, nicht nur steigenden Lohn zu sichern, sondern das Vermögen vieler aufzubauen. Nur dann wird auf die Dauer die Mehrheit der Gesellschaft dieses System als jedem anderen überlegen und als eigenen Vorteil bewerten. Wir haben den Klassenkampf politisch überwunden. Nur wenn uns dies auch wirtschaftlich durch breiteste Teilhaberschaft der arbeitenden Menschen am wirtschaftlichen Vermögen gelingt, werden wir unser System so stabilisieren und so attraktiv machen können, daß es sich auch in der Zukunft bewährt. Denen, die heute noch einmal versuchen wollen, den Klassenkampf ohne Klasse wiederzubeleben, können wir auf diese Weise am wirksamsten begegnen.

Das alles sind europäische Aufgaben und Ziele.

Es gibt keinen stationären Zustand, und es hat ihn im Grunde nie gegeben. Alles ist stets in Bewegung, nur das Tempo der Dynamik in den verschiedenen geschichtlichen Phasen ist unterschiedlich. Wir leben in einem Tempo der Veränderungen wie nie zuvor. Wir können dieser Zeit nur mit der Entschlossenheit zur Evolution gerecht werden. Mit der bloßen Zerstörung der bestehenden Ordnung in einer so empfindlich gewordenen Welt ist niemand gedient auf unserem alten Kontinent.

Aber in den vergangenen zwei Jahrzehnten haben wir auch erlebt, wie schwierig Reformen sind und wie leicht man dabei aus ideologischer Voreingenommenheit auf Irrwege geraten kann.

Deutschland und Amerika

Der Zweite Weltkrieg hatte zahllose Folgen. Eine der weitreichendsten war diese: Wurde im 19. Jahrhundert (das bis ins erste Jahrzehnt des 20. dauerte) die Lage durch ein weiterreichendes Konzert der Großmächte abgestimmt, in dem Amerika lange Zeit kaum mitspielte, so gab es nunmehr nur noch zwei Groß-, besser Weltmächte. Man kann sie so bezeichnen, nicht nur weil sie alle anderen an Weite des Landes, Stärke der Bevölkerung und produktiver Kraft weit überragen, sondern weil sie, soweit die Interdependenz der modernen Welt diesen Begriff überhaupt noch zuläßt, ein großes Maß an Unabhängigkeit der politischen Willensbildung und Entscheidung auszuüben vermögen. Außer den Vereinigten Staaten und der Sowjetunion gibt es vorerst nur noch nachgeordnete Mächte. Trotz einer ermutigenden Erholung auf allen Gebieten des öffentlichen und privaten Lebens nach der entsetzlichen Katastrophe des Zweiten Weltkrieges spielen die europäischen Mächte, verglichen zu ihrem Vorkriegspotential und vor allem im Verhältnis zur Stärke der meteorhaft aufgestiegenen beiden Weltmächte, eine vollkommen veränderte, schwächere Rolle in der Welt.

Gilt dies auch heute noch, so galt es erst recht vor nunmehr 35 Jahren, als die oben als deutscher Kernstaat beschriebene Bundesrepublik Deutschland ihre ersten tastenden Schritte tat. Fast muß man es rückblickend als gütiges Schicksal betrachten, daß Deutschland damals gar nicht in der Lage war, auf eigenen Beinen zu stehen, daß es sich anlehnen mußte. Für ein Anlehnen und Gestütztwerden beim neuen Aufbruch aus Elend und Katastrophe in etwas, was allemal nur eine bessere Zukunft sein konnte, sein durfte, und was – wie jeder verantwortungsbewußte Deutsche damals als völlig selbstverständlich empfand – eine auch ethisch bessere Zukunft sein mußte, kam nur die eine der beiden Weltmächte in Frage: Amerika. Für eine Schaukelpolitik zwischen den beiden Mächten fehlte Europa und schon gar Deutschland jegliche Kraft. Ein Anlehnen an die diktatorische, stalinistische, rückständige und zugleich weltbeherrschungsbesessene Sowjetunion – fundamental unterschieden vom großen, liebenswerten, gerade auf uns Deutsche immer eine besondere Faszination ausübenden russischen Volk, das ja selbst unter der Knute der kommunistischen Ideokratie stöhnt, die sich seiner bemächtigt hat – war ausgeschlossen, wenn man nicht die überaus schmerzliche, leiderfüllte und auch schuldbeladene Erinnerung und Erfahrung der vorangegangenen nazistischen Terrorherrschaft in den Wind zu schlagen bereit war.

Europa, genauer die europäischen Mächte, die ja noch nicht zu Europa durchgestoßen waren, sondern erst allmählich ihre Zugehörigkeit zu diesem größeren Gemeinwesen zu entdecken begannen, waren zum Anlehnen untauglich. Sie brauchten selbst Stützen. Doch wären sie (oder einige von ihnen) dazu imstande gewesen, so wäre immer noch die Frage gewesen, ob sie es auch gewollt hätten. Das Ressentiment bei unseren unmittelbaren europäischen Nachbarn saß – sehr verständlicher-, fast selbstverständlicherweise – noch einiges tiefer als bei den Amerikanern.

Amerika also als offenkundige Option. Nun ist Offenkundigkeit einer Grundsatzentscheidung die eine Sache, die tagtägliche Beachtung dieses Grundsatzes in der praktischen und komplexen Politik dagegen eine andere. So wird es auf immer das Verdienst Konrad Adenauers sein, weniger diese Grundsatzentscheidung getroffen zu haben – das taten (fast) alle –, als vielmehr, sie ohne zu wanken über viele Jahre durchgehalten zu haben, auch dann, als sie das Opfer der Wiederbewaffnung verlangte. Auf dem damals gegossenen Fundament steht heute noch unser Staatsgebäude.

Es gehört zu den beunruhigendsten Zeichen unserer unguten Tage, daß der Ruf nach einem anderen Gebäude Echos auszulösen beginnt, denn die danach rufen, vergessen sich die Frage zu stellen, ob denn ein anderes Fundament bereitstehe. Descartes, gewiß einer der mutigsten Denkers einer Zeit, die uns noch heute prägt, rät auf seiner Suche nach dem Fundament des Seins zur Vorsicht: »Freilich beobachten wir nicht, daß man alle Häuser einer Stadt niederreißt, bloß in der Absicht, sie in anderer Gestalt und mit schöneren Straßen an anderer Stelle wieder aufzubauen«, und sagt hinsichtlich einer Reform der Staatsangelegenheiten: »Diese großen Körper sind schwer wiederaufzurichten, wenn sie am Boden liegen, ja sogar schwer aufrechtzuhalten, wenn sie schwanken, und ihr Sturz ist allemal furchtbar ... Deshalb werde ich nie diese unruhigen Wirrköpfe gutheißen können, die, ohne durch Geburt und Lebensstellung zur Verwaltung öffentlicher Angelegenheiten berufen zu sein, in Gedanken fortwährend auf diesem Gebiete reformieren ... « (Discours de la méthode).

Daß dieses Amerika seine Hand bot, war zu jener Zeit keineswegs selbstverständlich. Wir vergessen das heute oft. Gewiß lag es, von heute her betrachtet, in seinem eigenen Interesse, und das Wesen des Staatsmannes, der dieses Namens würdig ist, liegt ja gerade darin, weitblickend zu sein. Daß sich Brüderlichkeit später sogar auszahlt, spricht indes nicht gegen die brüderliche Absicht.

Die moralische Gleichsetzung der beiden Weltmächte und ihrer Intentionen ist ein überaus gefährlicher Irrweg, ebenso wie jede Überlegung von Äquidistanz nach Ost und West. Die Empfehlung der Wertneutralität von Ost und West ist ein tückisch schleichendes Gift. Man sollte dazu einmal die Polen oder unsere mitteldeutschen Landsleute befragen. Wenn wir einen »anständigen Staat« wollten und wollen und auch einigermaßen geschaffen haben, so weil wir mit unserem Blut und unserer Ehre dafür bezahlt haben, daß wir einen unanständigen auf unserem Boden sich entwickeln ließen. Wenn wir Deutsche aus unserer Geschichte, aus der wir uns, wollten wir es gleich, nicht fortstehlen können, überhaupt einen spezifischen Auftrag beziehen können, so ist es der, leidvoll erfahren zu haben, daß es das unethische Extrem tatsächlich gibt. Das ethische ist seinem Wesen nach nicht extrem; als Vollkommenes existiert es ebensowenig auf der Welt wie der vollkommene Mensch.

Die Hinwendung zu Amerika war, dies spürten wir alle, nicht nur von der Erwartung auf materiellen Gewinn geprägt, sondern in ihr schwang, mehr noch als das Entrinnen aus materieller Not, eine Sehnsucht nach Zugehörigkeit zu einem Lebenskreis, einer Weltsicht, einer menschenwürdigen Daseinsform mit. Sie hat einen bestimmenden Namen. Er heißt Freiheit.

Mittlerweile haben wir so viel Freiheit, daß uns darüber der Wertbegriff verlorenzugehen droht, daß wir anfangen, Freiheit nur noch darin zu sehen, alles zu dürfen und nichts zu müssen. Daß dies den Anfang der gefährlichsten Diktatur bildet, daran verschwenden wir Verschwenderischen keinen Gedanken mehr.

Darum war es notwendig, einmal wieder daran zu erinnern, welches die Sehnsüchte waren, die wir mit der Entscheidung für Amerika zu verwirklichen suchten und die auch in der Entscheidung Amerikas für uns eine gewichtige Rolle spielten. Es ging ebensosehr, wenn nicht mehr, um die Bildung einer geistigen wie einer materiellen Wertgemeinschaft. Dies ist das Fundament, auf dem die Bundesrepublik Deutschland steht, und wir tun gut daran, uns dessen bewußt zu sein. Zerbräche es, wir wären hilflos ausgeliefert.

Die damals in die Wege geleitete Wertgemeinschaft des Westens hat reiche Frucht getragen. So reich, daß wir uns zu sehr daran gewöhnt haben, nur noch zu ernten, und darob vergaßen, täglich neu zu investieren, heute Askese zu üben für ein besseres Morgen, vergaßen, daß Freiheit täglich neu erobert werden muß. So verwöhnt waren wir – und sind es weithin immer noch –, daß uns das Wollen schwer ankommt. Dies ist die Bewährung, mit der sich der Westen konfrontiert sieht, und nur wenn er sie besteht, wird er auch die Freiheit bewahren können.

Die Freiheit bewahren kann Europa nicht allein. Es braucht dazu Amerika. Die deutsch-amerikanischen Beziehungen, so wichtig auch das bilaterale Verhältnis ist und so entscheidend die von ihm für Europa ausgehenden Impulse sind, lassen sich dabei von den europäisch-amerikanischen nicht mehr trennen.

Der freie Teil Deutschlands ist in ein festes Freiheits- und Sicherheitsbündnis eingebettet und damit zum ersten Mal in seiner Geschichte nicht isoliert. Es ist eine Ironie, daß in dieser Lage eine Revolte gegen diese Einbettung die Gefahr heraufbeschwört, diesen Teil Deutschlands in eine Isolierung zurückzuschleudern und ganz Westeuropa in eine solche Gefährdung mit hineinzuziehen, denn ohne die politische und militärische Tiefe des Raumes, die die transatlantische Zusammenarbeit bietet, kann Sicherheit und Stabilität nicht produziert werden.

Die Amerikaner sehen den innerdeutschen Konflikt als gefährlich, weil die Tendenz wächst, die Bedrohung der Freiheit zu leugnen, die Notwendigkeit ihrer Verteidigung beiseitezuwischen, den Ost-West-Konflikt als bloßes Ringen zweier wertgleicher Supermächte um Hegemonie zu begreifen, auf Äquidistanz zu gehen und den Frieden auch unter Aufopferung der Freiheit erhalten zu wollen, das heißt die Selbstkapitulation einzuleiten.

Fanatische Erregung, die Weigerung, noch zuhören zu wollen und Argumente vernünftig zu diskutieren, erinnern sie und uns an Religionskämpfe der Geschichte. Aber in seinen Briefen spricht Lenin davon, »die Pazifisten auszunutzen, um den Feind zu zersetzen« (Band IX, S. 175).

Halten wir daran fest: Frieden ohne Freiheit ist kein Frieden, kann es nicht sein. Frieden ohne Freiheit geriete über ein Machtvakuum zur Unterjochung durch die andere, die militärische Weltmacht im Wege der Erpressung, gegen die es keine Widerstandsmöglichkeit mehr gäbe.

Die Amerikaner haben aus zwei Weltkriegen gelernt, daß – um den Frieden wirklich zu bewahren – den Feinden der Freiheit rechtzeitig und überzeugend entgegengetreten werden muß, und daß Frieden ohne Freiheit nicht nur Unterjochung bedeutet, sondern letzten Endes den Krieg unausweichlich macht. Unser allzu kurz gewordenes Gedächtnis, die Unfähigkeit, uns wirklich und positiv zu unserer Geschichte zu bekennen, ist das betrüblichste Kennzeichen unseres Zustandes. Die Bedrohung richtet sich in erster Linie gegen uns, die gefährdetste Lage ist immer noch die unsrige. Diese Bedrohung mit alberner Angstmacherei unter Verdrehung der Tatsachen totreden zu wollen, zeugt von geschichtsloser Dekadenz. Wir müssen schon Farbe bekennen, und für jeden, der das letzte halbe Jahrhundert auch nur einigermaßen beherzigt, kann das nur die Farbe der Freiheit sein. Und wie die Dinge eben liegen, heißt das auch – bei aller Kritikfähigkeit – an der Seite Amerikas bleiben. So meinen die Amerikaner.

Die Vereinigten Staaten sind ein als Staat organisierter Kontinent. Sie grenzen zu Land nur an zwei Nachbarn; mit diesen haben sie keine Probleme der großen Politik. Als einzige Großmacht an beiden großen Weltmeeren gelegen, weisen alle ihre internationalen Interessen über See. Amerika ist eine aus der Geographie geborene Seemacht.

Im Pazifik stützt es sich auf ein eigenes insulares System und auf ein vorgelagertes insulares Bündnissystem. Gegenüber der asiatischen Festlandmasse sind die Vereinigten Staaten zum Handeln freier und fähiger, wenn sie nicht auf dem asiatischen Festland selbst gebunden sind, sondern nur pazifisch operieren. Die Politik Washingtons gegenüber Peking seit 1972 wird dazu führen, daß die außenpolitische Aufmerksamkeit Amerikas im hohen Maße der pazifischen und asiatischen Szene zugewandt bleibt. Die Beziehungen zu Peking selbst und die veränderten Beziehungen zu Tokio, dazu das Verhältnis Tokios zu Moskau und Peking und die Tatsache, daß Amerika nunmehr der anderen Weltmacht nicht mehr nur über Europa in der Ost-West-Situation begegnet, sondern auch über den Pazifik und Asien, führen die pazifische Politik in eine dynamische Epoche. Die amerikanische Außenpolitik hat eine weitere globale Dimension hinzugewonnen.

Der unglückselige Vietnamkrieg, der das amerikanische Volk in die größte seelische Krise seit dem Sezessionskrieg gestürzt hat, war weltpolitisch gesehen selbst in seinen düsteren Phasen immer nur ein regionales Ereignis und nie eine Bedrohung für den Weltfrieden, wie es zum Beispiel der Nahostkonflikt seit 1967 ist.

Ganz anders stellt sich für Amerika die atlantische Situation dar. Der atlantische Bereich, zu dem für Amerika Europa gehört, ist völlig verschieden von dem pazifischen. Hier gibt es kein System amerikanischer Inselstützpunkte und kein Bündnissystem außerhalb des europäischen Kontinents. Auf dem Ozean selbst wird die amerikanische Macht zunehmend von der rivalisierenden Supermacht in Frage gestellt, die seit der Kubakrise 1962 entdeckt hat, daß der Anspruch auf einen solchen Status auch eine erstrangige Seemacht voraussetzt. Die Tatsache, daß die amerikanische Stellung im Atlantik nicht mehr unbestritten ist und daß das strategische Kräfteverhältnis zwischen den beiden Weltmächten sich erheblich wandelte, hat zur Folge, daß die Präsenz der Vereinigten Staaten in Europa heute von noch größerer Bedeutung ist als zuvor. Jede Form des Rückzugs aus dieser Stellung würde ein Vakuum entstehen lassen, das weder politisch durch größere europäische Einheit noch militärisch durch mehr europäische Streitkräfte ausgefüllt werden könnte. Die eine Weltmacht hat letzten Respekt nur vor der anderen Weltmacht.

In diesem Zusammenhang ist eine politische Überlegung von besonderem Gewicht: Wenn die sowjetischen SS 20 stehen bleiben und die NATO-Nachrüstung verweigert würde, dann würden nicht nur die europäischen Verbündeten des abschreckenden Schutzes, sondern auch die in Europa, das heißt vor allem in Deutschland stationierten amerikanischen Truppen dieses Schutzes beraubt.

Die Folge wäre ein mächtiger Auftrieb der latent immer vorhandenen Neigung Amerikas zur Isolation. Denn vergessen wir nicht: Zur letzten Not kann Amerika die Herausforderung auch ohne Europa bestehen. Wenn Deutschland – und auf uns kommt es an – seinen amerikanischen Verbündeten die Abschreckungswaffen zum Schutz seiner hier stationierten Truppen verweigerte, könnte kein amerikanischer Präsident diese Stationierung länger durchsetzen. Das amerikanische Volk würde niemandem erlauben, die »boys« zu Geiseln des überlegenen sowjetischen Raketenpotentials zu machen.

Das Kräftegleichgewicht zwischen den beiden großen Lagern hängt daher davon ab, in welchem Umfang sich die Vereinigten Staaten wirksam in Europa engagieren; denn Europa ist der entscheidende Faktor in der atlantischen Stellung der Vereinigten Staaten und in dem Machtverhältnis insgesamt. Politisch und militärisch verläuft die erste Linie der amerikanischen Verteidigung durch Mitteleuropa. Die zweite Linie ist dann erst die von Neufundland zur Karibischen See; dazwischen gibt es nichts. Diese Tatsache liegt der Identität der Interessen in der europäisch-amerikanischen Partnerschaft zugrunde und war Grundlage der Stärke der NATO in mehr als 30 Jahren. Die Vereinigten Staaten können nicht gegen die Interessen Europas handeln, ohne ihre eigenen zu schädigen; dasselbe gilt auch umgekehrt. Auch wenn es sarkastisch klingen mag, trifft es nichtsdestoweniger zu.

Sollten wir diese einfache Wahrheit vergessen, so würden wir uns beide schwerwiegenden Folgen aussetzen. Zunächst wir Europäer, dann die

Amerikaner. Leider wird das in der amerikanischen Öffentlichkeit nicht immer mit der nötigen Klarheit gesehen. Das amerikanische Engagement im Nahostkonflikt ist von breitem amerikanischem Interesse getragen, auch im Kongreß. Aber viele Amerikaner, auch Politiker außerhalb der Regierung, sehen nicht deutlich genug, daß zwischen dem amerikanischen Engagement im Nahen Osten und der europäischen Position Amerikas ein Abhängigkeitsverhältnis besteht und daß die letztere von Einfluß auf eine positive und friedliche Lösung des weltbedrohenden Nahostkonflikts sein kann. Jede Schwächung der europäischen Position Amerikas müßte seine stabilisierende Einwirkungsmöglichkeit im Nahen Osten gleichfalls schwächen.

Lange Zeit dominierten im unmittelbaren amerikanisch-europäischen Verhältnis die militärischen Aspekte. Seit Ende der 60er Jahre jedoch konkurrieren sie mehr und mehr mit Wirtschafts-, Handels- und Währungsfragen. Diese Entwicklung wird durch die weitreichenden wirtschaftlichen und politischen Auswirkungen der erweiterten Europäischen Gemeinschaft gefördert. Den Menschen zu beiden Seiten des Atlantik wird mehr und mehr bewußt, wie sehr ihr künftiges Schicksal davon abhängt, wie die USA und Europa ihr Verhältnis zueinander außerhalb des Verteidigungsbereichs ordnen. Zu oft schon haben Emotionen und Unwissenheit zu Fehlurteilen über die Auswirkungen der EG auf die USA geführt. Trotz gelegentlicher gegensätzlicher Standpunkte in Einzelfragen haben sich die Wirtschaftsbeziehungen zwischen Amerika und der EG jedoch zum Nutzen und Vorteil beider Partner entwickelt. Die USA sind der größte Handelspartner der Gemeinschaft.

Es gilt, darauf zu achten, daß auftretende Krisen in den Wirtschaftsbeziehungen überwunden werden, damit sich aus ihnen nicht noch schädlichere allgemeine Auswirkungen auf die Beziehungen zwischen Europa und den Vereinigten Staaten entwickeln.

Die USA sind der größte Handelspartner der Gemeinschaft. 1983 beliefen sich die EG-Exporte in die USA auf 45,9 Milliarden Dollar, die Importe aus den USA dagegen auf 44,3 Milliarden Dollar. Die EG erzielte damit zum erstenmal seit Jahren einen Handelsbilanzüberschuß von 1,6 Milliarden Dollar, nachdem 1980 noch ein Defizit von 24,6 Milliarden Dollar vorgelegen hatte. Die Entwicklung des Handels zwischen den USA und der Europäischen Gemeinschaft in den letzten 25 Jahren zeigt überzeugend, daß Amerika aus der Gründung der EG große Vorteile gezogen hat: Der Gesamthandel der USA mit der EG ist gegenüber 1958, dem Gründungsjahr des Gemeinsamen Marktes, um mehr als das Siebzehnfache gestiegen. Amerikanische Exporte in die Gemeinschaft sind in diesem Zeitraum von 2,8 auf 44,3 Milliarden Dollar angewachsen. Statistiken des amerikanischen Handelsministeriums belegen, daß von 1960 bis 1983 die amerikanischen Exporte in die EG erheblich stärker gestiegen sind als die amerikanischen Gesamtexporte. Die EG ist der wichtigste amerikanische Exportmarkt geworden. Von besonderer Bedeutung sind die Auswirkungen des amerikanisch-europäischen Handels auf die amerikanische Handels- und Zahlungsbilanz. In den vergangenen Jahren erzielten die USA in ihrem Handel mit der EG Handelsbilanzüberschüsse, die sich allein in den letzten zehn Jahren auf mehr als 60 Milliarden Dollar beliefen. Diese Zahlen machen deutlich, in welchem Maße sich die Gründung der EG zum Vorteil Amerikas ausgewirkt hat. Die USA leben zwar mit Japan in einem handelspolitischen Defizit, mit der EG über die Jahre gesehen jedoch in einer sehr profitablen Situation.

Interessant ist auch die Entwicklung der amerikanischen Auslandsinvestitionen. In den Mitgliedstaaten der EG sind die Investitionen seit 1958 um das Fünfundzwanzigfache gestiegen. Im gleichen Zeitraum hatten amerikanische Direktinvestitionen innerhalb der EG im weltweiten Vergleich die größte Wachstumsrate aufzuweisen. Diese Zahlen führen zu folgender Schlußfolgerung: Amerikanische Investitionen sind in besonders auffälliger Weise gerade in dem Teil der Welt gestiegen, mit dem Amerika einen beträchtlichen Handelsbilanzüberschuß erzielte. Dies macht deutlich, daß die EG tendenziell weltoffen und kein nach außen protektionistisch abgeschirmter Wirtschaftsblock ist und es offenbar keine günstigere überseeische Investitionsmöglichkeit für die amerikanische Wirtschaft gegeben hat als in der EG.

Nach Statistiken des amerikanischen Handelsministeriums haben US-Firmen bis Ende 1981 insgesamt 226,3 Milliarden Dollar im Ausland investiert. Hiervon entfielen auf das Gebiet der EG 80,6 Milliarden Dollar. Dieser Betrag glich das Defizit in der Handelsbilanz (27,5 Milliarden Dollar) aus.

Es ist daher zu einseitig, sich nur mit der Handelsbilanz zu befassen. Ein ausgewogenes und richtiges Bild läßt sich nur bei einer Wertung aller Faktoren der Leistungsbilanz gewinnen. In diesem Zusammenhang sei folgendes angemerkt:

Wenn eine amerikanische Firma eine Computerfabrik im Ausland baut und in einem bestimmten Land amerikanische Computer produziert, kann man nicht erwarten, daß dieses Land die Zahl früherer Computerimporte aus Amerika aufrechterhält: »Man kann einen Kuchen nicht zweimal essen.«

Auch auf dem Agrarsektor sprechen die Statistiken eine eindeutige Sprache. Sie bestätigen nicht die amerikanische Besorgnis über die Gefahr einer unangemessenen protektionistischen Agrarpolitik der EG. Die EG ist nach wie vor der größte ausländische Markt für amerikanische Agrarprodukte. 1981 beliefen sich die amerikanischen Agrarexporte in die EG auf 9,06 Milliarden Dollar – gegenüber 1970 eine Steigerung um mehr als das Vierfache. Auf dem Agrarsektor kann die amerikanische Handelsbilanz gegenüber der EG besonders hohe Überschüsse vorweisen. Sie erreichten 1981 den Stand von 6,8 Milliarden Dollar.

In allen Industrienationen ist die Landwirtschaft Sorgenkind der Wirtschaft. Die Regierungen bemühen sich, die Bauern und landwirtschaftlichen Arbeiter in die Industriegesellschaft zu integrieren und ihnen ein der Industrie vergleichbares Einkommen zu garantieren. Dies ist nur möglich, wenn der Landwirtschaft besonderer Schutz gewährt wird. Die Methoden und Instrumente mögen hierbei verschieden sein. Die Ergebnisse sind jedoch mehr oder weniger vergleichbar, denn die Entwicklung eines freien Marktpreises wird durch staatliche Interventionen unmöglich gemacht. Das variable Abschöpfungssystem, welches die EG zum Schutze ihres landwirtschaftlichen Preisniveaus eingeführt hat, ist nur ein Instrument, um die Landwirtschaft zu stützen.

Amerikanische Kritik finden die Präferenzabkommen der EG mit Entwicklungsländern. Tatsache ist, daß die amerikanischen Exporte in diese Präferenzländer kräftiger gewachsen sind als die in solche Entwicklungsländer, mit denen die EG keine Präferenzabkommen geschlossen hat. Offensichtlich hat sich die wirtschaftliche Stützung dieser Länder durch die EG auch für Amerika günstig ausgewirkt. Über den wirtschaftlichen Wert hinaus trägt das Präferenzsystem zur inneren Stabilität diese Staaten bei, was nicht nur dem Interesse Europas, sondern auch dem der Vereinigten Staaten dient.

Die Handelsbeziehungen EG – USA sind trotz des Erfolgsbildes der letzten 25 Jahre nicht ungetrübt. Auf sie fällt immer wieder der Schatten eines sich in zahlreichen Varianten ausdrückenden Protektionismus. Die Zollsätze sind zwar in zahlreichen GATT-Runden gesenkt worden, dafür haben sich nichttarifäre Handelshemmnisse, zwei- und mehrseitige Selbstbeschränkungsabkommen, handelsverzerrende Subventionen und Importbeschränkungen störend in den Vordergrund geschoben. Das Sündenregister auf beiden Seiten ist lang. Im Agrarbereich werfen die USA der EG Subventionierung von Produktion und Export mit der Folge einer Veränderung der

Anteile am Weltmarkt zu ihren Lasten vor. Die Diskussion innerhalb der EG über die Einführung einer Fettsteuer und die Beschränkung bestimmter Futtermittelimporte, die ungefähr 50 Prozent des US-Agrarexports betreffen würden, ist noch nicht abgeschlossen. In den USA streben eine Reihe von Industriezweigen Entlastungen im Importbereich an – herausragendes Beispiel aus letzter Zeit sind die Sonderzölle und mengenmäßigen Beschränkungen für Edelstahlimporte im Sommer 1983. Im US-Kongreß liegen Dutzende von Gesetzentwürfen zur weiteren Einschränkung des Außenhandels vor. Ganze Industriebranchen, die sich international nicht mehr als konkurrenzfähig erweisen, kämpfen so um ihr Überleben. Wider ökonomischen Sachverstand werden damit unvermeidbare Strukturveränderungen hinausgezögert. Keine Regierung vermag sich dem innenpolitischen Druck, den notleidende Industriezweige ausüben, ganz zu entziehen. Hieran wird sich auch in Zukunft nichts ändern. Dennoch muß positiv vermerkt werden, daß die Rufe nach protektionistischen Maßnahmen stets ungleich viel zahlreicher geblieben sind als die Fälle, in denen sie gewährt worden sind. Keiner der beteiligten Regierungen ist das ernsthafte Bemühen abzusprechen, sich gegen den innerstaatlichen Druck nach mehr Protektionismus zur Wehr zu setzen. Die Schadensbegrenzung bleibt Richtschnur aller Handelspartner. Das ist als Beweis der gemeinsamen Einsicht zu werten, daß Parforce-Alleingänge das Handelsgebäude, auf dem der Wohlstand aller beruht, nur zu aller Schaden lädieren können.

Unsere Beziehungen zu den Vereinigten Staaten sind in einem beständigen Wandel von der Bilateralität zur Multilateralität. Alle Europäer müssen verstehen, daß nur ein vereinigtes Europa ein wirklicher Faktor in der Welt sein und in Ost und West, Nord und Süd eine wirkliche Rolle spielen kann. Der Umfang der rein bilateral angelegten Beziehungen schrumpft. Der NATO-Rat ist heute ein Gremium für umfassende Diskussionen und Konsultationen aller wichtigen Fragen der Außen- und Verteidigungspolitik. Die bilaterale diplomatische Zusammenarbeit steht immer im Dienst dieser multilateralen Koordination. Das Bündnis hat, von dem rein verteidigungspolitischen Anfangszweck ausgehend, in den vergangenen Jahren politisch an Umfang und Substanz gewonnen. Mit dem Übergang der Handelspolitik von den Mitgliedsregierungen in die Kompetenz der Organe der Europäischen Gemeinschaft setzt sich ein vergleichbarer Prozeß im außenwirtschaftlichen Bereich weiter fort. Die sehr wichtigen handels- und finanzpolitischen Probleme zwischen den Vereinigten Staaten und ihren Handelspartnern sind, was uns angeht, weniger deutsch-amerikanisch.

Der Lösung dieser Fragen kommt eine ganz eminente Bedeutung zu, die weit über ihren wirtschaftspolitischen Rahmen hinausgeht, weil die Überwindung der zwischen Europa und Amerika anhängigen wirtschaftspolitischen Schwierigkeiten von wesentlicher Bedeutung für die Bündnisgesinnung der amerikanischen Öffentlichkeit und des Kongresses und damit für Zusammenhalt und Stärke der NATO ist. Dabei kommt es darauf an, in pragmatischer Weise Annäherungswerte zu erreichen.

Es muß unser vordringliches Anliegen sein, die Spaltung in der Handels- und Währungspolitik zu überwinden. Nach der Katastrophe des Zweiten Weltkrieges hat Amerika den freien Welthandel gefördert. Wir alle, Europäer, Amerikaner und die Entwicklungsländer, haben von dieser Initiative Nutzen gehabt. Nachdem wir die Vorteile des freien Handels geteilt haben, sollten wir darauf bedacht sein, uns nicht in eine Lage zu begeben, in der wir nur die verheerenden Auswirkungen des durch amerikanische Hochzinsen mächtig angetriebenen Protektionismus teilen können. Eine gesunde amerikanische Wirtschaft und der Wohlstand des amerikanischen Volkes liegen auch in unserem eigenen Interesse. Unsere Volkswirtschaften sind so eng miteinander verbunden, daß die eine nicht Rückschläge erleiden kann, ohne daß damit auch den anderen Schaden zugefügt wird, ebenso wie Wohlstand in einem Land auch zum Vorteil der anderen ist. Diese wechselseitige Abhängigkeit wird unerträglich belastet, wenn die Amerikaner durch ihre Hochzinspolitik Jahr für Jahr Fremdkapital anziehen und damit ihre horrenden Defizite finanzieren.

Wenn wir in den europäisch-amerikanischen Dingen ein so hohes Maß von Konsultation und Koordination erreichen könnten, wie es in der Parallelisierung der deutsch-amerikanischen Außenpolitik gelungen ist, dann brauchten wir uns über das Verhältnis EG–USA weniger zu sorgen. Die deutsch-amerikanische Zusammenarbeit hat sich bei der Verhandlung und beim Abschluß der Ostverträge voll bewährt und hat, was das Maß der Koordination angeht, bei den verschiedenen Berlinverhandlungen einen Höhepunkt erreicht. Man muß gerechterweise feststellen, daß die Amerikaner, meist auch innerhalb der NATO, diese weitgehend und sorgfältig konsultieren. Das galt schon für SALT und setzte sich in der Konferenz für Sicherheit und Zusammenarbeit in Europa und ihren Folgekonferenzen, den Verhandlungen über beiderseitige ausgewogene Truppenverminderungen, den Genfer Verhandlungen und nunmehr in der Konferenz über Vertrauensbildung und Abrüstung in Europa fort. Der die amerikanische Regierung leitende Gedanke ist dabei, alles zu vermeiden, was das Bündnis schwächen kann; alles zu tun, was seinen Zusammenhang stärkt; alles zu vermeiden, was in Europa oder Amerika eine durch die Lage der Dinge nicht gerechtfertigte Euphorie schaffen könnte; alles zu tun, was dem Prinzip dient, Abbau der Spannungen und Erhaltung der Sicherheit konstruktiv miteinander zu verbinden. Die amerikanischen Intentionen stehen damit in vollem Einklang mit den unseren, eine Lage zu schaffen, die einen Krieg in Europa unmöglich macht. Daran können auch verbale Ausrutscher einiger Minister in der Anfangsphase der Präsidentschaft Reagans nichts ändern.

Es muß unser unverrückbares Ziel sein, die Europäische Union in Verbindung mit der atlantischen Partnerschaft aufzubauen und in engster Zusammenarbeit mit unserem stärksten Verbündeten den Ausgleich nach Osten zu suchen. Nur so können wir auch der Lösung des deutschen Problems, die Trennung unseres Volkes zu überwinden, näherkommen.

Die Sicherung der Freiheit ist inzwischen zu einem Auftrag geworden, der das rein Militärische weit übersteigt und sich längst nicht mehr im zweidimensionalen Denken entlang einer mitten durch Europa verlaufenden Demarkationslinie erschöpft. Zweifellos bleibt die kontinentale Ost-West-Schiene der Sicherheit, nuklear und konventionell, politisch und militärisch, von großer Bedeutung. Aber die Sicherheit des Westens und damit auch die unsere wird in den kommenden Jahren weltweit in dem Ringen um das Offenhalten oder die Kontrolle des Zuganges zu den Rohstoffmärkten entschieden. Diese Auseinandersetzung ist nicht in erster Linie ein militärisches, sondern ein politisches Problem. Es ist zu bewältigen; es aber den Amerikanern allein zu überlassen wird auf die Dauer den Zusammenhalt des westlichen Bündnisses noch stärker auf die Probe stellen als vor kurzem die Aufregung um den NATO-Doppelbeschluß. Zur Bewältigung dieser Aufgabe genügen nicht Konsultationen im Bündnis, sondern wir müssen uns als Verbündete auch da, wo dies nicht durch den Vertragstext gefordert ist, zu einer pragmatischen Koordinierung unserer Politik im Feld der Außen- und Sicherheits-, der Wirtschafts- und Finanzpolitik durchringen. Sonst bleibt der Westen der Sowjetunion an Handlungsfähigkeit unterlegen.

Je geschlossener ein Bündnis politisch handelt, um so sparsamer kann es mit militärischen Mitteln umgehen. Militärisch braucht der Verteidiger nicht gleich stark zu sein, politisch aber darf er nicht schwächer erscheinen.

Die Einengung der sicherheitspolitischen Diskussion auf Nuklearfragen nutzt im Grunde nur der sowjetischen Politik und wird daher von ihr nach Kräften gefördert, denn die größeren Gefahren drohen der kollektiven westlichen Sicherheit auf andere Weise.

Die Kontrolle des Nordatlantik beurteilen die Amerikaner als entscheidend für den Zusammenhalt der Allianz und die Glaubwürdigkeit der Abschreckung. Der rapide Aufbau der sowjetischen Küstenschutzflotte zu einer Hochseemarine, die mit ihren großen Versorgungsschiffen weltweit im Bereich unsere Seewege bedrohend zu operieren vermag, und die dauernd um überseeische Stützpunkte bemühte sowjetische Expansionspolitik bedrohen den transatlantischen Zusammenhalt des Bündnisses und seine Abschreckungs- und Verteidigungsfähigkeit mehr als jede sonstige sowjetische Überlegenheit an Truppen und Waffen.

So wie früher Kriege über See gewonnen wurden, müssen sie heute auch über See verhindert werden. Gestützt vor allem auf die Halbinsel Kola, die stärkste Konzentration militärischer Macht in der Welt überhaupt, vermag die sowjetische hochseeoperative Überwasser- und Unterseebootflotte die lebenswichtigen transatlantischen Verbindungen zu bedrohen wie nie zuvor, unterstützt von einer in Reichweite und Waffenwirkung ständig verbesserten Luftwaffe. Die Ostseeausgänge, die für die nord- und zentraleuropäische Verteidigung einen entscheidenden Angelpunkt bilden, können heute nicht nur von Osten, sondern durch die Nordsee hindurch auch von Westen bedroht werden. Deshalb engagieren sich die USA auch hier.

Noch verhängnisvoller ist die zunehmende Bedrohung der westlichen Sicherheit von außerhalb des Bündnisgebietes. Durch den Ausbau der sowjetischen Flotte und Luftwaffe und die Schaffung einer einzigartigen Luftlandekapazität hat sich die Sowjetunion die Möglichkeit gegeben, dem Westen den Zugang zu den für ihn lebenswichtigen weltweiten Rohstoffbasen zu verweigern. Der Mittlere Osten mit dem Nadelöhr der Straße von Hormuz steht dabei im aktuellen Vordergrund. Im Südlichen Afrika liegen die Schwerpunkte sowjetischer Einwirkung in unmittelbarer Nähe wichtiger Rohstoffzentren. In Ostafrika hat sich die Sowjetunion, zunächst mit Somalia gegen Äthiopien, dann mit Äthiopien gegen Somalia, eine starke Position aufgebaut und steht im Südjemen mit einem Fuß auf der Arabischen Halbinsel – Saudi-Arabien bedrohend.

In Südostasien ist mit Hilfe des vietnamesischen Verbündeten die Einkreisung Chinas, das schon von Norden und Osten sowjetisch umfaßt wird, von Süden her in vollem Gange. Der militärische Aufbau im Pazifik wird, weitgehend unbeachtet von Europa, nicht minder vorangetrieben als der im europäisch-atlantischen Bereich. Eine pragmatisch-politische Zusammenarbeit des Westens mit den beiden großen Fernostmächten Japan und China, deren Sicherheit durch diese Entwicklung gefährdet wird, ist nicht nur eine amerikanische Aufgabe, sondern eine solche des Westens insgesamt, weil eine zunehmende sowjetische Machterstarkung im pazifisch-asiatischen Raum die weltweite Kräftebalance zum Nachteil der kollektiven Sicherheit des Westens und der Fernostmächte verschiebt.

Das Ausscheren des Iran aus der Schutz- und Trutzgemeinschaft des Westens hat Afghanistan zu einem solchen Machtvakuum werden lassen, daß die Sowjetunion Ende 1979 glaubte, risikolos zugreifen zu können. Dies ist eines der letzten tragischen Beispiele, was die Folge der Entstehung eines Machtvakuums bedeutet.

Das afghanische Volk hat in dem Kampf um Freiheit und Unabhängigkeit mehr als 500 000 Tote und etwa 2,5 Millionen Flüchtlinge verloren. Doch wer demonstriert für die Afghanen? Dabei ist dies nicht nur die grauenhafteste Menschenrechtsverletzung unserer Tage, sondern ihr Freiheitskampf hat schicksalhafte Bedeutung für uns alle im Westen. Mit den Basen südlich des Hindukusch, bei Kabul, um Kandahar und Herat ist die sowjetische Macht um 700 km der Straße von Hormuz näher gekommen und steht nur noch 500 km von ihr entfernt. Wenn sich die Sowjets in Afghanistan bequem und ungefährdet einrichten und die dort gewonnenen Basen zu weiterem Ausgreifen nutzen können, dann wird es todernst um die Straße von Hormuz, durch die nahezu das gesamte nahöstliche Öl in den Westen transportiert wird. Eine zusätzliche Gefährdung durch iranische Abenteuer kann nicht übersehen werden, ebensowenig wie die Risiken einer erneuten Destabilisierung des Iran selbst.

Der israelisch-arabische Konflikt ist seit langem besonders gefährlich durch die ihm innewohnende Möglichkeit einer überregionalen Ausweitung. Ansätze zu einer Lösung über den israelisch-ägyptischen Friedensschluß hinaus zeigt er nicht. Die Hauptmühe wird weiter darauf gerichtet werden müssen, ihn eingedämmt zu halten, neuen Eruptionen vorzubeugen. Mit diesem Ziel müssen Europäer und Amerikaner viel enger zusammenarbeiten als bisher. Ein Zusammenbruch Israels würde zu einem Chaos im Nahen Osten führen mit katastrophalen Folgen für den gesamten Westen. Aber von dem eigenen Interesse abgesehen, ist es für uns Deutsche eine Sache des historischen Gewissens und des Anstandes, um die Sicherheit Israels praktisch besorgt zu sein – auch wenn vieles der israelischen Politik nicht zu billigen ist.

Der Entwicklung im Libanon scheint der Westen geradezu hilflos gegenüberzustehen.

Die wachsende Spannung hat die Kontakte zwischen Moskau und Washington dünn werden lassen, aber nicht unterbrochen. Ein Notaggregat von

Krisenmanagement wirkt weiter: Der Wille und die Praxis, Krisen nicht ausufern zu lassen, wenn das die Gefahr der direkten Konfrontation der beiden heraufbeschwört. Das hat in den vergangenen Jahren wiederholt funktioniert, zur Zeit im Golfkrieg zwischen Iran und Irak. Aber genügt das?

Erforderlich ist eine Anstrengung des gesamten Westens, der Europäer ebenso wie der Amerikaner. Zu lange haben wir uns allesamt treiben lassen, sind wir der Illusion erlegen, alles sei doch nur halb so schlimm, haben uns in Europa über Butterberge und Milchseen zerstritten, es den Vereinigten Staaten überlassen, den Weltpolizisten zu spielen, und sie gleichzeitig dafür mit erhobenem Zeigefinger gerügt.

Es ist an der Zeit, daß wir uns wieder zur Gemeinsamkeit entschließen, Gemeinsamkeit der Verantwortung und der Opferbereitschaft, daß wir wieder das Erringen eines besseren Morgen dem bloßen Genießen des gestern Errungenen voranstellen.

Niemand hat daran ein lebenswichtigeres Interesse als wir Deutschen. Wenn wir uns abkoppeln, ja, wenn wir auch nur das Schlußlicht am atlantischen Zug bilden, geraten wir in höchste Gefahr, verlorenzugehen. Im europäisch-atlantischen Verhältnis muß Deutschland die Lokomotive sein.

Andernfalls geriete die Bundesrepublik Deutschland in die Gefahr der Isolierung, nicht nur von ihrem amerikanischen Hauptverbündeten, sondern der politischen Isolierung auch von ihren europäischen Nachbarn mit allen verheerenden politischen und wirtschaftlichen Konsequenzen. Das deutsch-französische Verhältnis, Fundament europäischer Zusammenarbeit, würde durch eine entschlossene Hinwendung Frankreichs zu Amerika negativ relativiert.

Die Bundesrepublik Deutschland würde zu einem Machtvakuum, zu einem hilflosen Objekt zwischen Ost und West, in einer dann in eine viel gefährlichere Phase eintretenden Auseinandersetzung zwischen der Sowjetunion und Amerika.

Wir müssen die Welt so nehmen, wie sie ist, und nicht unseren heutigen Entscheidungen die Wunschträume einer Welt zugrunde legen, wie wir sie gerne hätten. Vorleistungen als Mittel der Politik sind nur tragbar gegenüber einem Partner, dessen politisches Ethos die entsprechende Gegenleistung gewiß sein läßt. Gegenüber einer Macht, die immer wieder bewiesen hat, daß sie Vorleistungen als Schwäche ansieht, die zum mehrfordernden Nachstoßen einlädt, ist eine Politik der Vorleistungen purer Leichtsinn, mehr noch: Sie macht den schließlichen Konflikt unausweichlich.

Gerade wir Deutschen sollten das fast noch besser wissen als die andern, denn von unserem Boden ging eine gewissenlose Politik schon einmal aus, und nicht nur wir, sondern ganz Europa ist ihr zum Opfer gefallen. Den andern Europäern mag der schließliche Sieg über das gewissenlose Naziregime manchmal noch etwas den Blick dafür trüben, daß sie allzu lange Vorleistungen erbrachten, allzu spät sich aufrafften zum Widerstand, allzu verblendet an den Erfolg der Beschwichtigung glaubten, weil sie sich einfach nicht vorstellen konnten, daß ein Kulturvolk so gnadenlos sein könne. Hand aufs Herz: Erkannten wir es denn selber? Ich sage es noch einmal: Nichts ist gefährlicher, nichts bedrohender, nichts schleichend schädlicher als die Vorstellung von der Äquidistanz, die ethische Gleichsetzung von Freiheit und Zwangsherrschaft.

Die Welt lebt seit nahezu 40 Jahren mit der atomaren Bedrohung. Diese läßt sich nicht auf einfache Weise abschaffen, und die quantitative Zunahme dieser Bedrohung (in der heutigen Form der SS 20) rückt diese Möglichkeit – so wünschbar sie ist – nicht näher. Erkennen wir endlich wieder: Nicht der Westen bedroht die Sowjetunion, sondern er muß sich gegen die sowjetische Bedrohung wehren. Das Atom ist so wenig abzuschaffen wie die Sünde. Es muß unter Kontrolle gehalten werden, so wie es in den vergangenen Jahrzehnten gelungen ist, in denen die Amerikaner im Gegensatz zu den Sowjets – man denke nur an den Sueskonflikt von 1956 – nie mit nuklearer Gewalt gedroht haben. Nur mit Maß und entschlossenem Willen zur Selbstbehauptung werden wir Deutschen und wird der Westen dieser Aufgabe gewachsen sein, und nur im Zusammenwirken mit unseren Freunden und Verbündeten werden wir auch fähig sein, die deutsche Teilung und Trennung ohne Gewalt Zug um Zug zu überwinden. Nur wenn wir durch ausreichende Stärke über Verhandlungsmasse verfügen, werden wir zu dringend nötigen Fortschritten im Bereich der Rüstungskontrolle und Rüstungsbegrenzung gelangen. Wenn wir Angst und Wunschdenken zum Ratgeber unserer Entschlußfassungen machen, werden wir nicht den Frieden sichern, sondern in Isolierung geraten und Freiheit und Unabhängigkeit verlieren.

Hüten wir uns vor dem Verwechseln des Wichtigen mit dem weniger Wichtigen. Informationsüberladung und Desinformation versperren uns heute oft den Blick aufs Wesentliche. Wenn wir uns nicht wieder auf ein paar fundamentale Orientierungen besinnen, kann es leicht geschehen, daß die Geschichte einmal feststellt, wie Jupiter in der Antike jene blind machte, die er verderben wollte, hätten wir zu unserem Verderb Weitblick durch Fernsehen ersetzt.

In den letzten Jahrzehnten haben die Amerikaner das wichtigste Problem ihres inneren Gefüges gelöst und damit eine säkulare geistige und gesellschaftliche Leistung ohne Beispiel erbracht: die Integration der Farbigen in die Gesellschaft. Das ist in unserer politischen Öffentlichkeit fast unbemerkt geblieben. Für Kritik an den Amerikanern war immer Zeit, aber niemand hat diese ihre große zivilisatorische Leistung auch nur beiläufig anerkannt.

Wer fast ein Drittel der vergangenen drei Jahrzehnte in Amerika gelebt und es seitdem immer wieder besucht hat, kann sich dem tiefen Eindruck nicht entziehen, wie selbstverständlich sich heute Farbige an allen Treffpunkten der Öffentlichkeit, in der Politik, der Publizistik, der Wirtschaft und Wissenschaft, der Kunst, in Militär und Verwaltung bewegen, nicht nur in assistierenden, sondern in vielen leitenden Funktionen, und wie unbefangen und aufgeschlossen der Umgang von Amerikanern unterschiedlicher Hautfarbe miteinander geworden ist.

Mag auch noch kein alle voll befriedigender Zustand erreicht sein, so ist doch die positive Entwicklung erkennbar weiter voll im Gange und beweist die schöpferische Kraft, die diesem Volke innewohnt.

Wir wissen zu wenig voneinander. Die Sympathie der Gründerzeit ist verklungen, die alten Freunde sind gestorben oder nicht mehr aktiv. Auf unserer Seite ist die einst tief und bis ins Mark gespürte Dankbarkeit für die neugewonnene Freiheit einem Inferioritätskomplex wegen der sicherheitspolitischen Abhängigkeit gewichen, der man mit Vogel-Strauß-Politik entkommen und die man mit lautstarker Kritik an allem Amerikanischen kompensieren zu können vermeint. Amerikanische Naivität und mitunter fahrlässiger Umgang mit der Sprache bieten Zielscheiben für deutsche Besserwisserei, die uns nicht nur in Amerika so viel verdirbt.

Am schwersten verkraften die Amerikaner die Spaltung der bisherigen Übereinstimmung in der deutschen Sicherheitspolitik, weil sie darin einen ganz wichtigen Beitrag zur Stabilität der Allianz sehen. Hinzu tritt das ewige, ach so fernsehwirksame Gerede, man müsse auf Washington »Druck ausüben«. Mit solchem Lärm auf dem Marktplatz beeinflußt man die Amerikaner nicht. Dazu sind sie zu stark und zu selbstbewußt.

Die deutsche Unruhe irritiert. Man sieht darin mangelnden Realitätssinn, eine heimliche Sehnsucht nach neuer, eigenständiger Größe, einen Nationalismus, der nicht mehr Expansion und Macht auf seine Fahnen geschrieben hat, sondern einen seltsam irrealen Hang zum Kleinen, zum Rückzug in eine Art bukolischer Traumwelt. Dieses Wunschdenken, das uns kein Mensch abnimmt – dazu ist die jüngste Geschichte nun doch noch zu nah –, verkennt, daß es keine Alternative zur realen Welt gibt, daß man vielmehr innerhalb der bestehenden Bindungen reifen muß und sich nur in ihnen bewähren kann.

Kommt man heute mit einem Amerikaner ins Gespräch, nicht mit einem Politiker oder Diplomaten, sondern mit einem Taxichauffeur oder einem Bankier, dann stößt man leicht auf die Frage: »Why don't you like us any more?« Das macht nachdenklicher und ist bedenkenswerter als manche offizielle Verlautbarung.

In manchem deutschen Anti-Amerikanismus steckt auch ein Stück Neid. Neid auf die Vitalität, das Selbstbewußtsein, die Regenerationskraft der Amerikaner, auf ihre zupackend positive Einstellung zu moderner Technologie. Daß Reagan mit sicherem Instinkt dem allem mächtigen Auftrieb gegeben hat und darauf baut, macht ihn für viele Deutsche zum Buhmann.

Die Stimmungen schwanken schnell. Vor reichlich zehn Jahren noch – Vietnam, Watergate – zerfetzte sich Amerika in Pessimismus, und die Europäer sonnten sich mitleidig oder auch höhnisch lächelnd im Glanz ihres Erfolges. Als vor sechs Jahren der Dollar aus einem Tief gerettet werden mußte, meinten Europäer, nun sei der Abstieg Amerikas wohl offenkundig. Einige verkündeten es auch lauthals und belehrend. Seit ein paar Jahren kommen die Europäer nach New York und Washington und malen die europäischen Zustände in schwärzesten Farben. Das deutsche Selbstmitleid in diesem Chor hat das Vertrauen zu uns erschüttert und viel Goodwill gekostet. Man ist enttäuscht von diesen Verbündeten, die europäisch nichts mehr so recht zustande bringen, die zu kostspielige Sozialprogramme durch Schulden und Kürzung investiver Ausgaben finanzieren, unrentabel gewordene Industrien durch bürokratische Subventionen am Tropf erhalten und so Substitution und Innovation abwürgen. Die ehemaligen »Wirtschaftswunderleute« sind in amerikanischen Augen ein wenig lächerlich geworden.

In den Vereinigten Staaten vollzieht sich eine wirtschaftliche und demographische Schwerpunktverschiebung von Osten nach Westen. Die Bevölkerung der Westküste wächst infolge interner Zuwanderung rapide. Die modernsten Industrien und Dienstleistungsbetriebe konzentrieren sich in Kalifornien und im Großraum um Seattle. Mit Reagan ist zum zweitenmal innerhalb von zehn Jahren ein Kalifornier zum Präsidenten gewählt worden. Der Kreis seiner vertrauten Ratgeber ist noch kalifornischer, als es derjenige Nixons war.

Amerika wird als stärkste pazifische Macht eine entscheidende Rolle bei der sich abzeichnenden schnellen Schwerpunktentwicklung des pazifischen Großraums spielen.

Als General de Gaulle in den frühen sechziger Jahren, soeben von einem Amerikabesuch heimgekehrt, Konrad Adenauer besuchte, erzählte er ihm von dem starken Eindruck des pulsierenden Amerika der Westküste und vermerkte am Ende einer Schilderung seines abendlichen Spaziergangs am Ufer des Pazifik, als er über das Meer zum Horizont geblickt habe, habe er sich die Frage gestellt: »Was wird das geben, wenn Amerika einmal wirklich China und diesen Raum entdeckt?« Damals dachte noch kein Mensch im Traum daran, daß Amerika schon bald Beziehungen zur Volksrepublik China aufnehmen werde.

Amerika ist seit hundert Jahren eine atlantische und pazifische Macht und gewöhnt, über beide Weltmeere zu disponieren. Sprach ein Amerikaner ohne nähere Erläuterung von dem Krieg, so meinte er immer den pazifischen von 1941-1945. Die Schwerpunktverschiebung ist unverkennbar. Aber wir brauchen – wenn wir uns nur ein bißchen Mühe geben – nicht zu befürchten, daß sich die Vereinigten Staaten von Europa abwenden. Nur: So selbstverständlich wie wir es bislang gewohnt waren und wie es ja auch so bequem war zu denken, ist das nicht und im Grunde nie gewesen.

Die Weltmachtstellung der USA ist sehr stark im atlantisch-europäischen Engagement verankert, und die Kontinuität der amerikanischen Politik besitzt eine bindende Kraft. Aber ein bißchen pflegen müssen wir das schon. Die Amerikaner möchten verstanden, möglichst sogar geliebt werden.

In nichts werden sie weniger verstanden als in ihrer karibischen Politik. Ich meine nicht die lautstarken Demonstrationen wegen El Salvador und Nicaragua. Das sind planvolle Unternehmungen, die zielbewußt von der sowjetischen Invasion Afghanistans ablenken sollen und bei denen viele Gutwillige mitlaufen. Ich meine unsere Politik und die der anderen Europäer. Die europäischen Erklärungen zu Grenada haben deutlich gemacht, wie leichtfertig Kabinette aus Mangel an eigener Einsicht gezielter Desinformation zum Opfer fallen. Dabei ist es gar nicht so schwierig. Die Vereinigten Staaten wollen die mit der Sowjetunion und Kuba eng zusammenarbeitende Regierung von Nicaragua zwingen, ihren subversiven Kampf gegen die Regierungen von El Salvador, Honduras und Costa Rica einzustellen und die Unterdrückungspolitik gegen ihre eigene Bevölkerung zu beenden. Ihr Ziel ist, Ruhe und Sicherheit im Karibischen Raum wiederherzustellen und möglichst der Demokratie zum Aufschwung zu verhelfen. Dafür sollten gerade die Europäer viel Verständnis haben, auch wenn die Amerikaner Fehler begehen.

Durch die Karibische See laufen 40 Prozent aller amerikanischen Ein- und Ausfuhren. Die Sicherheit des Panamakanals ist eng mit der der Karibik verzahnt. Im Krisenfall müßten über die Hälfte sämtlicher Seetransporte von den USA für die NATO durch dieses Seegebiet laufen. Wir sollten das nicht vergessen.

Die weltweite bewegliche Handlungsfähigkeit der Vereinigten Staaten ist geopolitisch davon abhängig, daß sie an den eigenen unmittelbaren Grenzen keine Probleme haben. So können sie beispielsweise 300 000 Soldaten ihrer operativ verwendungsfähigen Streitkräfte in Europa stationieren. Würden sie an ihrer südlichen Grenze über See, in der Luft und schließlich auf dem Lande kritisch engagiert, änderte sich diese Situation radikal, denn auch dem Amerikaner ist, ganz wie uns, das Hemd immer noch näher als der Rock. Das wäre gewiß zum Nachteil der Vereinigten Staaten, vor allem aber zum Nachteil der Westeuropäer, die hilflos mit ansehen müßten, wie die Amerikaner ihre Truppen zur Heimatverteidigung abzögen, und die spätestens dann einsähen, was in der Karibik auf dem Spiele steht.

Das sehen die Sowjets sehr klar. Wenn die Sowjets auf diese Weise Amerika seiner unbehinderten Handlungsfähigkeit und Europa der amerikanischen Präsenz berauben könnten, wäre das für sie ein epochaler Sieg. Darum geht es in der Karibik.

Perspektive verlangt Abstand, und wer immer nur mit der Nase an dem Auf und Ab der Tagesereignisse klebt, kann sie nicht haben. Sie verlangt auch Abstand vom unmittelbaren Selbstinteresse des Tages. Gute deutsche Politik muß sich bemühen, abseits vom Getümmel – »au delà de la melée« – die großen Linien zu erkennen und ihr tagtägliches Verhalten daran zu orientieren. Eben das verlangt das wohlverstandene Selbstinteresse. Politik ist Bewegung. Hin und Her ist auch Bewegung, in der »action«, wie sie die mediengerechte Darstellung liebt, sogar die scheinbar befriedigendste. Die schlechteste freilich für die wirkliche Aufgabe der Staatskunst, die sich im Eid des Bundeskanzlers symbolisch für alle Verantwortlichen äußert: »[...] das Wohl des Volkes zu mehren, Schaden von ihm zu wenden [...]«

Deutschland und der europäische Osten

Polen und die Tschechoslowakei sind unsere geographischen Nachbarn im Osten über Land. Die Sowjetunion ist es über das Wasser der Ostsee. Sie ist politisch unser nächster östlicher Nachbar, denn sie ist dominierend präsent in dem Teil unseres Vaterlandes, den wir Mitteldeutschland nennen, und in einem Teil der alten Reichshauptstadt Berlin. Aber diese Völker im Osten von uns – Polen, Tschechen und Slowaken und die Ungarn – sind auch unsere Nachbarn, weil sie aufgrund ihrer mehr als tausendjährigen Geschichte und Kultur Mitteleuropäer sind wie wir auch, und weil wir mit ihnen seit vielen Jahrhunderten, ungeachtet der Machtkämpfe, die uns entzweiten, in einem beständigen geistigen Austausch, einem wissenschaftlichen, künstlerischen, literarischen Geben und Nehmen verbunden sind.

Über die Schlachten von Liegnitz und am Kahlenberg, die Christianisierung und die Stadtrechte, über Veit Stoß und Kopernikus, die Wettiner in Warschau, Chodowiecki, die Radziwills und Jan Kiepura in Berlin, die Prager Universität und die Blüte deutscher Literatur in dieser Stadt haben wir die Wirkung des deutschen Idealismus und besonders Herders auf die Menschen dieses Raumes bis hin zu den polnischen Restauratoren bei der Wiederherstellung und Rettung unserer Kunstschätze heute. Die Reihe der verbindenden Beispiele ließe sich nahezu endlos fortsetzen. Auch die der trennenden: die deutsche Kolonisation, die erste Schlacht von Tannenberg vor fünfhundert Jahren, die vier polnischen Teilungen und das grauenvolle Leid, das die vierte 1939 über Polen brachte.

Als vor mehr als 40 Jahren ein osteuropäisches Land nach dem andern unter sowjetische Herrschaft fiel, hatten wir für einige Zeit die Sorge, daß sie mit ihrer Freiheit auch ihre nationale Persönlichkeit und Identität verlieren würden. Der Aufstand der Deutschen in Mitteldeutschland, kulturelle Entwicklungen in Polen, die Unruhen dort 1956, der ungarische Aufstand 1956, der Prager Frühling 1968 und die Renaissance der Polen in den 70er Jahren zeigten deutlich, daß ihre nationale Persönlichkeit stärker war als die Zwangsherrschaft. Was wir uns angewöhnt hatten, als Sowjet- oder Satellitenblock zu bezeichnen, ist weder ein Block, noch sind diese Völker Satelliten. Sie waren und sind nicht zu einem Monolithen erstarrt, sondern dauernd im Wandel begriffen, kreativ und von einer Vielfalt wie eh und je.

Auch Politik und Wirtschaft weisen, trotz sowjetisch abgegrenzten Rahmen und RGW (Rat für gegenseitige Wirtschaftshilfe der Ostblockstaaten – (COMECON), durchaus individuelle Züge auf. Eigenständige nationale Bestrebungen wirken, die oft diffus scheinen und zu unterschiedlichen Differenzierungen führen. Sie können sowohl als Erosion wie als Evolution gedeutet werden.

Oberflächlich gesehen scheint die Situation in der Tschechoslowakei für die Sowjets derzeit am unproblematischsten zu sein. Die Führung hält ihre Politik vollkommen auf Moskauer Linie. Sie kann als die linientreueste angesehen werden. Die innere Situation ist von Stagnation bestimmt, von tiefem wechselseitigem Mißtrauen zwischen Führung und Geführten. Der Schock vom August 1968 ist noch nicht überwunden und lähmt. Das elastische Temperament der Tschechen und Slowaken, mit »Schweijk« nur ganz unvollkommen beschrieben, versucht sich durch die Zeit zu winden. Die dissidente Intelligenz ist trotz aller Unterdrückungsmaßnahmen unverkennbar weiter lebendig. Wirtschaftlich hat das Land als einziges der osteuropäischen den Vorteil, sich nicht mit einer erdrückenden äußeren Auslandsverschuldung herumschlagen zu müssen. Die Kirchen – besonders die römische – haben sich mit regimehörigen Abspaltungen auseinanderzusetzen, die ihre geistliche Ausstrahlung mindern.

Ungarn folgt außenpolitisch moderat den Moskauer Weisungen, ohne sich in irgendwelche Breschen zu werfen. Im Innern hat es sich mit der den Ungarn eigenen Eleganz eingerichtet, die ihm auch schon in der k.u.k. Monarchie nach den Ausbrüchen in der ersten Hälfte des 19. Jahrhunderts gegenüber dem übermächtigen Wien mit großem Erfolg gelang. Wirtschaftlich ist es seinen eigenen Weg – erstaunlich klug von den Sowjets toleriert – mit Glück und Gewinn gegangen, weil es eine für ein kommunistisch regiertes Land ganz abnorme Privatinitiative im kleinen und mittleren Gewerbe einschließlich »joint ventures« mit westlichem Kapital zuläßt. Vieles an dieser innen-wirtschaftspolitischen Besonderheit mag mit dem lebensklugen Reichtum an Initiative, der den Ungarn eigen ist, zu erklären sein, aber sie haben den möglich gewordenen eigenen Weg auch der ganz außerordentlichen Persönlichkeit und Wirkung Janos Kadars zu verdanken. Aus beiden Gründen wird auch die Möglichkeit der Übertragung des ungarischen Modells auf andere osteuropäische Staaten auszuschließen sein. Ob es in Ungarn bereits an seine Grenzen stößt, ist schwer zu sagen.

Das RGW krankt an seiner bürokratischen Schwerfälligkeit und daran, daß es nicht bereitwillig von seinen Mitgliedern akzeptiert wird.

Möglich ist aber, daß die Sowjetunion unter Tschernenko wieder auf mehr Einheitlichkeit drängt, daß sie Abweichungen für zunehmend riskant hält, daß sie dem Abgleiten in eine Lage, der sie nur noch mit gewaltsamer Intervention Herr werden könnte, vorbeugen will. Polen hatte in den 70er Jahren bis zum Beginn seiner Turbulenzen einen Sonderstatus im osteuropäischen Gefüge erworben, den es dann nicht halten konnte, in den vielmehr die DDR hineingewachsen ist, die auch einigen Gebrauch davon macht.

Das erschütterndste Geschehen im Osteuropa unserer Tage ist die Rolle, in die die polnische Kirche als geistige, geistliche und nationale Macht emporgewachsen ist. Ein Kenner osteuropäischer und polnischer Geschichte könnte sagen, das sei nicht überraschend. Aber angesichts der kommunistischen Beherrschung ist es am Ende unseres Gott verlassenen, in der Peripathie des ideologischen Rationalismus verkommenden Jahrhunderts nicht nur überraschend, sondern etwas Ungeheueres: eine Kirche, die zum Zentrum und zur Bastion des öffentlichen, gesellschaftlichen und familiären Lebens eines ganzen Volkes geworden ist. Die kommunistische Partei ist ein angeschlagener Herrschaftsapparat, von dem sich Erwachsene und die Jugend abwenden. Eine kommunistisch erzogene Jugend sucht bei der Kirche Trost und Zuversicht – bedrückend für die kommunistische Führung.

Der Primas, Kardinal Glemp, hat gegen scharfe Kritik aus den eigenen Reihen das ihm nötig Erscheinende getan, um in der von Aggressivität und Wut berstenden Lage nach Ausrufung des Kriegsrechts im Dezember 1981 Aufruhr und Blutvergießen zu verhindern. Pragmatisch und klug ist er mit tapferer Vorsicht in seine große Stellung in der Führung seines Volkes hineingewachsen. Die Situation bleibt gespannt und kann auch aufgrund der katastrophalen Wirtschafts- und Versorgungslage zu neuen gefährlichen Ausbrüchen führen. So wie die Dinge in Polen liegen, wäre eine wirtschaftliche Erholung nur möglich bei einer Einführung marktwirtschaftlicher Elemente. Das damit verbundene politische Risiko werden weder Jaruzelski noch die Sowjets zulassen.

Die vieltausendfacher Initiative entspringende Hilfe der Deutschen für das polnische Volk seit 1981 gehört zu dem Besten, was wir in den letzten Jahrzehnten vollbracht haben. Die kommunistische Führung hat das nicht gerne gesehen, konnte es aber auch nicht hindern. Das polnische Volk hat die hingestreckten deutschen Hände, die nicht leer waren, richtig verstanden und empfunden, daß es uns über die materielle Hilfe hinaus darum geht zu erklären, daß wir mit unseren polnischen Nachbarn leiden und leiden wollen in der Bitte um Versöhnung.

Die kommunistische Führung Polens muß mit der tiefen Abneigung ihres Volkes gegen den sozialistischen Bruder Sowjetunion leben. Zur Ablenkung braucht sie einen Buhmann. Der DDR wird sie ihr Verhalten während der Jahre 1980-82 nicht so schnell vergessen, aber sie kann diesen sozialistischen deutschen Bruder nicht zum Buhmann machen. So stilisiert sie gerne deutsche »Revanchisten« in der Bundesrepublik dazu hoch. Das stört in den deutsch-polnischen Beziehungen. Es wird nie ganz zu bannen sein. Wir müssen uns der deutschen Frage stellen und können auf ihre Beantwortung Polen zuliebe nicht verzichten. Die polnische Regierung sieht in ihr eine »Bedrohung von Westen« und gebraucht sie, um einer sowjetfeindlichen eigenen Bevölkerung die Notwendigkeit des sowjetisch-polnischen Bündnisses überzeugend darzustellen.

Die Polen haben sich immer erwehren müssen: der Zaren, der Habsburger, der Hohenzollern, Hitlers, der Sowjets. Der Freiheitswille dieses großen Volkes ist ungebrochen. Solidarnosc ist, verboten oder nicht, eine die Nation erfassende Freiheits- und Verfassungsbewegung, tief religiös und national verankert. Sie ist die menschlich bewegendste kollektive Anstrengung in Europa am Ende unseres Jahrhunderts, die wir mit allem Respekt, aller Anteilnahme und mit Bewunderung begleiten müssen. Als Nation haben wir viel von den Polen zu lernen.

Was können wir tun in unserer Politik gegenüber den osteuropäischen Nachbarn? Wir sollten klarer zwischen den Völkern und ihren kommunistischen Führungen, die diesen Völkern mit sowjetischen Panzern aufgezwungen wurden, unterscheiden. Um nicht mißverstanden zu werden: Das politisch Dümmste und menschlich Minderwertigste wäre, die Völker gegen ihre Herren aufhetzen zu wollen. Nein! Wie sie die beurteilen, wissen sie besser als wir. Alles was aus Hetze entstehen könnte, würde zu neuem Leid für die führen, die wir als »Nächste« lieben und denen wir helfen wollen. Wo Not herrscht, sollten wir helfen, wie wir Polen helfen. Wir sollten besonders in der Hilfe für Polen nicht nachlassen. Ich habe, seit ich mich nach dem Krieg um außenpolitische Erkenntnis bemühte, drei Ziele neben der Überwindung der Trennung unseres Volkes und der Teilung unseres Vaterlandes als die zentralen seelischen und politischen gesehen:

die Aussöhnung mit den Juden,
die Aussöhnung mit Frankreich,
die Aussöhnung mit den Polen.

Die Reihenfolge meint keine Bewertung. Sie haben alle drei ihre eigene Würde. Wir haben die Aussöhnung mit den Juden – oder besser gesagt, die Juden haben sie mit uns – aufgrund unseres Verhaltens und unserer Besinnung geschaffen. Sie war Konrad Adenauers größte und schwierigste Tat, für die allein er schon ein großer Deutscher wäre.

Wir haben sie mit Frankreich geschaffen. Auch das hat Konrad Adenauers Besinnung und Tat eingeleitet, und ohne sein entsagungsvolles Durchhalten wäre es nicht gelungen. Heute wird eine Freundschaft daraus.

Mit den Polen haben wir den Einstieg zur Versöhnung gefunden. Willy Brandts Kniefall im Warschauer Ghetto – stellvertretend für alle Deutschen – war eine Tat von bewegender menschlicher Würde und staatsmännischer Weisheit. In dieser Stunde kniete er auf dem Gipfel seiner Kanzlerschaft.

Aber Außenpolitik kann man auf Dauer nicht im Büßerhemd gestalten. Sie muß den morgigen wechselseitigen Interessen dienen. So sollten wir alles tun, den Polen die Sorge zu nehmen, sie könnten zum sechsten Male seit der Ersten Polnischen Teilung Ende des 18. Jahrhunderts zwischen deutsch-russischen Mühlsteinen zerrieben werden. Sie haben aus ihrer, nächst dem jüdischen Volk leidvollsten Geschichte einen Anspruch auf diese Sicherheit. Es gibt die Verträge, und sie machen das klar. Aber es gibt noch und immer wieder diese Furcht, obwohl die deutsche Politik in ihren Absichten und in ihrer Schwäche dazu nicht den geringsten Grund liefert. Wir sollten alles tun, um diese Furcht zu beseitigen, auch wenn – oder gerade weil – an der Spitze Polens eine kommunistische Militärregierung steht.

Man braucht nicht viel von staatlicher auswärtiger Kulturpolitik zu halten. (Goethe-Institute als Aktionszentren gegen die Politik des eigenen Landes, gegen seine Verfassungs- und Gesellschaftsphilosophie, stimmen mehr als nachdenklich.) Immerhin gibt es ein Gebiet, wo der Staat unentbehrlich ist und einen Schwerpunkt bilden sollte, weil auf der anderen Seite staatliche Kulturverwaltungen agieren und es dann bei uns auch nicht ganz ohne Staat geht: die osteuropäischen Länder. Sie haben uns aus der jüngeren Vergangenheit weiß Gott nicht kultiviert in Erinnerung. Aber es gibt eine reiche Vergangenheit und eine farbenreiche Gegenwart bei uns. Man sollte sie nicht mit neo-marxistischen Sensationen beglücken wollen. Die kennen sie gründlicher als wir. Symbolträchtige Dreckhaufen werden sie nicht als Kunst betrachten und über die Preise, die sowas bei unseren Kunstverwaltungen erzielt, nur bestürzt sein. Eine filmische Verhöhnung Christi würde uns sicher in Polen nicht empfehlen. Aber wir haben so vieles in den heutigen Produktionen von Theater, Film, mitunter auch Fernsehen, der bildenden Kunst und Literatur, der Musik, das ihnen zeigen kann, wie die Deutschen heute empfinden, worüber sie nachdenken, was ihnen schöpferisch einfällt und gestaltend gelingt.

Wir brauchen eine nicht-staatliche, hochqualifizierte, nicht einseitig politisch unterlaufene Kultur-Initiative, die sich an die osteuropäischen Nachbarn wendet und der die auswärtige Kulturpolitik den Weg bahnt. Die Regierungen müssen miteinander verhandeln, aber wir alle müssen mit diesen liebenswerten, hochtalentierten Völkern sprechen, zu ihnen gehen, ohne uns aufzudrängen, ihnen zuhören. Wir können viel von ihnen lernen. Das Zuhören fällt uns am schwersten – und ist am wichtigsten.

So wenig wie ihr osteuropäischer Herrschaftsbereich ist die Sowjetunion selbst ein Monolith. Sie ist ein Vielvölkergebilde, die Russen darin eine Minderheit. Die höhere Geburtsrate ihrer asiatischen Bevölkerungsteile wird das demographische Verhältnis noch weiter verschieben. Die nach Süden und Osten über die riesige Landmasse vordringende koloniale Expansion der Russen im 18. und 19. Jahrhundert hat uralte Zivilisationen im Kaukasus, auf der Krim, in den Großräumen von Buchara, Samarkand, Turkestan, in der Ukraine und im Baltikum überlagert. Überseeische Kolonien gehen wieder verloren, über Land gewonnene werden zum Dauerbesitz. Aber die alten Völker wehren sich gegen die Russifizierung. Als die Sowjetunion 1979 Afghanistan überfiel, gab es noch keine fundamentalische Unruhe unter den 80 Millionen sowjetisch beherrschten Mohammedanern. Heute ist sie spürbar. Mohammedanische Truppen können in Afghanistan nicht mehr eingesetzt werden.

Uns muß das Schicksal der uns über viele Jahrhunderte Widerstreit und Zusammenwirken so nahe gekommenen baltischen Völker besonders nahegehen, der Esten, Letten und Litauer. Sie wurden verschickt, wurden umgesiedelt, ihr Land russifiziert. Ja selbst dem Gebrauch ihrer Sprache wird entgegengewirkt, teilweise wird er sogar verboten. All dieses und die Unterbindung freier Rundfunkinformationen verstößt eindeutig gegen die KSZE-Abmachungen von Helsinki. Wir dürfen das nicht hinnehmen, sondern sollten zusammen mit unseren Freunden unentwegt und, wenn nötig, mit lauter Publizität die Einhaltung der Abmachungen von Helsinki immer wieder fordern, auch wenn die Sowjets das als »Einmischung« zurückweisen. Es ist keine Einmischung, sondern das Einklagen eingegangener Verpflichtung. Es zeigt sich, worauf im Westen schon früh warnend hingewiesen wurde, daß das Helsinki-Instrument als nicht ratifizierungsbedürftiger Vertrag zu schwach ausgestaltet wurde.

Trotzdem können wir den Bedrückten mit weltweit vernehmbarer Sprache helfen. Die Sowjets sind für öffentliche Reaktionen des Westens nicht unempfindlich, wie wir aus der Dissidentenfrage und vom Ziehenlassen der Juden wissen. Wir dürfen in der Hilfe für die Balten nicht versagen. Vielleicht könnten die Salvador- und Nicaragua-Demonstranten auch einmal für Afghanen, Balten und Dissidenten demonstrieren oder für die von den Sandinisten fast ausgerotteten Misquito-Indianer.

Russische Expansionspolitik ist eine jahrhundertealte Gewohnheit. Durch sie ist das Zarenreich groß geworden. Der Bolschewismus brauchte die Tradition, verbunden mit dem kommunistischen Weltherrschaftsanspruch und dem Moskauer Führungsanspruch im Kommunismus, nur weiterzuführen, unkenntlich zu machen, wie sich die beiden Elemente – nationale Tradition und ideologischer Anspruch – gegeneinander abgrenzen, beide zu einer politischen Symbiose verschmelzend. Hitlers Krieg hat ihnen den Durchbruch dahin ermöglicht.

Die polyzentrische Entwicklung des kommunistischen Lagers und der chinesisch-sowjetische Konflikt haben den ideologischen Machtanspruch in den letzten 20 Jahren wesentlich in Frage gestellt.

Die sowjetische Politik sieht unsere Epoche als eine solche der revolutionären Verwandlung der kapitalistischen Gesellschaft in eine sozialistische. Sie konzentriert sich ganz auf eine Verschiebung der Machtverhältnisse in weltweitem Rahmen zugunsten des Sozialismus, so wie sie ihn versteht. Jede ihrer Initiativen dient diesem Ziel. Sie betreibt, was sie dem Westen vorwirft: eine Politik der Stärke.

Da sie durch militärische Stärke und durch meisterhafte Subversion, in die sie jährlich viele Millionen DM investiert, eine Weltmacht ist, bedient sie sich dabei dieser Mittel. »Wir werden euch begraben«, sagte Chruschtschow und forderte den Westen gleichzeitig zur Koexistenz auf. Im politischen System Lenins ist Koexistenz »eine spezifische Form des Klassenkampfes in der internationalen Arena«, anwendbar nur gegenüber nichtsozialistischen Gesellschaften.

Nachdem Chruschtschow im Herbst 1962 in der Kubakrise gescheitert war, mußte er 1964 gehen. Ende der 50er Jahre stellten die Sowjets ihre Interkontinentalraketen in Dienst und glaubten sich, in Verbindung mit ihrer konventionellen Übermacht, nunmehr strategisch überlegen. Es folgte das Berlinultimatum im Herbst 1958. Der Anschlag auf Berlin scheiterte an der amerikanischen Festigkeit. In der Nacht der Verkündung des Ultimatums sagte Robert Murphy, damals stellvertretender Außenminister, im State Department, es komme jetzt alles darauf an, daß die Sowjets unsere Entschlossenheit nicht fehleinschätzten. Das war Chruschtschows erste Niederlage. Die von Kuba vier Jahre später wurde unvermeidlich, weil die

Sowjets übersehen hatten, daß eine Weltmacht selbst heute noch auch eine Seemacht sein muß, und weil sie erneut auf eine amerikanische Regierung trafen, die fest entschlossen war, sich nicht schlagen zu lassen. Für die Sowjets wurde es der Anlaß zum Aufbau einer Hochsee-Kampfflotte über und unter Wasser. 1982-83 glaubten sie, mit der SS-20-Stationierung und einem enormen Aufwand an subversiven Mitteln soweit zu sein, den Westen zwingen zu können, auf die NATO-Nachrüstung zu verzichten, womit sie in Zukunft hätten bestimmen können, was die NATO zu ihrer Sicherheit hätte tun dürfen und was nicht. Ohne den Regierungswechsel in Bonn hätte der Westen nicht durchhalten können. So kam es zu einer bolschewistischen Niederlage.

Völlig unaufgeregte Festigkeit und Konzentration auf das Wesentliche ist im Umgang mit der sowjetischen Führung entscheidend. Sie hat dafür ein feines Gespür und läßt sich beeindrucken. Ein feines Gespür hat sie auch für Willensschwäche und Angst beim Gegenüber und stößt sofort nach. Vorleistungen werden nicht honoriert, weil sie als aus Furcht eingebracht bewertet werden. Die sowjetischen Führer gehen von Zeit zu Zeit sehr weit in drastischen und drohenden verbalen Erklärungen, sind aber darauf bedacht, daß die Sowjetunion selbst bei allem, was sie unternimmt oder unternehmen läßt, kein oder nur ein minimales eigenes Risiko läuft. Wäre Afghanistan nach dem iranischen Machtverfall und der mittelöstlichen Absorbierung Amerikas durch die Teheraner Botschaftsbesetzung nicht völlig schutzlos gewesen, hätten die Sowjets Afghanistan nicht angegriffen. So agiert die jetzige alte Führung. Der Generationswechsel muß kommen. Wer dann kommt, wissen wir nicht. Gorbatschow? Möglich, wir kennen ihn zu wenig, um ihn beurteilen zu können. Eine Person ist nicht entscheidend.

Zwei Erfahrungen werden die Alten besonders geprägt haben: die Ideale ihrer Jugend in der Anfangszeit der bolschewistischen Herrschaft und der Krieg, den sie als reife Männer in verantwortlichen Stellungen an der Front und in der Heimat erlebt haben, diesen Krieg, der die Sowjetunion an den Rand des Untergangs gebracht, unendliches Leid und Zerstörung und viele, viele Millionen Tote gekostet hat.

Ob die Jüngeren, unter ganz anderen Bedingungen als Manager aufgewachsen, noch Ideale haben, wissen wir nicht. Der Krieg ist für sie nicht mehr erlebtes Leben, sondern gelesene, gehörte Geschichte. Man hat bisher von dieser Altersklasse den Eindruck gewonnen: gut ausgebildet, fleißig, sich nicht an Nebensächliches verlierend, machtbewußt und ganz schön von einer guten Portion sowjet-nationalem Chauvinismus besessen.

Man muß zweifeln, ob sie in allfälligen Krisen mit der Macht in ihren Händen so bedachtsam umgehen wie die Alten. Eines scheint mir sicher, daß es mit ihnen nicht leichter wird als bisher. Vielleicht noch sehr viel schwieriger.

Der osteuropäische Machtbereich hat sich angesichts seiner inneren Unwägbarkeiten und seiner Brüchigkeit mehr zu einer Last als zu einer Hilfe entwickelt. Polen ist auch eine schwere wirtschaftliche Bürde für die Sowjets geworden. Wenn sie seit zwei Jahren ihre Getreidebezüge aus den USA nicht mehr bar bezahlen, sondern amerikanische Kredite in Anspruch nehmen müssen, dann hat das auch mit dem wirtschaftlichen Zusammenbruch Polens und den hohen Folgekosten, die den Sowjets daraus auch in harter Währung erwachsen sind, zu tun.

Die Brüchigkeit des »Ostblocks« erfordert in sowjetischer Sicht eine Absicherung durch ein Aufweichen des Westens. Er soll auch brüchig werden. Dazu muß Westeuropa von Amerika getrennt werden durch Drohung, Subversion, Desinformation, wie sie uns im eigenen Land allenthalben begegnet bis in unsere Medien hinein, durch antiamerikanische Hetze, die in der Verteufelung Reagans sehr an Hitlers und Goebbels' Bemühungen gegen Roosevelt erinnert. Die Ausstrahlung Westeuropas und Amerikas in den Sowjetbereich hinein soll verschwinden. Diese Turbulenzen werden sich mal mildern, mal werden sie zunehmen. Ganz verschwinden werden sie nie. Aber eines ist sicher: Das atomare Patt, das einen Atomangriff zum Selbstmord des Angreifers macht, garantiert, daß der Nuklearkrieg keine reale Gefahr ist. Die sowjetische Krise ist eine systemimmanente, eine wirtschaftliche und eine des Bewußtseinwandels, auf die wegen der Starrheit des Herrschaftsapparates keine angemessene und genügend bewegliche Reaktion möglich ist.

Nicht im Kampf um die Macht, wohl aber in ihrer Ausübung ist der Sozialismus durch das ihm innewohnende Grundelement, alles administrieren zu wollen und zu müssen, zu stetem Scheitern verurteilt. Alles muß verwaltet und verteilt werden, ganz als handle es sich um konstante Größen und Mengen: Vermögen, Investition, Produktion, Arbeit, Arbeits- und Freizeit. Das widerspricht zutiefst menschlichem Wesen, seit wir Geschichte kennen. Es gibt keine gegebenen Größen und Mengen, sondern alle diese Werte sind Produkte schöpferischer Dynamik, deren Umfang mit dem Steigen und Fallen der Dynamik, auf die vielfältige Faktoren einwirken, fluktuiert. Zwängt man sie in Verwaltungsentscheidungen ein, so beraubt man jeden einzelnen der freien Willensausübung und gelangt zwangsläufig zu Erstarrung und Korruption.

Die Qualität der industriellen Produktion ist dürftig, die Landwirtschaft in einer Dauerkrise, die Nahrungsmittelversorgung immer wieder unzureichend, die Verteilungsapparate funktionieren nicht. Die Säuglingssterblichkeit steigt, die Lebenserwartung geht zurück. Allzu offensichtliche Korruption ruft Empörung hervor. Die Jugend fühlt sich von der Propaganda und Information der Parteiorganisationen angeödet, die Arbeiter werden selbstbewußter, die technische Intelligenz verlangt mehr Mitsprache. Viel ändern wird sich nicht, auch wenn sich da künftige Bruchstellen im gesellschaftlichen und wirtschaftlichen System abzeichnen, die eine Spaltung in der Führung hervorrufen könnten, die die ideologischen Grundlagen der sowjetischen Existenz berühren. Aber der Kessel, in den die Bevölkerung eingeschlossen ist, hält wohl jeden Druck und auch weiteren Konsumverzicht aus. Allerdings feuert die Sowjetpropaganda gegenüber dem Westen zurück, und infolgedessen steigt unter der Bevölkerung die Kriegsfurcht.

Technologie und Wirtschaft bauen sich nicht wie im Westen als eine breit gelagerte Pyramide mit vielfachen horizontalen Verzweigungen und Kommunikationen auf, sondern die militärische ragt völlig isoliert von allem wie eine hohe Säule empor, die zivile ist kürzer und dürftiger. Die Sowjets sind Gefangene der Schizophrenie ihres Systems. Alles Militärische ist geheim und darf nicht weitergegeben werden. So existieren zwei völlig voneinander getrennte Forschungs- und Technologiebereiche; der bevorzugte militärische und der benachteiligte zivile. Neueste Ergebnisse, ob importiert oder selbsterarbeitet, sind der Wirtschaft nicht zugänglich. Infolgedessen befindet sich die Militärtechnologie auf hohem Niveau, während die wirtschaftliche immer weiter zurückfällt. Individuelle, unternehmerische Initiativen gibt es natürlich nicht.

Eine gewisse Militarisierung der Sowjetgesellschaft wirkt sich auch hinderlich auf die ohnehin störanfälligen Wirtschaftsabläufe aus. Die obere militärische Führung ist in ihrem Durchschnittsalter um 15-20 Jahre jünger als die der Partei und des Staates. Dynamisch, energisch, selbstbewußt, verwöhnt dringt sie vor an die Schaltstellen der Industrie. Ob die Partei diesen Prozeß in der Gewalt hat, ist zumindest fraglich. Aus den Abrüstungsverhandlungen läßt sich ein verschärfender Einfluß der Militärs auf die Außen- und Sicherheitspolitik ablesen. Wieweit sich da schon eine Machtverlagerung oder ein künftiger Konflikt um eine solche abzeichnet, bleibt abzuwarten. In den bekannten Entscheidungsgremien bilden die Generale eine kleine Minderheit.

Ausländische Rundfunksendungen werden seit 1980 wieder gestört, offenbar um Informationen über Afghanistan und über die Lage in Polen zu unterbinden. Es wäre gewiß falsch anzunehmen, das sowjetische Herrschaftssystem könnte durch irgendeine der inneren Fehlentwicklungen akut gefährdet oder in seiner Handlungsfähigkeit beschränkt werden. Dazu funktionieren die Kontrollen von Partei und Polizei zu exakt. Aber es wird immer mehr durch Stagnation verkommen.

In der Dissidentenbewegung stellt sich die beeindruckende menschliche und intellektuelle Qualität der Russen dar. Erschütternde Schicksale spielen sich hier ab: Sacharow, Solschenizyn und andere, Männer und Frauen, die zu den ganz großen Geistern unserer Zeit gehören. Aber in ihrer akuten politischen Wirkung auf die innersowjetische Lage sind diese Gruppen und Ereignisse immer weit überschätzt worden. Wer eine Diktatur von innen her kennt, weiß und versteht das. Es ist jedoch richtig, immer wieder rege Publizität darum zu entfalten, öffentliche, weltweite Bitt- und Protestaktionen zu veranlassen, weil davon eine gewisse Schutzfunktion für die Betroffenen ausgeht.

Da wir in einer besonders belastenden Situation Moskau gegenüber sind – in der Vergangenheit der Krieg, in der Gegenwart Berlin und DDR –, ist es richtig, daß wir all unsere Politik mit unseren drei Hauptverbündeten koordinieren. Wir stärken dadurch unsere Position, die isoliert zu schwach ist. Daß die Sowjets so abnorm rüsten, weil sie aufgrund des Hitlereinfalls und des damaligen Kräfteverhältnisses heute noch so viel Angst vor den Deutschen hätten, ist eine Mär. Die russischen Militärs und Diplomaten sind zu klug und zu exakt in ihrer Fähigkeit zur Lagebeurteilung, um nicht klar abschätzen zu können, wie stark sie selber und wie schwach wir demgegenüber sind.

Eines aber sollten wir alle unermüdlich tun, wann und wo immer wir Russen oder anderen Bürgern der Sowjetunion amtlich, geschäftlich oder privat begegnen. Wir sollten ihnen unsere Lage darlegen, aus der heraus wir nur an Frieden in Freiheit und ausschließlich an Frieden in Freiheit interessiert sein könne, wir sollten ihnen vor Augen führen, daß
– bei uns selbst der wildeste Narr nicht an Aggression denkt;
– wir die deutsche Frage, auf deren Beantwortung wir nicht verzichten können, nur friedlich angehen wollen, in Kooperation mit unsern Verbündeten und mit Moskau;
– die NATO ihrer ganzen politischen Struktur nach zu einem Angriff gar nicht fähig ist, im übrigen froh ist, wenn sie unangegriffen heil überlebt;
– Reagan so wenig wie irgendeiner seiner Vorgänger eine bewaffnete Auseinandersetzung mit der Sowjetunion will;

– die mitunter im Anfang seiner Präsidentschaft undifferenzierende Sprache einiger seiner recht unerfahrenen Minister daran nichts einschränkt.

Viele von uns haben in den Jahren viele Stunden solcher Gespräche mit sowjetischen Kollegen verbracht. Das ist manchmal zunächst etwas frustrierend, aber es lohnt sich. Etwas bleibt doch haften – und bei jeder Wiederholung etwas mehr. Für die Russen und die anderen Osteuropäer ist die DDR eben die DDR, und die spricht für sich. Aber sie verstehen und akzeptieren letztlich, daß wir für die Deutschen sprechen und daß wir die Deutschen sind, mit denen sie sich auseinandersetzen und mit denen sie leben müssen, die Deutschen, die über sich selber entscheiden können. Wir müßten uns nur gelassener und weniger aufgeregt gebaren.

Die schwersten Rückschläge für die sowjetische Politik waren der Bruch der Chinesen mit Moskau 1960 und die Öffnung zwischen Washington und Peking 1970/71. Sie bedeuteten in zwei kräftigen Schüben eine Verschiebung des pazifisch-asiatischen Kräfteverhältnisses zu Lasten der Sowjetunion. Gleichzeitig verbesserten die Amerikaner ihre nukleare Zweitschlagfähigkeit beträchtlich. Die Sowjetführung befand, daß sie angesichts der Erschwerung der Lage in ihrem Osten eine Entlastung nach Westen benötige. Diese Lagebeurteilung wurde noch unterstrichen durch die sowjetisch-chinesischen Kämpfe am Ussuri im März 1969. So kam es zur Entspannung als sowjetische Westpolitik. Die Sowjets sahen sich dabei unter einem gewissen Zeitdruck, nicht der Westen war es. Aber die deutsche Verhandlungsführung ließ sich unter Zeitdruck setzen, weil die Sowjets, vor allem Gromyko, die stärkeren Nerven besaßen. Dadurch, daß zu hastig und zu unprofessionell verhandelt wurde, konnte ein nach der Lage bei Geduld erstreitbares optimales Ergebnis nicht erreicht werden.

Bei richtigem gedanklichen Ansatz geriet die deutsche Ostpolitik schon in der ersten operativen Phase mit der verschenkten Vorleistung der Anerkennung der DDR als zweiter deutscher Staat vor dem Bundestag Ende 1969 auf den verhandlungstaktisch falschen Weg. Nachdem unterschrieben war, mußte allerdings ratifiziert werden, die deutsche Regierungspolitik hätte sonst ihre Handlungsfähigkeit, die Bundesrepublik ihre Glaubwürdigkeit verloren. Sie wäre auch in Anbetracht der steten Notwendigkeit, unsere Außenpolitik mit der amerikanischen zusammenzuhalten, in eine schwere Krise im Westen geraten. Die Entspannungsverträge haben weder das zerstörende Unheil heraufbeschworen, das ihre schärfsten Kritiker prophezeiten, noch die Dauerwohltat erbracht, die ihre glühenden Befürworter versprachen. Der Lebenskraft und Sicherheit Berlins haben sie genützt. Das ist sehr viel. Sie haben millionenfache Kontakte zwischen Deutschen hüben und drüben ermöglicht. Das ist für den Zusammenhalt der Deutschen und in die Zukunft hinein ein großer, kaum zu überschätzender Wert. Ohne den deutsch-russischen Vertrag hätten all diese Regelungen durch die Folgeverträge nicht durchgesetzt werden können. Den Russen haben sie zehn Jahre Entspannung im Westen beschert, in denen sie ihre Ostlage beruhigen und mit Breschnews asiatischem Friedensplan eine neue Offensive zur Einkreisung Chinas einleiten konnten.

Die naive, im Westen und besonders in Deutschland ausbrechende Entspannungseuphorie verhalf ihnen dazu, das forcierte SS-20-Programm hinter einem Schleier milder Sprüche auf beiden Seiten einzuleiten und ihren Expansionismus in Afrika, dem Mittleren Osten und in Südostasien voranzutreiben.

Die Sowjets sehen in der Entspannung wie in der Koexistenz eine gewaltlose Politik internationaler Beziehungen zur Durchsetzung der Ziele des Sozialismus. Nicht mehr, aber auch nicht weniger. Sie haben darüber auch nie jemanden getäuscht. Als Giscard d'Estaing bei einem Besuch im Kreml davon sprach, daß nun in Verfolg der Entspannungspolitik die ideologische Kampfführung beendet werden solle, wies Breschnew ihn deutlich zurück. Es ist mir immer unbegreiflich gewesen, was ansonsten intelligente Politiker und andere euphorisch in diese Politik hineinzuinterpretieren versuchten. Der deutsche Hang zum Wunschdenken feierte Triumphe.

Es ist ja alles bei Lenin und seinen Epigonen nachzulesen, und Ideologie ist für die Sowjets kein philosophisches Exerzitium, sondern praktische Richtlinie zur Führung der politischen Geschäfte. Man kann mit ihnen einen modus vivendi auf Zeit verhandeln und kontrahieren, wenn das ihrem Bedürfnis entspricht, aber man kann ihnen ihre politischen Ziele nicht abkaufen. Wer das doch tut, wird sich vorübergehend in Euphorie wiegen können und bald enttäuscht der Wirklichkeit gegenüberstehen. Wer heute noch nicht erkannt hat, was die sowjetischen politischen Ziele sind, ist entweder ziemlich töricht, oder es macht ihm nichts aus, im Sinne dieser Ziele daherzureden. Wir müssen schärfer unterscheiden lernen zwischen der sowjetischen Führung und den vielen Völkern der Sowjetunion. Über diese müssen wir viel mehr lernen, lesen, zuhören. Es gibt mittlerweile so viele aus der Sowjetunion geflohene oder ausgebürgerte brillante Köpfe und beeindruckende Persönlichkeiten, auf die wir hören sollten: Solschenizyn, Kopelew und viele weitere. Aber das ist nicht genug. Wo immer Kontakte denkbar sind, sollten wir sie zum Gespräch und Zuhören nutzen. Und sei es durch Tourismus; selbst beaufsichtigte Reisen ermitteln dem, der beobachten und beurteilen kann und nicht nur Fassaden anstarrt, viel Erkenntnis.

Mit den Regierungen muß man verhandeln, aber Regierungen vergehen. Mit den Völkern muß man leben und auf sie hören, denn sie bleiben. Vor allem junge Leute, die selbständig zu urteilen vermögen, die Geschichte kennen und sie als etwas Lebendiges, in die Gegenwart Hineinwirkendes begreifen, die ihr Vaterland lieben und andere achten, die Schlagworte als solche erkannt haben und immer wieder erkennen, sollten alle Kontakte suchen. Sie können unendlich mehr für die Zukunft unserer Völker bewirken als wir Alten.

Eine Pflicht haben wir alle: Unermüdlich für die Durchsetzung der Menschenrechte unserer Nachbarn zu wirken, unermüdlich und mit dem Takt, der denen ansteht, die historisch und moralisch die fürchterlichste Verletzung der Menschenrechte zu vertreten haben, die in deutschem Namen geschah.

Ignazio Silone hat vor Jahrzehnten, nach seiner Absage an die kommunistischen Parteien, einmal gesagt, die entscheidende, die endgültige Auseinandersetzung des zwanzigsten Jahrhunderts werde wohl »zwischen Kommunisten und Ex-Kommunisten stattfinden«. Er könnte recht behalten; in Osteuropa zeichnet sich so etwas ab.

Deutschland und die Dritte Welt

Gegen Ende der 60er und vor allem in den 70er Jahren ist vielfach die Auffassung geäußert worden, der Ost-West-Konflikt, der die Weltpolitik der fünfziger Jahre beherrscht hat, neige sich dem Ende zu. Er werde abgelöst von einem Nord-Süd-Gegensatz der armen Rohstoff- und Entwicklungsländer zu den reichen Industrienationen. Schon die erste Genfer Welthandels- und Entwicklungskonferenz habe gezeigt, daß diese neue Entwicklung das reiche Industrieland Sowjetunion in die Nähe der westlichen Industrienationen dränge, in einen gewissen Gegensatz zur unterentwickelten Welt.

Eine Analyse der letzten zehn Jahre läßt erkennen, daß die These von der Ablösung des Ost-West-Konfliktes durch den Nord-Süd-Antagonismus einer Prüfung nicht standhält. Ist es nicht vielmehr so, daß der Ost-West-Konflikt an der zentralen Front seiner Auseinandersetzung, in Europa, in einer Art Stellungskampf erstarrt ist und die kommunistischen Kräfte versuchen, da, wo bewegliche Auseinandersetzungen noch möglich erscheinen, das heißt in der politisch nicht festgelegten, labileren Welt, Entscheidungen vorzubereiten, die sie in Europa in ihrem Sinne nicht haben erzwingen können?

Kaum war der Westen von übertriebener Entspannungseuphorie erfaßt, rührten sich auch schon die aggressiven Kräfte in der kommunistischen Weltmacht wieder, so daß sich der Westen heute zu erneuter Anstrengung aufraffen muß, um wenigstens die schlimmste Gefahr – die wirtschaftspolitische Erpreßbarkeit durch sowjetische militärische Übermacht – abzuwehren.

Damit wurde erneut erkennbar, daß die dramatische Steigerung des entwicklungspolitischen Gegensatzes in der Welt eine unmittelbare Folge des Ost-West-Konfliktes ist und keineswegs seine Ablösung bedeutet. Niemals wäre die unterentwickelte Welt so stark in den Mittelpunkt der Aufmerksamkeit der Weltpolitik gerückt worden, wenn nicht das Gleichgewicht des atomaren Schreckens die Form der Auseinandersetzung vom politisch-militärischen auf das politisch-wirtschaftliche Feld verschoben hätte.

Die kommunistische Entwicklungspolitik stellt ihre Methoden und Angebote ganz unter das Gesetz des politisch angestrebten Zieles. Das ist Teil der Koexistenzpolitik im Leninschen Sinne.

Die Frage, ob Entwicklungspolitik Außenpolitik ist oder nicht, ist damit vom Gegner schon beantwortet worden. Jede Entwicklungspolitik reicht über die Grenzen des gebenden Landes hinaus und beeinflußt sein Bild in der Umwelt. Somit ist sie Außenpolitik. Wenn es einmal eine Weltinnenpolitik geben sollte, so könnte auch die Entwicklungshilfe aufhören, außenpolitische Entfaltung zu sein. Man könnte dann vielleicht von einer weltweiten Sozialpolitik sprechen. Solange davon keine Rede sein kann, ist Entwicklungshilfe ein wesentliches Element der Außenpolitik, ob wir es wollen oder nicht. Dabei wurde uns das Feld, auf dem wir uns außenpolitisch auseinanderzusetzen haben, vom außenpolitischen Gegner vorgeschrieben. Die Herausforderung nicht anzunehmen würde bedeuten, zurückzuweichen. Dieser kommunistischen Herausforderung steht die ganze westliche Welt gegenüber.

Für kein Land ist diese Situation so ernst wie für Deutschland. Denn kein anderes Geberland hat die Teilung seiner Nation zu überwinden. Die Überwindung der Teilung aber ist und bleibt für uns aus politischen, mehr noch aus menschlichen, letztlich aus ethischen Gründen und aus unserer Verantwortung für Frieden und Freiheit unseres Volkes und in der Welt entscheidend.

Jede dogmatische oder praktische Überlegung, die geeignet ist, die deutsche Entwicklungshilfe aus ihrer notwendigen außenpolitischen Bindung zu lösen, läuft mithin dem deutschen Interesse zuwider. Für jedes der großen Geberländer ist die Entwicklungshilfe ein selbstverständlicher Operationszweig seiner Außenpolitik. Wir haben keinen Grund, das anderen Ländern Selbstverständliche für uns selbst in Frage zu stellen.

Die Notwendigkeit, die Entwicklungshilfe von politischen Bedingungen frei zu halten, und die Tatsache, daß sie sich an viele politisch zwischen Ost und West nicht festgelegte Länder richtet, veranlassen uns, keinen Zweifel zu lassen, daß wir die Politik der Ungebundenheit anerkennen und niemanden mit unserer Entwicklungshilfe im westlichen Sinne politisch festzulegen beabsichtigen. Diese Notwendigkeit sollten wir mit der Verfolgung unseres nationalen Anliegens verbinden und unseren Partnern klarmachen, daß die Wiedervereinigung Deutschlands einer der entscheidendsten Schritte zu Entspannung und Weltfrieden ist, der heute getan werden kann. Wir verlangen nicht mehr, als jedem der neuen Staaten gewährt ist:

die praktische Durchsetzung des Selbstbestimmungsrechts. Ein wiedervereinigtes Deutschland könnte ungleich stärkere Kräfte zur Unterstützung der unterentwickelten Welt freimachen, als uns das heute möglich ist. Die Wiedervereinigung ist das unsere Außenpolitik beherrschende vitale Interesse der deutschen Nation. Das vitale Interesse der Entwicklungsländer liegt darin, ihre neugewonnene Unabhängigkeit und eine freiheitliche Gesellschaftsordnung durch wirtschaftlichen Aufbau zu stabilisieren. Nur auf der Basis einer wechselseitigen Respektierung dieser vitalen Interessen ist eine konstruktive Zusammenarbeit möglich. Verlangen wir auch nicht von allen Ländern dieser Welt eine aktive Unterstützung unserer Deutschlandpolitik, so müssen wir doch die Respektierung der Wiedervereinigungspolitik der Deutschen erwarten. Wir unsererseits respektieren die Politik der Blockfreiheit. Wer sich in der Deutschlandpolitik auf den Boden der sowjetischen These stellt, verläßt den Boden der Blockfreiheit, ergreift die Partei der kommunistischen Staaten, vertieft die Spaltung und mißachtet das zentrale Anliegen der deutschen Nation. Keine deutsche Regierung kann es verantworten, die vom deutschen Volk aufgebrachten Mittel dem zur Verfügung zu stellen, der sich in der wichtigsten Frage dem deutschen Interesse entgegenstellt. Es handelt sich hierbei nicht um eine politische Bedingung, sondern um die Respektierung wechselseitiger Interessen als Geschäftsgrundlage der Zusammenarbeit.

Die sich uns politisch am aktivsten an die Seite stellen, sollen von uns auch am wirkungsvollsten unterstützt werden. Wer uns als Freund in unserer politischen Not beisteht, soll sich darauf verlassen können, daß er mit unserer besonderen Hilfe rechnen kann, um seine wirtschaftliche und zivilisatorische Bedrängnis zu überwinden. Der Begriff »Freund« wird immer neuer Auslegung bedürfen. Hierbei sollte nicht die politische Momentaufnahme allein maßgebend sein, sondern die in der weiteren Zukunft liegenden Möglichkeiten und Wahrscheinlichkeiten sollten auf unsere Analyse und Willensbildung einwirken. Es gibt Beispiele von Entwicklungsländern, die im Begriff standen, sich politisch weit von uns zu entfernen, und dann nach einem wirkungsvollen Meinungsaustausch einen Weg einschlugen, der sie uns wieder nahebrachte.

Was die vielberufenen Erpressungsversuche angeht, sollten wir zuversichtlich sein. Natürlich sind wir in einer besonders verwundbaren Lage. Doch vorübergehende, selbst länger dauernde Friktionen sollten den Blick auf den endlichen Ausgang einer Krise nicht trüben und nicht vorschnell zu abschließenden Urteilen verleiten. Wenn Deutschland seine geistigen, politischen und wirtschaftlichen Kräfte in diszipliniertem Selbstbewußtsein voll entfaltet und praktisch beweist, was es für den Aufbau eines Landes bedeutet, Deutschland zum Freund zu haben, brauchen wir nicht besorgt zu sein.

Aber über sein Eigeninteresse weit hinaus hat ein Land wie das unsrige, dem so viele Möglichkeiten, anderen zu helfen, zur Verfügung stehen, ganz einfach die moralische Pflicht, das ihm Mögliche zu tun. Im deutschen Namen hat ein teuflisches Regime länger als ein Jahrzehnt hindurch alle Kräfte der Nation mobilisiert, um zu stören und zu zerstören, und hat Millionen unsägliches Leid zugefügt. Wir Deutsche sollten uns heute von niemand in dem Bemühen übertreffen lassen, dazu beizutragen, eine heilere Welt zu schaffen.

Bei aller Überzeugung von der außenpolitischen Notwendigkeit, unsere entwicklungspolitischen Anstrengungen zu steigern, wäre es indes Utopie zu glauben, daß deren Umfang angesichts der bedeutenden Anforderungen an den Bundeshaushalt schnell wesentlich erweitert werden könnte. Es muß zunächst darum gehen, das, was zur Verfügung steht, optimal nutzbringend einzusetzen.

So wichtig es ist, daß wir das Programm unserer technischen Hilfe erweitern: Sie kann trotz ihrer günstigen Bedingungen die Kapitalhilfe nicht ersetzen. Die Finanzierungsprobleme einer ganzen Anzahl unserer Partnerländer sind so drängend, daß wir uns dem nicht entziehen können. Es sei denn, wir wollten den Vorwurf in Kauf nehmen, zu bejahen, daß die reicheren Länder immer reicher und die armen noch ärmer werden.

Um die unzureichend gewordenen Finanzhilfemöglichkeiten zu ergänzen, sollten wir das bisher vorwiegend handelspolitische Instrument der Garantiegewährung in ein entwicklungspolitisch verwertbares weiter steigern. Hierzu ist es nötig, befreundeten Regierungen lang- und mittelfristige Garantieplafonds einzuräumen und diese mit Zinsverbilligung auszustatten, wodurch sie entwicklungspolitisch nützlicher werden. In Verbindung damit sollte die Möglichkeit geschaffen werden, in Sonderfällen den Selbstbehalt der Firmen zu senken.

Frankreich hat mit zinsverbilligten Garantieplafonds gute Erfahrungen gemacht. Ihre vermehrte Einführung bei uns und die der Kapitalhilfeanleihen bei den Franzosen würde die ermutigend angelaufene deutsch-französische Zusammenarbeit in der Entwicklungspolitik im Finanzierungsbereich noch fördern können.

In guter Absicht haben wir das Prinzip der projektgerechten Zinsen entwickelt. Dieses geht von bestimmten Rentabilitäts- und Leistungserwartungen aus. Im allgemeinen hat die tatsächliche Entwicklung diese Erwartungen nicht gerechtfertigt. So sind in manchen Fällen die »projektgerechten« Konditionen und Zinsen zu ungünstig, um die Anleihegewährung als reine Hilfe erscheinen zu lassen. Wir könnten in die Gefahr geraten, uns durch zu strenge Zinskonditionen um den Goodwill aus der Anleihevergabe zu bringen. Es ist in dieser Hinsicht schon manches Konstruktive von uns getan worden. Wir sollten da fortfahren.

Es wäre schade, wenn uns einmal das eine oder andere Entwicklungsland vorwerfen sollte, wir hätten durch eine übersetzte Anleihepolitik zu seiner übermäßigen Verschuldung beigetragen.

Nahezu alle Entwicklungsländer sind überschuldet, zum Teil katastrophal überschuldet. Eine Chance, diesen ihre Entwicklung hemmenden und in Rückfall umkehrenden Zustand zu überwinden, haben sie nur durch mehr Wachstum und Export. Das ist wiederum nur durch mehr Wachstum in den Industrieländern und durch Senkung der Handelsschranken für Einfuhren aus der Dritten Welt sowie durch Steigerung des Austauschs zwischen den Entwicklungsländern zu erreichen, der aus einer Vielzahl von Gründen viel zu niedrig ist. Dafür müßten die Erdölpreise konstant bleiben und die Zinsen weiter sinken, um die Handelsfinanzierung zu erleichtern. Das kann während der 80er Jahre gelingen, wenn der gegenwärtige weltwirtschaftliche Aufschwung anhält und an Kraft gewinnt. Bei einer neuen Rezession könnte das Wirtschaftswachstum in der Dritten Welt unter die Bevölkerungszunahme von zwei Prozent gedrückt werden, mit allen nachteiligen Folgen.

Am erfolgversprechendsten verfahren die Entwicklungsländer, die auf Grund aufmerksamer Marktanalysen ihre Produktionen den sich verändernden Angebots- und Nachfragestrukturen anpassen. Diese Entwicklungsmöglichkeiten sind durch viele Wenn und Aber belastet. Deshalb ist es dringend, die Bemühungen fortzusetzen, um die Zinslast der Schuldnerländer zu senken und monetäre Instrumente zu schaffen, die sie von der maßgebenden Zinsentwicklung in den USA abkoppeln.

Dazu bedarf es einer intensiven Zusammenarbeit von Internationalem Währungsfonds, Regierungen, Notenbanken und Geschäftsbanken im internationalen Zahlungsverkehr. Jedes Prozent Senkung oder Steigerung der Zinsen bedeutet eine Minder- oder Mehrbelastung des Schuldendienstes der Entwicklungsländer, der ohne Tilgung rund vier Milliarden Dollar beträgt. Das ist für sie eine nicht mehr tragbare Last und gehört zu den zerstörendsten Folgen der Hochzinsen. Aber die horrende Verschuldung gefährdet nicht nur die Struktur der Entwicklungsländer, sondern auch die des internationalen Finanzierungs- und Bankensystems. So haben zum Beispiel neun der größten amerikanischen Banken an Mexiko, Venezuela, Brasilien und Argentinien Summen in Höhe von 130 Prozent ihres Eigenkapitals ausgeliehen. Das ist nur bei unbezweifelbarer Bonität der Schuldner ein Geschäft ohne Risiko. Wenn nur eines dieser Länder seine Zahlungen einstellt, kann das einen Schock von weltweiter, verheerender Wirkung auslösen.

Den wirksamsten entwicklungspolitischen Gefallen könnten sich die Länder selbst mit einer drastischen Senkung ihrer sinnlos übersteigerten Rüstungsausgaben erweisen. Diese haben ein Ausmaß erreicht, das jeden wirtschafts- und finanzpolitischen Fortschritt abwürgt.

Die Entwicklungshilfe der Sowjetunion und der anderen kommunistischen Regimes war immer wenig umfangreich. Die Hilfe aller dieser Mächte zusammen liegt in einem 30-Jahre-Vergleich sowohl bei den bilateralen als auch bei den multilateralen Anstrengungen weit unter derjenigen, die die Bundesrepublik Deutschland alleine geleistet hat. Seit Jahren erschöpft sich die kommunistische Hilfeleistung fast ganz in Rüstungslieferungen (Waffen, Fahrzeuge und Gerät), von denen ein Großteil im Kompensationshandel gegen Produktlieferungen der Entwicklungsländer bereitgestellt wird. Da diese Länder das Rüstungsgut aus technischen und Managementgründen nicht allein meistern können, bietet das die Handhabe für die Dauerpräsenz zahlenstarker Abordnungen von Beratern, Ausbildern und dergleichen. Dabei haben eine Reihe von Ländern die Erfahrung gemacht, daß der Schwerpunkt beim subversiv tätigen Teil der Präsenz lag, und sahen sich gezwungen, die ganze Gesellschaft hinauszuwerfen.

An den multilateralen Bemühungen um eine Erleichterung der Überschuldung beteiligt sich die Sowjetunion nicht, auch nicht an der Arbeit der Nord-Süd-Kommission der UNO, die seit ihrem Bestehen zwei theoretisierende Berichte geliefert hat. Der zentrale Vorschlag einer massiven Steigerung der finanziellen Hilfe der Geberländer führt nicht weiter, denn diesen fehlen die dafür nötigen Mittel. Sie ringen mit ihren eigenen Defiziten.

Alle Vorschläge, die auf eine gewaltige Aufstockung von Mitteln internationaler Institutionen durch neue Sonderziehungsrechte und Quotenerhöhung hinauslaufen, sind eher gefährlich als hilfreich, weil sie den noch nicht genug reduzierten Inflationstrend wieder mächtig antreiben würden, mit allen verheerenden, sattsam bekannten Folgen für Produktion und Arbeitsplätze.

Vorschläge für Globalverhandlungen mit Hunderten von Teilnehmern sind sinnlos. 350 Delegierte können nicht verhandeln. Sie können bestenfalls Resolutionen fassen, an denen schon heute kein Mangel ist.

In allen internationalen Berichten ist immer wieder von »politischen Zwängen« und der nicht zu umgehenden Berücksichtigung »etablierter Interessen« die Rede. Damit wird etwas umschrieben, was man deutlicher als grenzenlose und jede Vorstellung übersteigende Korruption in fast allen Ländern der Dritten Welt bezeichnen muß. Diese Korruption hat über Jahrzehnte hinweg die Form einer grassierenden Epidemie angenommen, die diese Länder umbringt. Sie führt dazu, daß die von außen kommende Hilfe vorwiegend dazu beitragen muß, den bestehenden miserablen Zustand zu befestigen und Macht und Einfluß der »etablierten Interessen« zu vermehren. Es ist erwiesen, daß die bisher geleisteten Finanzhilfen ganz überwiegend den neuen Oberschichten und der wuchernden Bürokratie dieser Länder zugute gekommen sind und nicht einem alle Bevölkerungsteile begünstigenden, breiten wirtschaftlichen Aufbau. Enorm hohe Beträge sind auf private Anlagekonten in die industrialisierten Länder zurückgeflossen. Dafür ließen sich haarsträubende Beispiele sonder Zahl aufführen. Es ist verständlich, daß die von diesen Kreisen beherrschten Regierungen unablässig eine drastische Vermehrung der Finanzhilfe seitens der Geberländer fordern. So viel Geld, das diesen Moloch befriedigen könnte, gibt es gar nicht. Selbst wenn es das gäbe, wäre es immer noch nicht genug, um der Armut in den Entwicklungsländern abzuhelfen und den wirklich Armen ein menschenwürdiges Dasein zu ermöglichen. Es ist ein seit Jahrzehnten fortwährender Skandal, wie auf diese Weise solides Geld für kriminell destruktive Zwecke vergeudet wird.

Die wichtigste Hilfe für ihre Entwicklung können diese Völker ausschließlich selber leisten: der zum Himmel schreienden Korruption ein Ende setzen. Von außen kann da nur assistiert werden; das Entscheidende müssen sie selber vollbringen. Wenn das nicht gelingt, und zwar bald, dann treiben wir einem Orkan des Protestes und der Empörung in der öffentlichen Meinung der Geberländer entgegen, der es Regierungen und Parlamenten unmöglich machen wird, weiterhin Steuergelder zur Bereicherung von Übeltätern zu vergeuden. Das wäre das Ende der Finanzhilfen und der Beginn eines Chaos.

Manchmal ist von der Notwendigkeit zentraler deutscher Planung für einzelne Entwicklungsländer die Rede. Solange wir zentral planen, um der Bundesregierung bessere Beurteilungsgrundlagen zu schaffen, kann das, richtig angelegt, sehr nützlich sein. Sobald aber damit über Experten- und Kommissionsreisen bei den Entwicklungsländern der Eindruck entstünde, wir wollten uns in ihre Planung und Willensbildung einmischen, könnten sich sehr unerwünschte Folgen zeigen. Wir wissen, wie empfindlich gerade junge Staaten auf jeden Anschein von Einmischung reagieren. Viele junge Staaten haben mit großer Anstrengung und gutem Erfolg ihre eigene Planung aufgebaut. Es muß klar bleiben, daß nur die Regierung des Partnerlandes für das verantwortlich ist, was geschieht, und daß die Entwicklungshilfe immer nur ein Beitrag zur eigenen Anstrengung sein, niemals aber an deren Stelle treten kann. Jede Entwicklungshilfe endet für das Geberland in außenpolitischem Schaden, wenn sie in das innenpolitische Getriebe des Empfängers gerät, und immer ist die Eigenanstrengung das Wesentliche.

Philosophie und Praxis der sozialen Marktwirtschaft sind ein faszinierendes Element des deutschen Wiederaufbaus geworden. Es ist nur zu natürlich, daß wir unseren Partnern vermitteln möchten, was uns Heil gebracht hat. Aber wir sollten uns sehr sorgsam jeden einzelnen unserer Partner daraufhin ansehen, ob er schon über die unerläßlichen Voraussetzungen an Initiative, Geschäftsmoral, Intensität, technischem Know-how, Mindestkapital verfügt, ohne die soziale Marktwirtschaft nicht zum Erfolg führen kann. Wir sollten nie vergessen, daß die soziale Marktwirtschaft menschlich und professionell besondere Ansprüche stellt, um politisch und wirtschaftlich gelingen zu können – Ansprüche, denen wir selbst nicht mehr gerecht werden. Wo die Voraussetzungen noch fehlen, sollten wir sie durch Schwerpunkte unserer technischen und Bildungshilfe schaffen helfen, um diese Partner an Erfolgsmethoden heranzuführen.

Die Entwicklungspolitik ist von Gebern und Nehmern zunächst zu sehr als Industrialisierungspolitik verstanden worden. Das hat zu mancherlei technischen und wirtschaftlichen Engpässen geführt. In vielen Ländern ist wirtschaftliche Intensität wichtiger als Expansion. Häufig ist man bei der Industrialisierungspolitik zu wenig von der Grundlage der vorhandenen Voraussetzungen ausgegangen. Zu häufig hat der Produktionsehrgeiz eine größere Rolle gespielt als die nüchterne Markt- und Absatzanalyse.

Die kommunistische Entwicklungspolitik ist, der Revolutionstheorie des Leninismus folgend, überwiegend auf forcierte Industrialisierung gerichtet. Das ist eine von Moskau her gesehen richtige Politik, denn entwurzelte, neu zusammengeballte, proletarisierte und unterernährte Massen in Ländern, die die damit verbundenen innen- und außenpolitischen Probleme nicht bewältigen können, sind ein hervorragendes Operationsfeld für den Kommunismus, der in der ursprünglich extensiven Agrarstruktur der Entwicklungsländer schlechte Ansatzpunkte fand. Wenn der Westen, ohne gleichzeitig das Ernährungs- und Sozialproblem lösen zu helfen, einer übereilten Industrialisierung Vorschub leistet, schafft er geradezu die Bedingungen, die Moskau braucht, um politisch schließlich doch erfolgreich zu sein.

Hüten wir uns, in den jungen Staaten neue Proletariate zu schaffen, während in den Industrieländern der freien Welt die Proletarier zu Bürgern geworden sind. Auch damit wird wirtschaftlich und geistig die Kluft zwischen Entwickelten und Unterentwickelten erweitert. Während es der freien Welt durch die Erfolge ihrer Wirtschafts- und Sozialpolitik gelungen ist, dem Klassenkampf in ihren Bereichen den Boden zu entziehen, ist sie im Begriff, mit ihrer für die nicht immer richtige Industrialisierung eingesetzten Entwicklungshilfe dem Klassenkampf in den unterentwickelten Ländern neue Chancen zu ihrem Schaden und zum Vorteil des Kommunismus zu schaffen.

Die akuten Ernährungskrisen in einer Reihe von Entwicklungsländern sollten dringender Anlaß sein, sehr genau zu durchdenken, wo wir zur Zeit einer weiteren Industrialisierung helfen dürfen und wo wir darauf bestehen müssen, daß alle von uns gewährte Hilfe für die Verbesserung der landwirtschaftlichen Produktion eingesetzt wird.

Dort, wo wir zur Industrialisierung helfen, müssen wir in ganz anderer Weise als bisher der Bewältigung der sozialpolitischen Probleme unsere Aufmerksamkeit widmen. Das ist erfahrungsgemäß eine Aufgabe, die Regierungen nicht oder nur unzulänglich bewältigen können. Hier liegt eine dringende und dankbare Aufgabe der deutschen Gewerkschaften. Wenn in diesem empfindlichsten Problem der Industrialisierung nicht bald Entscheidendes geschieht, werden wir am Ende die Fabriken gebaut haben, und die Kommunisten organisieren die Arbeiter.

Wenn wir die Entwicklungshilfe richtig verstehen und durchführen, werden wir dazu beitragen, Lenins These, der Imperialismus sei die höchste Form des Kapitalismus, so zu widerlegen, daß dem Kommunismus in der unterentwickelten Welt keine Chance bleibt.

Auf der menschlichen Seite entsteht mit der schnellen Industrialisierung ein neues, aus den bisherigen Stammes- und Familienbindungen gelöstes Proletariat. Eine Aktivität der Entwicklungshilfe hat die in sie gesetzten Erwartungen besonders erfüllt: die Gesundheitshilfe. Mit dem Ergebnis, daß die Lebenserwartung in den Entwicklungsländern schnell gestiegen ist. Die Folge waren eine sprunghaft wachsende Überbevölkerung und katastrophal sich abzeichnende Ernährungslücken in manchen Ländern, da die landwirtschaftliche Produktion nicht früh genug in entsprechender Weise gefördert wurde.

Für die Entwicklungsländer wird die Rolle, die sie im Welthandel spielen, ständig an Bedeutung zunehmen. Allein die Zahlungsverpflichtungen aus der wachsenden Verschuldung zwingen sie zu immer größeren Anstrengungen im Export. Die Entwicklung der Rohstoffpreise hat das Problem in manchen Bereichen gemildert, die Ölverteuerung diese Verbesserung wieder mehr als zunichte gemacht.

Als das im Verhältnis zu seiner Gesamtproduktion größte Welthandelsland wird die deutsche Politik in diesen Fragen besonders aufmerksam verfolgt und von erheblichem Einfluß auf die politische Stellungnahme der betreffenden Länder zu Deutschland sein. Wir sollten unseren Platz an der Spitze der entwicklungspolitischen Bewegung suchen; als nicht kolonialistisch belastetete Industrienation sind wir dafür prädestiniert. Wir sollten uns als Vorkämpfer für den freien Zugang der Entwicklungsländer zu den Märkten in freiem Wettbewerb verstehen.

Eine weitere Überlegung scheint erwägenswert. Verstehen wir den Begriff »Entwicklungshilfe« überhaupt richtig? Sind wir nicht allzusehr unseren eigenen Vorstellungen und unserem geschichtlichen Werden verhaftet und mit uns die an den Universitäten der Industrienationen erzogenen Eliten der Dritten Welt? Ist der Industrialisierungsprozeß der heutigen entwickelten Länder wirklich der einzig denkbare Weg zum Glück? Tun wir – und mit uns, ich wiederhole es, die Führungsschichten der Dritten Welt – diesen Ländern wirklich einen Gefallen, helfen wir ihnen wirklich bei ihrer Entwicklung, wenn wir sie in unser Modell drängen? Oder laufen wir nicht Gefahr, daß sich dieses Modell einmal rückblickend als ein Prokustesbett herausstellt?

Die Frage ist durchaus erlaubt, wer eigentlich wem mehr zu bieten hat. Gewiß können wir materiellen Wohlstand vorweisen und anderen helfen, solchen Wohlstand zu erwerben. Aber macht Wohlstand – ist erst einmal der Hunger gestillt und sind die Grundbedingungen menschenwürdigen Daseins erfüllt – denn wirklich allein das Glück dieses Daseins aus? Wir selbst beginnen seit einiger Zeit daran zu zweifeln, im Grunde nicht zu unrecht, in den Ausprägungen dieses Zweifels manchmal freilich schon illusionär dumm. Denn das Rad der Geschichte läßt sich nicht einfach zurückdrehen, sondern die Orientierungen müssen neu gesetzt, lebenswerte Ziele wieder neu gezeigt, Verstöße gegen das Gebot, daß wir die Natur beherrschen, nicht sie knechten und zerstören sollen, schleunigst wiedergutgemacht werden.

Aber der Weg zum menschenwürdigen Dasein muß nicht notwendig über die Phasen der Schwerindustrialisierung verlaufen, die wir selbst noch kaum überwunden haben; er muß vielmehr von einem jeden Land und einem jeden Volk in dieser Welt aus seinem ureigensten Genius gefunden und gestaltet werden. Und was die geistige Erfüllung des individuellen Lebens ausmacht, sind uns die sogenannten Unterentwickelten keineswegs so sehr unterlegen, wie wir es selbst oft in pharisäerhaftem Von-oben-Herab meinen und mit uns viele Verantwortliche in der Dritten Welt. Kühlschrank, Auto und Fernsehen machen den Menschen nicht glücklicher, erleichtern lediglich dem, der aus einem bestimmten Lebenszuschnitt kommend fortschreitet, sein auf diesen Lebenszuschnitt bezogenes Dasein. Das Fernsehen gar, erst recht seine Folge, die Videowelle, lassen die Menschen oft geistig verarmen.

Ich rede nicht dem albernen Zurück-zur-Natur mancher Umweltsapostel das Wort, denn die Natur, von der sie oft sprechen, gibt es so nicht mehr. Aber ich rede wohl einer Neuzentrierung unserer Wertvorstellungen das Wort. Und hier können viele Entwicklungsvölker selbst uns Entwicklungshilfe geben.

So sollte das, was wir heute als Entwicklungshilfe bezeichnen, durchaus eine Zweibahnstraße werden, in der wir mit Zurückhaltung und feinem Gespür unsere helfende Hand dort reichen, wo sie wirklich und langfristig den Menschen helfen kann, zugleich aber auch Anstöße und Horizonterweiterungen von denen bekommen, bei denen das geistig-seelische Leben ausgeprägter ist, das wir vor lauter Jagen nach Glück in Form materiellen Wohlstands haben verkümmern lassen. Das alles in einer immer enger zusammenwachsenden Welt, die deswegen noch lange nicht eintöniger zu werden braucht, sondern gerade durch das engere Miteinander zu vermehrtem Austausch in allen Bereichen führt, im geistig-religiösen wie im materiell-wirtschaftlichen, und so reicher wird an Vielfalt.

Hüten wir uns also davor, immer alles besser zu wissen und zu können. Hüten wir uns auch davor, der Kurzsichtigkeit von Menschheitsbeglückungsaposteln – auch in den Entwicklungsländern – feige und damit verantwortungslos nachzugeben. Hören wir mehr auf die Weisheit, die auch in diesen Völkern wirkt.

In unseren Beziehungen zur Dritten Welt kommt Indien eine Sonderrolle zu. Die deutsch-indischen Beziehungen auf staatlicher Ebene sind geschäftsmäßig nüchtern. Sie weisen weder tiefergehende Interessenparallelen noch -divergenzen auf. Dies bürgt für eine am beiderseitigen Nutzen orientierte Kontinuität.

Wir haben dankbar vermerkt, daß Indien zu Beginn der fünfziger Jahre als einer der ersten Staaten diplomatische Beziehungen zur jungen Bundesrepublik Deutschland aufgenommen hat, seine Anerkennung der DDR erst im Zuge der Ostpolitik Anfang der siebziger Jahre erfolgt ist.

Im Rahmen unserer entwicklungspolitischen Zusammenarbeit mit den Ländern der Dritten Welt ist Indien von Anfang an der bei weitem größte Nutznießer gewesen und geblieben. Im Hinblick auf in diesem Zusammenhang relevante Daten Indiens braucht dies weder zu überraschen noch grundsätzlich in Zweifel gezogen zu werden. Notwendig ist jedoch die Feststellung, daß hier inzwischen ein Automatismus vorliegt, der einer ständigen sachgerechten Überprüfung unserer jährlichen Leistungen entgegensteht. Auf indischer Seite hat sich ein Anspruchsdenken im Sinne einer Besitzstandswahrung eingerichtet. Wir scheuen die indische Verärgerung, die eine vielleicht gebotene Verringerung unserer Leistungen auslösen würde.

Die Handelsbeziehungen sind gut. Auf solider Grundlage weist die Entwicklung konstante Zuwachsraten aus. In den zurückliegenden Rezessionsjahren ist Indien – nicht ohne Erfolg – als Absatzmarkt vorzugsweise von mittelständischen Unternehmen angepeilt worden, um Einbrüche auf traditionellen Märkten auszugleichen. Eine weitgehend zentrale Planung, Devisenbewirtschaftung sowie eine restriktive Einfuhr- und Verschuldungspolitik setzen einem außergewöhnlichen Anstieg des Handels Grenzen. Zudem steht die Bundesrepublik Deutschland als Lieferant in harter Konkurrenz zu anderen westlichen Industriestaaten, wobei sich die staatliche Vergabe von Großprojekten, die häufig von politischen Erwägungen mitbestimmt ist, sowie großzügigere Finanzierungsmodalitäten, als sie die Bundesregierung deutschen Unternehmen bieten kann, zusätzlich bremsend auswirken. Indien mit seinen 720 Millionen Einwohnern ist kein Markt westlichen Zuschnitts und verspricht es auch nicht zu werden. Kompensationsgeschäfte Indiens mit dem sozialistischen Lager, vorteilhaft für beide Seiten bei Produkten und Anlagen, die am Weltmarkt entweder nicht konkurrenzfähig oder aufgrund handelspolitischer Restriktionen nicht absetzbar sind, verengen den Markt zusätzlich.

Die politische Pflege Indiens durch den Westen ist sinnvoll. Das Land spielt eine führende Rolle in der Dritten Welt. In dem vom Mittleren Osten bis nach Südostasien reichenden Krisenbogen stellt es, trotz immer wieder aufbrechender innerer Konflikte, einen ruhenden Pol dar. Es ist eine im außenpolitischen Umfeld berechenbare Größe. Realpolitisch handeln heißt, die Interessenlage eines Partners auch mit dessen Augen zu sehen, um Bereiche der Konvergenz feststellen zu können. Indien begreift sich als regionale Vormacht in Südasien. Eine entsprechende Rolle im Indischen Ozean strebt es ebenso an wie ein Mitspracherecht in Südostasien. Es sieht diese Konzeptionen durch das Bestreben Pakistans, sich seinem Vormachtanspruch zu entziehen, durch die amerikanische militärische Präsenz im Indischen Ozean, sowie durch das auf Südostasien lastende Gewicht Chinas gefährdet. Pakistan und China sind aus indischer Sicht grundsätzlich regionale Faktoren, die durch das strategische Engagement der USA in Asien zu Größen im Ost-West-Konflikt umfunktioniert werden. Regionale Kräfteverhältnisse werden damit relativiert, der Handlungsspielraum Indiens, das sich den Ost-West-Gegensätzen entziehen möchte, entscheidend eingeengt.

Die indische Haltung gegenüber der Sowjetunion ist im Westen, zunehmend auch in der Dritten Welt, auf herbe Kritik gestoßen. Es lohnt sich, einen kurzen Blick auf die Entwicklung dieser Beziehungen zu werfen.

Sozialistische Ideen sind vom aufbrechenden Nationalismus im noch kolonialen Indien rezeptiert worden. Die junge Sowjetunion konnte sich des Interesses und der Sympathien dieser Kreise gewiß sein. Hinzu trat, daß sie nicht nur eine Feudalherrschaft, in der Parallelen zum Kolonialregime gesehen wurden, abgeworfen, sondern sich auch gegen die Intervention Großbritanniens und Frankreichs behauptet hatte. Der Zweite Weltkrieg war die gelungene Abwehr des westlichen Imperialismus Deutschlands und des asiatischen Japan. In der Nachkriegsperiode unterstützte die Sowjetunion kompromißlos antikolonialistische Bewegungen. Sie stellte keine Ansprüche an Indien. Hingegen unterließen die USA aus indischer Sicht seit Anfang der fünfziger Jahre nichts, um zu zeigen, daß Indien die Rolle eines Schiffs im amerikanischen Geleitzug bei einer Politik spielen sollte, die ausschließlich auf Eindämmung der Sowjetunion gerichtet war und unter diesen Voraussetzungen keine andere indische Rolle als die eines selbstbeschiedenen Subkontinents zuließ.

Indien entzog sich diesem amerikanischen Ansinnen. Es entsprach weder seiner politischen Philosophie, noch war es mit seinem, dank jahrhundertelanger Dominanz der Moslems und Engländer, tief verwundeten Selbstbewußtsein zu vereinbaren.

Die Sowjetunion behandelte Indien in diesen Jahren um vieles geschickter. Sie leistete Hilfe beim Aufbau einer eigenen Schwerindustrie, als der Westen sie vorenthielt. Nach anfänglichem Schwanken ergriff sie in den Auseinandersetzungen mit Pakistan Partei für Indien, nach dem eigenen Bruch mit China auch im indisch-chinesischen Konflikt. Zudem pflegte sie die indische amour propre durch Hofieren und den weitgehenden Verzicht auf Kritik auch dort, wo sie aus sowjetischer Sicht angebracht gewesen wäre. Der Westen blieb – verständlich – weit dahinter zurück. Gebrochenes Selbstbewußtsein, Minderwertigkeitskomplexe, doppelte Maßstäbe und Selbstgerechtigkeit im indischen Auftreten wurden nicht übergangen. Die Sowjetunion sprang dort ein, wo Indien sie brauchte, sei es in der Bangladesch-Krise, sei es bei der Lieferung hochwertiger Waffen und militärischer Ausrüstung oder bei der Versorgung mit Erdöl und daraus gewonnenen Produkten in den Jahren nach der ersten Ölkrise.

Indien hat dafür einen Preis gezahlt, der ihm tragbar erschien, und zahlt ihn noch heute. Es schont die Sowjetunion weitestgehend in internationalen Gremien auch dann, wenn es im einzelnen dabei alleine mit dem sozialistischen Lager steht. Die Beispiele Kamputschea und Afghanistan sind zur Zeit die gravierendsten. Es ist sich dabei bewußt, daß dies auf Kritik im Westen und in der Dritten Welt stößt, zutreffend einkalkulierend, daß der Westen Indien deshalb weder entwicklungs- noch wirtschafts- oder außenpolitisch fallenlassen wird und die Dritte Welt ein kurzes Gedächtnis und verschwindend geringe Einflußmöglichkeiten hat. Indien ist bereit, diesen Preis zu zahlen, weil es von den Beziehungen zur Sowjetunion profitiert, sich nicht in irgendeiner Abhängigkeit von der Sowjetunion sieht und sich von ihr weder im Innern noch von außen bedroht fühlt.

Daran ist richtig, daß die moskauhörige Kommunistische Partei Indiens von der Sowjetunion an so kurzer Leine geführt wird, daß sie für die Regierung eine vernachlässigenswerte Größe ist. Die indische Führungsschicht mag sich alle möglichen Spannungen und Eruptionen ethnischer, religiöser oder regionaler Natur in Indien vorstellen – die Möglichkeit einer sozialistischen Revolution sieht sie, zu Recht, nicht.

Die indische Einschätzung, man sei auch äußerlich nicht durch die Sowjetunion gefährdet, ist kurzsichtig. Das innere pakistanische Gefüge ist instabil. Die sowjetische Invasion Afghanistans hat nicht nur den direkten Druck der Sowjetunion verstärkt, sondern durch den großen Flüchtlingsstrom einen zusätzlichen Destabilisierungsfaktor nach Pakistan hineingetragen.

Heute läßt sich nicht ausschließen, daß Pakistan dem inneren und äußeren Druck nicht standhalten wird. In der Folge wären eine geographische Zerstückelung (unabhängiges Belutschistan), eine Afghanisierung oder ein pro-sowjetisches Regime vorstellbar. Alle drei Möglichkeiten brächten die Sowjetunion de facto an den Indischen Ozean und nach Südasien hinein. Anders als die strategische amerikanische Präsenz in der Region wäre die sowjetische eine landgestützte, direkt mit ihrem Territorium verbundene und aller Erfahrung nach dauerhafte. Indische Konzeptionen zu Südasien und zum Indischen Ozean wären damit illusionär geworden, ebenso wie die Vorstellung, in Südostasien eine Mitspracherolle spielen zu können.

Bei der Frage, welche Politik der Westen gegenüber Indien betreiben sollte, sind zwei Konstanten in Rechnung zu stellen. Erstens, daß sich Indien nicht auf seiten des Westens in die West-Ost-Auseinandersetzung einbeziehen lassen wird, zweitens, daß die Vereinigten Staaten aus strategischem Interesse weder die Unterstützung Pakistans noch ihre Präsenz im Indischen Ozean aufgeben werden. Die im Weltmaßstab angelegte Außenpolitik der Vereinigten Staaten kollidiert insoweit partiell mit den regionalen Interessen Indiens.

Den westlichen Mittelmächten Großbritannien, Frankreich und selbstverständlich auch der Bundesrepublik Deutschland kann angesichts der Konstanz dieser Interessengegensätze eine Mittlerfunktion kaum zukommen. Im Gegenteil, mit Blick auf Pakistan gilt, daß dieses unser aller Unterstützung bedarf. Die damit hoffentlich verbundene Stärkung seiner Widerstandskraft brächte als Nebenprodukt, daß sich Pakistan dem indischen Gravitationsfeld weiterhin entziehen könnte.

Bei dieser Sachlage gibt es keine Alternative zu der bisher betriebenen westlichen Politik der Pflege der jeweiligen bilateralen Beziehungen zu Indien. Soweit es die Vereinigten Staaten betrifft, wäre eine sensiblere Hand in Bereichen zu wünschen, die eigentlich sekundärer Natur sind (zum Beispiel Belieferung des Kernkraftwerks Tarapur mit Brennelementen), in Indien jedoch einen hohen, emotional negativen Stellenwert bekleiden.

Indien wird ein schwieriger, undankbarer, bisweilen schwer erträglicher Partner bleiben. Eine weitverzweigte Zusammenarbeit mit dem Westen ist jedoch Voraussetzung dafür, daß die engen Beziehungen zur Sowjetunion eines Tages nicht doch noch zu einem Klientel-Verhältnis führen.

Vieles spricht dafür, daß der außenpolitische Handlungsspielraum Indiens zukünftig deshalb abnehmen wird, weil es gezwungen sein wird, sich mehr auf sich selbst zu konzentrieren. Bei einem jährlichen Bevölkerungswachstum von etwa 15 Millionen Menschen werden sich die inneren Spannungen mehren, und jede indische Regierung wird gezwungen sein, dem sozialen Frieden größere Aufmerksamkeit und mehr und mehr von den begrenzten Ressourcen zu widmen.

Den reinen Altruismus gibt es in der Politik nicht, selbst wenn wir ihn bei einigen Heiligen, die es auch in unseren Tagen Gott sei Dank noch gibt, antreffen mögen. Wer den schieren Altruismus zum Gesetz staatspolitischen

Handelns erhebt, fällt einer Utopie zum Opfer und programmiert seinen Fehlschlag damit schon vor. Die idealistischsten Weltvorstellungen hatten deswegen seit jeher die schlimmsten Folgen. Man tut besser daran, die menschliche Natur zu nehmen, wie sie ist, und sie nach Kräften zum Besseren zu wenden.

Entwicklungspolitik ist darum für uns nicht zu lösen vom realistischen Verfolg unseres nationalen Anliegens. Wenn Deutschland die Wiedervereinigungspolitik fortsetzen will – und es kann nicht anders handeln –, darf es die Entwicklungshilfe nicht vernachlässigen. Unsere Politik wäre inkonsequent, wenn sie das Ziel wollte, aber die für sein Erreichen nötigen Mittel nicht bereitstellte, obwohl ein gnädiges Geschick uns die materiellen Möglichkeiten dazu gewährt. Deren geschichtlicher Sinn liegt nicht darin, den Wohlstand der glücklicheren Mehrheit unseres Volkes immer weiter zu steigern, sondern darin, eine heilere Welt zu schaffen und den Deutschen in Ost und West ein geeintes Land in einem befriedeten und befreundeten Europa errichten zu helfen, einem Europa, das von den britischen Inseln bis zu unseren Nachbarn im Osten alle Europäer umschließt.

Die Entscheidung der Deutschlandfrage wird einmal auch davon abhängen, welcher Teil Deutschlands aufgeschlossener war für das Anliegen der andern, und bereit, größere friedliche Opfer zu bringen.

Deutschland und der Nahe Osten

Lange Zeit konnte man mit Fug und Recht nur vom Nahen Osten sprechen. Heute ist er vom Mittleren Osten nur noch geographisch, kaum mehr politisch zu trennen.

Auch was man bis vor kurzem »den Nahostkonflikt« nannte, die Auseinandersetzung zwischen Israel und Arabern, ist mittlerweile zu einem Konflikt unter mehreren geworden. Libanon und Irak/Iran sind nur zwei Stichworte hierzu.

Der nah- und mittelöstliche Raum ist in eine Phase vielschichtiger Gärung eingetreten, die uns täglich neue – meist unerfreuliche – Überraschungen beschert. Mit den hergebrachten Polit-Schablonen ist dieser Situation nicht mehr beizukommen. Schon das Teheraner Geiseldrama warf hierauf ein bezeichnendes Schlaglicht.

Der Nahe und Mittlere Osten ist ein Raum, der jahrtausendelang eine große geschichtliche Bedeutung entwickelt hat; in ihm stand die Wiege der Menschheit. Dort wurden Ackerbau und Viehzucht erfunden, und das heißt nichts anderes, als daß der Mensch anfing, sich nicht mehr mit dem zufriedenzugeben, was die Natur ihm bot und was Jäger und Sammler einfach erlegten oder pflückten, sondern daß er selbst eingriff in Wachsen und Werden der Natur, oder wie es die Bibel sagt: sich die Erde untertan machte.

Hier stand die Wiege der Kultur. Hier entstanden die ersten Großreiche, ballten sich erstmals die Menschen zu intensiverem Austausch, wurden die ersten Schriften entwickelt, die nichts anderes sind als der Versuch, etwas vor dem Zunichtewerden durch die dahinströmende Zeit und über die Schranke des individuellen Todes zu retten, Geschehenes zu bewahren. Kurzum, dort liegt der Ursprung der Geschichte, des Zeitbewußtseins und mithin des Fortschritts, dieses noch vor kurzem überschäumend gefeierten und nunmehr ebenso ungerecht begeiferten Fortschritts, der schon einsetzte, noch ehe die ersten Vormenschen von den Bäumen Kenias heruntersteigen und sich, durch die aufrechte Haltung orientierungsfähig geworden, in die gefährliche Savanne hinauswagten, und der seither über die Jahrmillionen immer mehr Menschen ein immer besseres Dasein ermöglicht.

Über die Jahrtausende hinweg hat sich die technisch leistungsfähigste Gesellschaft – und die ersten Großreiche waren es schon – immer mehr nach Nordwesten verlagert über Griechenland und Rom ins heutige Europa, von wo sie nach Amerika hinüberdrang. So sind wir mindestens ebensosehr geistige Erben der Juden und der Beduinen am Rande der Wüste im Fruchtbaren Halbmond, wie Söhne der Stämme aus dem hohen Norden. Der europäische Geist hat aus der Begegnung mit den großen Kulturen und geistigen Strömen des Nahen und Mittleren Osten die Tiefe und den Umfang gewonnen, die ihn befähigten, zur geschichtsformenden Kraft des Abendlandes zu werden.

Mit der Erweiterung der Welt wurde er sodann Brücke zwischen Asien und Europa. Und er ist auch eine bedeutende Brücke zwischen Asien, Europa und Afrika geworden und ist es noch. Im Verlauf seiner langen Geschichte hat er mit der Erweiterung der bekannten und beherrschten Welt den Verlust seiner zentralen Stellung hinnehmen müssen und damit auch in einer gewissen Weise den Verlust der eigenen, der geistigen Mitte. Der Nahe Osten hat jahrhundertelang immer wieder und fast bis in unsere Tage hinein fremde Herrschaft ertragen müssen. Heute liegt er – und das ist nur oberflächlich paradox – an der Peripherie und zugleich am Kreuzungspunkt der weltpolitischen Auseinandersetzungen.

Die vergangenen Jahrzehnte sind seit dem Ende des Krieges von dem Konflikt zwischen der freien, von den Vereinigten Staaten geführten, und der kommunistischen, von der Sowjetunion geführten Welt beherrscht worden. Der Nahe und Mittlere Osten war von Beginn dieser Auseinandersetzung an in gewisser Weise in dieses Spannungsfeld einbezogen und hat sich mit dieser Herausforderung auseinandersetzen müssen. Er liegt heute im Kreuzungspunkt dieser Auseinandersetzung mit einer neuen, die vereinfachend als Nord-Süd-Auseinandersetzung bezeichnet werden kann, zwischen der entwickelten, der industrialisierten Welt und der noch weiter zu entwickelnden und vornehmlich noch nicht industrialisierten Welt. Es ist eine Art Vierung dieser weltpolitischen Auseinandersetzungen, in der dieser große Raum liegt. In dieser Spannung sind seine Menschen und Völker bemüht, eigenen Standpunkt zu gewinnen, zu halten und in dieser modernen Welt weiter zu entwickeln.

Die Brückenfunktion des Nahen Ostens bejahen auch wir da, wo sie beiträgt, die Kommunikation der verschiedenen Teile der Welt zu erleichtern und ihr Sichnäherkommen zu fördern. Wir bejahen sie nicht, wenn es sich darum handeln soll, diesen Raum nur Brücke bleiben zu lassen, sondern wir wollen die Konsolidierung dieses Raumes unterstützen, seine Beruhigung fördern und alles tun, was ihm hilft, zu sich selber zu finden. Und diesem Ziel dient auch das, was wir an Hilfe zu leisten imstande sind und was nur Beitrag und Stückwerk bleiben kann.

Unser Verhältnis zu den Völkern des Nahen Ostens ist von einer langen, freundschaftlichen Tradition bestimmt. Auch heute muß uns das Anliegen dieser Völker von weitreichendem Gedankenflug, von eindrucksvoll starkem Temperament und einer bewegenden inneren und äußeren Unruhe sehr stark beschäftigen und angehen. Es muß uns sehr viel daran liegen, unsere Selbstdarstellung recht zu vermitteln, unser Deutschland diesem Raum nahezubringen. Diese Freundschaft zwischen uns und dem Nahen Osten muß ein ganz lebendiges, aktuelles Anliegen und Element unserer auswärtigen Beziehungen werden.

Die junge, sich herausbildende Führungsschicht dieser Länder ist um das Finden eines eigenen Standorts bemüht, in einer sich steigernden Auseinandersetzung zwischen alter Kultur, die überkommen und doch lebendig geblieben ist, und den modernen Anforderungen einer technischen Zivilisation, einer nach neuen soziologischen, politischen und wirtschaftlichen Gesetzen sich orientierenden Gesellschaft. Da liegt das Feld, wo wir helfen müssen; dort draußen in diesen Ländern, in den Gewerbeschulen, in den Lehrwerkstätten, in unseren Botschaften, in den Vertretungen der Firmen, in wissenschaftlichen Instituten, wo immer wir tätig sein können. Aber es liegt auch hier bei uns gegenüber den Tausenden von Studenten, Praktikanten, Besuchern, die für kürzere oder längere Zeit hierherkommen. Es ist für unsere Zukunft und auch für die Zukunft des Nahen Ostens ganz entscheidend, daß wir – ich meine dies »wir« im weitesten Sinne, nicht nur wir Deutschen, sondern wir und unsere Freunde, unsere Verbündeten – die Antworten auf die Fragen geben, die von dort gestellt werden. Befriedigende Antworten. Antworten, die auf lebhaftem Interesse aufbauen und die überzeugen. Sonst besteht die große Gefahr, daß diese Antworten woanders gesucht werden und mit ganz anderem Eigennutz gegeben werden, als für den Nahen Osten gut sein kann.

Dieser gewaltige Raum zwischen dem östlichen Mittelmeer, dem Schwarzen Meer und dem Arabischen oder Persischen Golf ist zwischen Nil und Euphrat trotz seiner Vielgestalt eine Einheit, und der Verlauf seiner Geschichte hat immer wieder die starken vereinheitlichenden Elemente bewiesen, die ihm innewohnen. Seine staatliche Gliederung hingegen ist nicht durchweg ein Ergebnis dieser natürlichen und geschichtlichen Wirkstoffe, sondern zum Teil Fügungen zu verdanken, die mehr der augenblicklichen Lage bestimmter Machtkonstellationen entsprangen. Das gilt für einige dieser Staaten. Andere sind in eindrucksvoller Weise durch die Jahrtausende erhalten geblieben und haben es vermocht, sich immer wieder in ihrer staatlichen Form zu regenerieren.

In diesem vom Islam geistig bestimmten Raum findet heute die Begegnung, die Auseinandersetzung mit der Moderne statt. Ein Problem, das uns nicht unbekannt ist, das aber doch eine ganz andere Form annimmt als in der vom Christentum bestimmten abendländischen Welt, die aus sich selbst heraus die Moderne in einem organischen Prozeß durch geistige Epochen hindurch hat entwickeln können, während dieser Raum, diese Menschen dort unter ungleich schwierigeren Bedingungen einem mehr oder weniger fertigen Programm gegenübergestellt worden sind. Das Christentum hat ethische Grenzen und Definitionen gesetzt, innerhalb derer oder bis hin zu denen eine Freiheit der Entscheidung und der Gestaltung der weltlichen Dinge, des wirtschaftlichen, des politischen, des gesellschaftlichen Lebens möglich ist. Demgegenüber hat der Islam für all diese Bereiche des Lebens, nicht nur für das kirchliche, sondern gerade für das politische, das wirtschaftliche, das gesellschaftliche Verhalten, ganz bestimmte Lebensregeln entwickelt, die, zum Teil ins einzelne gehend, jahrhundertelang das Leben dieses Raumes bestimmt und geleitet haben. Aus dieser Situation heraus sich mit der modernen Welt auseinanderzusetzen und sie sich zu eigen zu machen, bedeutet eine immense innere Spannung, die wir kaum nachvollziehen können.

Die islamische Staatsauffassung ist eine ganz andere, als der moderne Staat in seiner wesenhaft abendländischen Ausprägung vorsieht. Sie geht aus von der Einheit der weltlichen und der geistlichen Aufgabe, während im Christentum, schon im frühen Mittelalter, die Trennung der Ämter recht eigentlich die geistige Voraussetzung für die säkulare Ausprägung der Nationalstaaten geschaffen hat. So begegnet die Formung eines modernen säkularen Staates im islamischen Raum viel größeren Schwierigkeiten, als das im Abendland der Fall sein konnte. Vielleicht trägt das zur Erklärung des Phänomens bei, daß demokratische Formen westlicher Provenienz in diesem Raum vorerst gescheitert sind und dieser Raum um ganz eigene Formen der politischen und staatlichen Willensbildung bemüht sein muß. Dieser Prozeß einer Art islamischer Renaissance hat seit 120, 130 Jahren die islamische Welt aufgerührt, und Namen wie Afghanie, Abdu oder bis in unsere Zeit hinein Iqbal kennzeichnen diesen Weg.

Der Nahe und Mittlere Osten ist ein Raum, der der Entwicklung, der Hilfe und des Ausbaus bedarf. Wir neigen immer wieder dazu, von den Entwicklungsländern zu sprechen. Ich glaube, wir müssen uns darüber klar sein, daß es *die* Entwicklungsländer ganz einfach nicht gibt. Die Verschiedenheiten innerhalb des Bereichs der Entwicklungsländer sind unendlich viel größer als unter den Industrieländern. Man kann eher noch von den Industrieländern als von den Entwicklungsländern sprechen. Die verschiedenen wirtschaftlichen Strukturen, das Gefälle der Einkommensverhältnisse, der geographischen und aller grundlegenden Bedingungen, schaffen tiefe Unterschiede.

Innerhalb des Nahen Ostens selbst gibt es wieder viele Verschiedenheiten: die staatlichen Formen, von der feudalen Monarchie über die konstitutionelle Monarchie bis zu Staaten einer eigengewollten sozialistischen Prägung; die sozialen Ordnungen, Reste des Nomadentums, feudale Landbesitzordnungen, moderne sich entwickelnde Großstädte, Agrarwirtschaft der verschiedensten Größenordnungen und Bewirtschaftungsformen; die unterschiedlichen Wirtschaftssysteme, hier eine in der jüngsten Zeit mit großer Anstrengung aufgebaute Staatswirtschaft, dort überkommene, sich selbst mehr oder weniger noch überlassene Wirtschaftsformen auf dem Lande in einem staatlichen Verbund, in dem gleichzeitig modernste Ölwirtschaft in wenigen Jahren aufgebaut worden ist. Und es gibt dort Länder mit enorm viel Geld aus den Öleinnahmen, aber ohne weitreichende Entwicklungsmöglichkeiten wie Kuwait oder Katar, und andere Länder mit wenig oder ohne Geld mit den drängendsten Entwicklungsnotwendigkeiten.

Der Nahe Osten gehört zu den Bereichen der Welt, in denen stattfindet, was man mit Recht eine Bevölkerungsexplosion nennen kann. Heute leben dort 100 Millionen Menschen. Schreitet die Bevölkerungsvermehrung im selben Maße fort, so werden es in 25 Jahren 200 Millionen sein: eine Verdoppelung. Noch viel, vielleicht entscheidend wichtiger als diese Pauschalzahl ist, daß sich die Großstadtbevölkerung in diesem Raum in 25 Jahren bei einer Verdoppelung der Gesamtbevölkerung vervierfacht, die Landbevölkerung indes durch Abwanderung stagniert. Eine schwere Fügung der Geschichte will es, daß nur engbegrenzte agrarische Entwicklungsmöglichkeiten dort bestehen, wo sich der Bevölkerungsdruck am stärksten auswirkt, etwa in Ägypten oder der Türkei, und daß bessere agrarische Entwicklungsmöglichkeiten in Ländern bestehen, in denen im Verhältnis zur Größe des Raumes die Bevölkerungsvermehrung nicht so drängend, so gefährlich ist, wie zum Beispiel im Iran, im Irak oder in Syrien.

Trotz dieser Verschiedenheiten, trotz dieses Gefälles, dieser enormen Divergenzen verfügt dieser Raum, verglichen mit anderen großen unterentwickelten Räumen in der Welt, über die größten, die ermutigendsten eigenen Möglichkeiten seiner Entwicklung, wenn sie in der rechten Weise genutzt werden. Da scheint mir das zentrale Problem des Nahen und Mittleren Ostens für seine Zukunft zu liegen. Es ist das Problem des Vorhandenseins des Öls, der Ölproduktion und der Disproportionalität zu den drängenden Aufgaben, vor denen dieser Raum steht. Es ist das Problem der Finanzkraft, die, an gewissen Stellen konzentriert, übermäßig vorhanden ist, und dem drängenden und nicht zu befriedigenden Finanzbedarf da, wo die notwendigsten Entwicklungsbedürfnisse herrschen. Es ist das Problem, daß große aus der Ölproduktion anfallende Geldsummen entweder nur konsumtiv verwandt oder akkumulativ gehortet werden und nicht in dem Maße, wie die Notwendigkeit der Lage es erfordert, produktiv zur Anlage kommen.

Krasse Unterschiede im Pro-Kopf-Einkommen verschärfen die Probleme erheblich. Die Einkommensverhältnisse unterscheiden sich zwischen einem Ölrentner in Kuwait bei einem Pro-Kopf-Bruttosozialprodukt von 16 000 US-Dollar und einem buchstäblichen Habenichts in den rein agrarischen und entlegensten Gebieten mit geschätzten 200 US-Dollar, jeweils pro Jahr.

Wie ist das Problem der Disproportionalität zu lösen? Die Lösung liegt sicher im Finden einer gemeinsamen Wirtschaftspolitik, bewußt vermieden wird der Ausdruck »Gemeinsamer Markt«, weil er ganz spezifisch abgestempelt ist auf die europäische Situation. Die Formulierung einer gemeinsamen Wirtschaftspolitik, zu der es an Ansätzen nicht gefehlt hat, die aber immer wieder versiegt sind, würde es ermöglichen, den Inlandsmarkt wesentlich zu aktivieren, einen höheren Binnenhandelsaustausch zu erreichen, der heute nur bei etwa 20 Prozent liegt. Sie würde in der Agrarwirtschaft ermöglichen, die Monokulturen, die auf nationaler Basis nicht diversifiziert werden können, weil die Kosten dafür nicht aufzubringen sind, in diesem Gesamtraum zu verfeinern und zu einer besseren Agrarnutzung zu kommen.

Die Bedingungen für die Industrialisierung würden verbessert werden können, die bisher unbefriedigend sind, weil die national begrenzten Märkte zu klein sind. Es wäre möglich, ein ermutigenderes Investitionsklima zu schaffen, vor allem auch für bedeutendes arabisches Kapital aus den Öleinnahmen, das heute zu einem großen Teil unproduktiv in nicht diesem Raum zunutze kommende Verwendungen abfließt, und es würde damit sicherlich auch möglich sein, eine größere Attraktion zu schaffen für die Investierung privaten Auslandskapitals, mit dem eine bedeutende Initialzündung für die Wirtschaft dieses Raumes auch außerhalb der Ölwirtschaft verbunden sein könnte.

Aber eines wäre vor allen Dingen möglich, was dringend notwendig ist, nämlich eine Verkehrsgestaltung dieses ganzen Raumes. Wenn man sich klarmacht, daß heute zwischen zwei so bedeutenden Zentren wie Damaskus und Bagdad über 800 km Entfernung keine das ganze Jahr nutzbare Straßen- und Bahnverbindung besteht, die allen modernen Anforderungen gewachsen ist, dann wird klar, wie dringend dieser nahöstliche Raum einer durchgreifenden und insgesamt umfassenden Verkehrsgestaltung bedarf, die dann auch begleitet sein muß von freien Kommunikationen. Denn solange der Verkehr administrativ oder polizeilich geregelt, geordnet und behindert wird, kann es nicht zu einer Bevölkerungsfluktuation kommen, die den wirtschaftlichen Bedürfnissen entspricht, das heißt dort Schwerpunkte bildet, wo die Produktionsbedingungen am günstigsten sind, und dort Erleichterung, wo Zusammenballungen der Bevölkerung ihre Ernährung und Versorgung besonders erschweren.

Vor allem ließe sich damit der erste Schwerpunkt dort bilden, wo er heute hingehört, nämlich in den Bereich der Agrarwirtschaft, um ein sehr dringendes Problem, das der Sicherung der Ernährung für heute und für die Zukunft, zu lösen. Bewässerung und Modernisierung der Agrarwirtschaft würden möglich. Gerade das zentrale Problem der Bewässerung zeigt, daß es von den großen Wasserreservoirs her betrachtet, an denen die verschiedenen Staaten Anteil haben, gar nicht ohne internationale Regelung zu lösen ist ohne Wasserrechts- und Wassernutzungsabkommen, die zumindest für eine Gruppe von Staaten gelten müssen. Eine Klärung der Eigentumsverhältnisse und ihre Anpassung an moderne Erfordernisse sowie die Anpassung an moderne Bewirtschaftungsmethoden kämen in Sicht. Weiter sollte es möglich werden, den industriellen Schwerpunkt dahin zu legen, wo er hingehört, nämlich auf den Ausbau einer industriellen Produktion landwirtschaftlicher Geräte und Maschinen für die zu steigernde Agrarproduktion.

Man kann das angesichts der Lage, wie sie sich uns darstellt, für Utopien halten. Indes, was in Europa erreicht worden ist über Marshallplan, OEEC, Europäische Zahlungsunion, die Europäischen Gemeinschaften, die OECD in ihrer heutigen Form, das haben vor 35 Jahren auch noch viele als Utopie bezeichnet. Wir sind sicher nicht perfekt und haben vieles nicht erreicht, was wir wollten, aber wir sind doch sehr weit gekommen. Man muß wohl auch im Nahen Osten nach den Sternen greifen, um Nahziele erreichen zu können. Trotz der divergierenden Wirtschaftssysteme und trotz der gewaltsamen politischen Spannungen, die heute wieder unsere Tage erfüllen und die wirtschaftlich als Bremse wirken und die Tatsache verdüstern, daß der Nahe Osten aus sich heraus und an sich über besonders günstige Entwicklungsbedingungen verfügt – trotz alledem scheint die Lösung der Hauptprobleme des Nahen Ostens nur zu suchen zu sein im Überwinden dieser Diskrepanz in Richtung auf einen wirtschaftlichen Zusammenschluß, der sicher nur schrittweise erreicht werden kann, um eine Proportion der Einnahmequellen zu den Notwendigkeiten, die politisch und wirtschaftlich unabweisbar sind, zu erreichen.

Die Verwirklichung einer solchen Konzeption setzt eine Lösung – oder doch jedenfalls progressive Entschärfung – der zahllosen politischen Probleme voraus, die diesen Raum unablässig erschüttern.

Der Nah- und Mittelostkonflikt ist mehr als jeder andere Regionalkonflikt aus mannigfachen Gründen der überregionalen Ausweitung in eine den Frieden in der Welt gefährdende Auseinandersetzung geraten. Wir haben diese Gefahr mehrfach erfahren.

Die sowjetische Politik bildet im Nahen und Mittleren Osten zwei Schwerpunkte:

– Einwirken auf den israelisch-arabischen Konflikt durch Unterstützung der militanten arabischen Kräfte;
– Nord-Süd-Druck in Richtung Indischer Ozean und Afrika.

Überwiegend sieht die arabische Welt auch heute noch in Israel den Hauptfeind, nicht in der Sowjetunion. Diejenigen Araber, die eine andere Meinung vertreten, wagen diese unter dem Druck der militanten arabischen Kräfte nicht geltend zu machen. Kabul hat Jerusalem nicht verdrängen können.

Die israelische Regierung hat einiges getan, diesen Eindruck zu verstärken. Hier Wandel zu schaffen durch Einwirken auf Israel und die dafür zugänglichen arabischen Staaten ist von dringendem westlichem Interesse.

Wenn zur Zeit auch eine Lösung nicht zu erreichen ist, dann doch eine gewisse Annäherung. Ich glaube nicht, daß die Siedlungspolitik unserer israelischen Freunde hilfreich ist, nicht hilfreich zum Nutzen Israels. Das sollte uns sehr viel stärker besorgt stimmen, denn es könnte daraus eher ein Schaden für Israel entstehen. Natürlich kommen wir zu keiner Einwirkung, wenn wir das lauthals von uns geben, vor allem wir Deutschen nicht. Aber wir haben die Pflicht, wenn wir die Israelis als unsere Freunde betrachten, sie zu einer nüchterneren und klügeren, weltoffeneren Einschätzung der Lage zu bewegen, bevor sie sich immer mehr in die Isolierung hineinsteuern.

Desgleichen glaube ich nicht, daß das laute Fördern der einen oder anderen palästinensischen Organisation geeignet ist, eine Annäherung zu erreichen. Die Politik, die unser Hauptverbündeter unter großer Mühsal eingeleitet hat, nämlich überhaupt dem Frieden eine Gasse zu bahnen, muß unterstützt und vorangebracht werden. Eine entschlossene Unterstützung für Ägypten, diesem aus der Isolierung im arabischen Lager herauszuhelfen und seine innere Position zu konsolidieren, wäre ein wichtiger und weitsichtiger Beitrag.

Den israelisch-arabischen Konflikt zu lösen erscheint in nächster Zukunft unmöglich. Aber in dem Maße, als andere Konfliktherde entbrannt sind, läßt er sich vielleicht doch etwas entschärfen. Das setzt eine kluge israelische Politik voraus, die dem Sicherheitsbedürfnis Israels besser dienen würde als der jahrelange Aktionismus, der viele Freunde Israels mit Sorge erfüllt hat. Gewiß ist es kein Aktionismus, wenn Israel seine Bürger im Norden des Landes von den Feuerüberfällen der PLO befreit. Aber vom Notwendigen zum Überzogenen ist oft nur ein Schritt.

Ägypten wird seine konstruktive Politik nicht unbegrenzt durchhalten können, wenn nicht weitere überzeugende Resultate erzielt werden. Das Ausscheiden Ägyptens aus der Front der Feindstaaten ist für Israel die größte sicherheitspolitische Errungenschaft seit Gründung des Staates.

Um die explosive Situation zu entschärfen, bedarf es vor allem einer gemeinsamen Politik Amerikas und Westeuropas. Sie existiert nicht. Die Europäer lassen die Amerikaner allein, ja, sie haben in Verkennung des Notwendigen deren Anstrengungen bisweilen gestört.

Die westlichen Industriestaaten brauchen eine breitangelegte industrielle, technologische und finanzielle Zusammenarbeit mit den arabischen Ölstaaten, die nicht ohne solide politische Grundlage zu erhalten ist. Der Westen braucht zugleich ein politisch und militärisch ausreichend starkes Israel. Selbst die Feindschaft gegen den zionistischen Staat hat nicht vermocht, die Araber wirklich zu einen. Man stelle sich für einen Augenblick anstelle Israels und seiner korrigierenden Kraft ein Machtvakuum vor. Dann würden die einen Araber über die anderen herfallen, die sogenannten Progressiven über die sogenannten Konservativen, die einen Progressiven über die anderen, denn auch da gibt es tiefe Feindschaften. Der gesamte

Nahe und Mittlere Osten würde in ein Chaos stürzen, würde verbrennen, wie Abadan und Khoramshar verbrannt sind, mit katastrophalen Folgen für uns alle.

Der Nahe Osten wird auf absehbare Zeit eine Zone der Unsicherheit bleiben. Der Friede mit Ägypten hat Israel Ruhe an der Westfront verschafft. Der Libanonkrieg sollte Ruhe an der Nordfront herstellen. Militärisch schien das fast erreicht. Israel schlug zu, die Araber, konservative wie progressive, sahen zu und ließen die PLO politisch und militärisch allein. Ebenso die Sowjetunion, weil die Araber es so und nicht anders wollten und weil sich der Schwerpunkt der sowjetischen Politik im Nahen und Mittleren Osten von dem israelisch-arabischen Konflikt fort auf die Nord-Süd-Operation in Richtung Indischer Ozean verlagert hat und weil sie es sich derzeit fast leisten kann, mit verschränkten Armen zuzusehen, wie sich die Dinge zum Nachteil des Westens entwickeln.

Während der Westen über einen Palästinenserstaat debattierte, hatte sich die PLO im Libanon ihren Palästinenserstaat geschaffen, die Libanesen in deren eigenem Land entmachtet, das Militärwesen übernommen, die innere Verwaltung, die Kontrollen nach außen, das Sagen und Herrschen nach innen. Damit verdarb die PLO zunächst den Syrern das Konzept, den Libanon zu einer von Damaskus regierten Provinz umzuformen. Dafür bekam die PLO nun nach dem israelischen Einmarsch in Libanon ihre Quittung. Die Syrer sahen dem Untergang der PLO ungerührt zu und wollten die 5000 Palästinenser aus Westbeirut mit Arafat an der Spitze nicht aufnehmen. Die Saudis, Kuwait, die Scheichtümer sahen ebenfalls zu. Sie hatten ohnehin ihr eigenes Palästinenserproblem und kennen die PLO. Gaddafi sah zu – und nach Libyen wollte die PLO ohnehin nicht. Mitunter hatte man im Sommer 1982 das Gefühl eines unausgesprochenen, geheimen israelisch-arabischen Einverständnisses bei der Erledigung der PLO. Derzeit will es scheinen, daß Israel mit der Libanoninvasion wider Willen Syrien geradewegs in die Hand gespielt hat.

Politisch und militärisch wurde die PLO im Krieg und durch den offensichtlich gewordenen Dissens mit allen anderen Arabern schwer angeschlagen. Das Ausschalten der PLO als unmittelbar bestimmende Kraft mag eine neue konstruktive Möglichkeit im israelisch-palästinensischen Verhältnis eröffnen, wenn sie umsichtig genug wahrgenommen wird.

Das Palästinenserproblem indes bleibt ungelöst. Technische Intelligenz und Management in den Golfstaaten setzen sich ganz überwiegend aus Palästinensern zusammen. Sie sind ein wichtiger Bestandteil der dortigen Bevölkerung und von großem Gewicht unter dem Gesichtspunkt außenpolitischer Einwirkung auf eine labile innenpolitische Lage. Wir sollten das in Rechnung stellen und nicht nur in militärischen Kategorien denken, sondern vor allem auf politische Kontakte Wert legen, nicht nur die Sicherung nach außen als einen Teil unserer Aufgabe ansehen, sondern in einer möglichst diskreten Weise helfen, die innere Situation zu befrieden, auftretende Spannungen auszuräumen.

Wir sollten vor allem auch die Staaten auf der Arabischen Halbinsel in die Lage versetzen, sich gegen etwaige Abenteuer zu schützen, die vom Südjemen ausgehen können, in dem es Tausende sogenannter Militärberater aus kommunistischen Staaten gibt. Wir sollten versuchen, auf den Irak und dessen sich abzeichnendes Bedürfnis, sich von der Sowjetunion zu distanzieren, einzuwirken und in dieser Richtung eine hilfreiche Hand zu geben.

Das christlich-israelische Bündnis im Südlibanon hatte lokalen Charakter. Seine Auswirkung war sehr begrenzt. Wenn es zu einem Kernstück der Wiederherstellung des Staates Libanon hätte ausgeweitet und intensiviert werden können, dann hätte das nicht abzuschätzende Reaktionen in der islamischen Welt hervorgerufen. Das würde dazu beigetragen haben, die zunächst auf die Schia begrenzte fundamentalistische islamische Bewegung auch auf den sunnitischen Teil auszuweiten. Wäre ein solches Bündnis hilfreich für die Wiederherstellung eines unabhängigen Libanon des Wiederaufbaus, eines Libanon in seiner so empfindlichen, vielgestaltigen, widerstreitenden religiösen und ethnischen Zusammensetzung gewesen?

Die Europäer halten sich gern zugute, die Amerikaner verstünden nichts vom Nahen Osten. Wieviel sie selber davon verstehen, bleibe dahingestellt. Das offenkundige Versagen Amerikas im Libanonkonflikt, der kaum kaschierte Rückzug der Friedenstruppe aus Beirut, aber auch der zunächst lautstark begonnene und dann dürftig gespielte Part der Franzosen und Italiener, die Wortlosigkeit der Briten – von uns ganz zu schweigen –, beleuchten grausam grell die Konzeptionslosigkeit des Westens im Nahen und Mittleren Osten, die schon anläßlich der Teheraner Geiselnahme und der Invasion Afghanistans überdeutlich zutage trat.

Das völlige Auseinanderklaffen westlicher und israelischer Politik, die Fehleinschätzung der diffusen innerlibanesischen Kräfte und der syrischen Geschicklichkeit sowie der auch aus starken innenpolitischen Zwängen unvermeidliche israelische Rückzug brachten den Versuch, ein Ende des Bürgerkriegs und eine Befriedung des Libanon zu erzwingen, zum Scheitern.

Ohne eine lückenlose Koordinierung der amerikanischen und israelischen Politik, ohne eine gemeinsame Nahostpolitik der europäischen Vier und eine Abstimmung zwischen beiden kann und wird es nicht gelingen, den Nahostkonflikt einzudämmen und zu entschärfen.

Die Europäer sollten sich erinnern, daß sie den stärksten Einfluß auf die amerikanische Willensbildung haben, wenn sie in statu nascendi einer Politik aufs engste mit der US-Regierung zusammenarbeiten.

Die Arabische Halbinsel, vor allem Saudi-Arabien, ist doppelt gefährdet: von innen durch die nur relative Stabilität des Regimes, von außen durch die sowjetische Position in Südjemen und in Äthiopien und durch die iranischen Umtriebe.

Ob Regime unserer verfassungsmäßigen Vorstellung entsprechen, ist nicht das Wesentliche. Die Lage ist zu ernst für hitzigen missionarischen Eifer. Wir kooperieren schließlich auch mit kommunistischen Diktaturen. Die innere Lage aller Staaten der Halbinsel ist dramatisch gefährdet durch die überragende Rolle, welche die Palästinenser mit ihrer Intelligenz in der Administration und im Management spielen, durch die Überzahl von Fremdarbeitern in ihrem Industrie-, Bau- und Militärwesen und deren Infiltration durch den iranischen Fundamentalismus.

Was westliche Staaten tun können, um Saudi-Arabien zu helfen und damit auch sich selbst, sollte in unserem eigenen Interesse geschehen. Das gilt beispielsweise für die Festigung der inneren Verwaltung. Wenn die innere Lage Saudi-Arabiens es nicht zuläßt, fremde Truppen zu stationieren, sollte man diese Absicht fallen lassen. Das damit verbundene arabische Risiko wäre größer als der militärpolitische Vorteil.

Saudi-Arabien sollte Unterstützung erhalten, um operativ verwendungsfähige Verbände aufzustellen, auszurüsten und zu trainieren. Das wäre keine Bedrohung Israels, denn saudiarabische Truppen haben in keinem der Nahostkriege gekämpft. Sie haben allenfalls an ihrer Nordwestgrenze demonstriert. Dies war mehr eine Pflichtübung zur Beruhigung der arabischen Brüder und der Fanatiker im eigenen Lande als eine echte Gefahr, die für Israel beunruhigend hätte sein können. Die Saudis würden moderne Verbände zum Schutz ihrer Grenzen zum Jemen, der großen Städte und zum Schutz ihrer Ölfelder im Nordosten des Landes dislozieren. Dort werden sie dringend gebraucht und können aus eigenem saudischem Interesse gar nicht anderweitig verwendet werden.

Gewiß sollte operative saudische Rüstung nicht aus Deutschland kommen. Aber die bloß emotionale Argumentation mit dem Schlagwort »Wieder deutsche Waffen gegen Israel?« geht in die falsche Richtung. Kardinal

Montini, der spätere Papst Paul VI., soll einmal gesagt haben: »Gott bewahre uns vor Heiligen in der Politik.« So häretisch, wie das in unseren christlichen Ohren klingt, war dies gewiß nicht gemeint. Aber wenn man etwa eine Gestalt wie den Ayatollah Khomeini zu den »Heiligen« (und als solcher gilt er bei vielen seiner Landsleute und weit über den Iran hinaus) zählt, dann wird deutlich, daß in diesem Wort ein Körnchen Wahrheit steckt. »Gott bewahre uns vor Fanatikern in der Politik«, sei es nun der im strengen Sinne religiöse, sei es der ideologische, sei es der emotionale Fanatiker. Auch den Israelis müßte klar sein, daß ein radikaler Umsturz in Saudi-Arabien – oder auch, ohne inneren Umsturz, eine Hinwendung zu Moskau aus bloßer Verbitterung – auch ihnen schwerste Nachteile brächte.

Israel mit den seit 1967 von ihm besetzten Gebieten oder Palästina, wie es die Araber nennen, ist für die Juden wie für die Palästinenser geschichtlich fundiertes Territorium. Eine Beanspruchung des Selbstbestimmungsrechts durch beide mit voller territorialer Konsequenz macht den Kompromiß unmöglich. Ohne Kompromiß jedoch ist eine Konfliktlösung undenkbar. Es gibt auf beiden Seiten wichtige Strömungen und Gruppen, die das so sehen und nach Kompromißmöglichkeiten suchen. Aber sie haben sich bisher nicht erkannt und können keinen Weg zueinander finden. Der Ruf nach Waffen kann den Konflikt nie lösen, wohl aber die Chance eines Ansatzes dazu immer wieder durch die wechselseitige Furcht vor Vernichtung durch den andern zerstören.

Während der Begin-Shamir-Ära hat sich unter den einflußreichen Juden der USA viel Kritik an der israelischen Politik aufgestaut und entladen. Es hat lebhafte Auseinandersetzungen gegeben. Wenn die Bundesregierung operativ verwendungsfähige Waffen an Saudi-Arabien lieferte, würde dies, alle wieder einigend, als Solidarisierungsinstrument zur geschlossenen Unterstützung des israelischen Protestes voll eingesetzt. Die Wirkung wäre verheerend. Die antiamerikanische Welle hat eine sehr neuralgische Stimmung uns gegenüber im Kongreß und in der politischen Öffentlichkeit aufgeputscht. Was wir am wenigsten brauchen können, ist, daß sie sich wegen solcher Waffenlieferungen auch gegen die Bundesregierung und die Mehrheit des Bundestages wendet. Dann säßen alle Deutschen wieder auf der amerikanischen Anklagebank, und das in einer Zeit, in der es dringend auf deutsch-amerikanische Harmonie ankommt.

Der iranisch-irakische Krieg destabilisiert die Lage um den Persischen Golf täglich mehr. Nicht daß die Iraner in Jerusalem einziehen werden. Aber wenn sie im Irak erfolgreich sind, wird das zu einer unmittelbaren, gefährlichen Bedrohung Kuwaits, der Scheichtümer und Saudi-Arabiens. Durch seine gewachsene Macht und durch seinen religiösen Fanatismus bewegt der Iran heute schon die schiitischen Volksteile in diesen Ländern und auch in Syrien mit noch nicht absehbaren Folgen auch für den sunnitischen Teil des Islam.

Noch ist alles offen, aber klar ist, daß die Sowjetunion auf die iranische Karte setzt und im Iran für ihren Vorteil arbeitet, einzig gebremst vielleicht durch die Befürchtung, der fundamentalistische Funke könnte auf die großen moslemischen Bevölkerungsteile der Sowjetunion selbst überspringen. Jedenfalls dient Turbulenz im Mittleren Osten an sich schon dem sowjetischen Interesse.

Die Sowjetunion hätte Afghanistan nicht überfallen, wenn nicht vorher der Iran als Machtfaktor ausgefallen und die amerikanische Mittelostpolitik nicht durch das Teheraner Geiseldrama absorbiert worden wäre. Auch dies ein warnendes Beispiel für die Gefährlichkeit von Machtvakua.

Entscheidend wichtig ist daher die wirksame logistische Unterstützung des Freiheitskampfes der Afghanen. Solange die Sowjets dort in kritischer Lage kämpfend gebunden sind, mindert sich die Gefahr ihres weiteren Ausgreifens in Richtung auf den Persischen Golf. Vermögen sie sich in Afghanistan bequem einzurichten, dann nimmt die Gefahr rasch zu, vermutlich im afghanisch-iranisch-pakistanischen Dreiländereck unter Ausnutzung der Belutschi-Irredenta.

Der Iran ist in seinem Zentralmassiv von Iranern bewohnt, die Randgebiete hingegen von unterschiedlichen Nationalitäten: Im Nordwesten Kurden, Aserbeidschaner, im Südwesten Araber. Sezessionsbestrebungen sind im Gang. Setzt sich die gegenwärtige Entwicklung fort, so ist der iranische Staat zunehmend vom Auseinanderbrechen bedroht.

Im Innern droht auf mittlere Frist eine kommunistische Machtergreifung. Tudeh und andere Gruppen eröffnen der Sowjetunion ein weites Feld für sowjetische Aktivitäten. Moskau wird seine Vorteile suchen. Unwahrscheinlich bleibt, daß es in einer militärischen Operation von Nord nach Süd versucht, an den Persischen Golf vorzudringen. Lange Versorgungswege, die zur Türkei und zum Irak hin gefährdete lange Westflanke der Operation, die Notwendigkeit, Teheran zu besetzen, machen eine solche Operation zu riskant. Es ist eine immer wieder gemachte Erfahrung, daß die sowjetische Führung in ihrer operativen Aktivität vorsichtig ist.

Pakistan wachte am 27. Dezember 1979 auf und fand sich mit einer 1500 km langen Militärgrenze mit der Sowjetunion wieder. Sie verläuft größtenteils in unwegsamem Hochgebirge, gegenüber der unruhigen pakistanischen Provinz Belutschistan allerdings in zugänglicher Steppe. Dort hat sich die pakistanische Zentralregierung nie voll durchsetzen können. Was geschähe, wenn die Sowjets, um den afghanischen Widerstand zu brechen, dessen Operationsrückhalt auf pakistanischem Gebiet angreifen würden?

Die überwiegende Masse der pakistanischen Streitkräfte ist an der Grenze Indien gegenüber disloziert. Seit dem Dezember 1979 hätten die westlichen Regierungen in koordiniertem diplomatischem Bemühen alles Menschenmögliche tun müssen, um Indien und Pakistan zu einer Entspannung ihrer Beziehungen zu verhelfen. Angesichts der Qualität der indisch-amerikanischen Beziehungen fällt hier den Europäern eine besondere Aufgabe zu. Selbst wenn sie nicht viel erreichen können, sollten sie mit den USA zusammenarbeiten und es versuchen.

Die Inder, machtpolitisch an sich nicht zimperlich, werden zu vorsichtig sein, um das ihnen und der Sowjetunion gemeinsame Interesse an einer weiteren Demontage Pakistans zu einem operativen Komplott gedeihen zu lassen. Aber was würde geschehen, wenn die Sowjets wegen des Afghanistankriegs in einen offenen Konflikt mit Pakistan gerieten und Neu-Delhi anböten, die Kaschmirfrage gewaltsam im Sinne der indischen Interessen zu lösen? Wenn es dem Westen nicht gelingt, dieser Entwicklung vorzubeugen, ändern sich die Machtgewichte in Südasien noch weiter zu seinem Nachteil.

Das westliche Bündnis hat seit den ersten Stunden der Afghanistaninvasion – erste Vierer-Besprechung in London – den Fehler begangen, die Türkei nicht voll einzuschalten. Dieser einzige islamische und in der Region gelegene Verbündete verfügt über unvergleichliche Erfahrungen und Kontakte, aber er wurde durch das westliche Zögern in den Augen der übrigen Mittelost-Regierungen abgewertet und zugleich dem Westen entfremdet.

Je verworrener sich die Situation im Iran entwickelt, je gefährdeter die Lage am Persischen Golf wird, um so wichtiger ist es, die Türkei mit allen Mitteln politisch und militärisch zu stützen.

Die türkischen Militärs haben 1980 nicht eine Demokratie zerstört, sondern nach langem Zögern ihr Land vor völliger Anarchie und Chaos gerettet. Je tatkräftiger der Türkei wirtschaftlich geholfen wird, je wirkungsvoller die türkischen Streitkräfte modernisiert werden, desto unwahrscheinlicher werden sowjetische Mittelost-Abenteuer – und umgekehrt. Der Türkei kommt eine Schlüsselrolle zu. Je wirksamer ihr geholfen wird, um so eher wird sie auch ihre Rückkehr zu verfassungsmäßigen Verhältnissen konsolidieren und weiterführen können.

Einseitiger Moralismus hat schon oft mehr Schaden gestiftet, als der Moral genützt. Die Verteufelung eines Regimes hat noch niemals ein Regime zu Fall gebracht, eher dessen diktatorische Tendenz noch gestärkt.

Unsere Salonmoralisten messen mit zweierlei Maß: Beim politischen Gegner, der uns selbst ganz unmittelbar und von allen erdenklichen Seiten bedroht und uns unserer Freiheit – und das heißt ja auch: der Fähigkeit zur Übung und steten Ausweitung der Menschenrechte – berauben will, wird die Zwangsherrschaft wenn nicht totgeschwiegen, so zumindest entschuldigt. Bei denen, die unsere Freunde sind und sein müssen, wenn wir überhaupt überleben wollen, wird auf jede Verfehlung mit dem Finger gezeigt. Mit solcherlei doppelbödiger Moral schafft man keine heilere Welt. Und wir Deutschen sind allemal die letzten, die sich zum Richter aufwerfen könnten.

Gewiß müssen wir unsere Freunde unablässig – aber auf diskreteren Wegen als durch Verbreitung von Horrorgeschichten – zum Pfad der Tugend drängen. Aber wir sollten sehr darauf achten, nicht genau das Gegenteil zu bewirken: den Sturz eines noch annehmbaren und besserungsfähigen Regimes mit der Folge von Anarchie, die sich die entschlossen machtpolitische und von keinerlei Skrupeln geplagte Weltmacht flugs zunutze machen wird, um eine weitere, halbfertige Bastion der Freiheit und damit zumindest der Potentialität der Ausweitung der Menschenrechte in ihre Gewalt zu bringen.

Die Konfliktsituation im Nahen und Mittleren Osten ist mehr als jeder andere Regionalkonflikt aus mannigfachen Gründen der überregionalen Ausweitung in eine den Frieden der Welt gefährdende Auseinandersetzung trächtig. Zahllose Interessen wirken darauf ein.

Die Europäer und insbesondere wir Deutschen sollten uns stets unserer besonderen Verantwortung für Israel und seine Sicherheit bewußt sein. Diese Verantwortung überwiegt, was immer andere Interessen erfordern mögen. Diese Verantwortung ist unabhängig von der Zustimmung zur Politik der jeweiligen israelischen Regierung.

Wir Deutschen allein vermögen in dieser verworrenen Lage nicht viel. Auch Europa vermag allein bei weitem nicht alles. Und wie wir inzwischen erkennen müssen, wird auch Amerika allein keine Lösung vermögen. Es kommt entscheidend darauf an, daß der Westen eine abgestimmte, von Kurzsichtigkeit freie, ausgewogene Nah- und Mittelostpolitik entwickelt – möglicherweise mit verteilten Rollen. Das bloße Verurteilen und im übrigen Sich-Beiseitestellen und gelegentlich ein Stückchen nationaler Eigensucht auf Kosten der Verbündeten befriedigen wollen, genügt keinesfalls.

Jenseits der abartigen Auswüchse des gegenwärtigen Teheraner Regimes müssen wir erkennen, daß der Islam und insbesondere seine fundamentalistischen Strömungen nicht allein auf die Augenblickslaune eines Machtsüchtigen zurückgeführt werden können, sondern auch eine tiefe Sehnsucht vieler Menschen anspricht, wie ja auch das verbrecherische Hitlerregime viele Gutmeinende in die Irre hat führen können. Es ist auch ein Aufstand gegen den – gewiß weithin wohlgemeinten – Import von etwas Fremdartigem, des Modells westlicher Zivilisation, der sich hier Bahn bricht. Diese Sehnsucht nach dem aus der eigenen Kraft Entwickelten, dem eigenen Genius Gemäßen, müssen wir ernst nehmen, müssen nach Kräften die Partnerschaft mit diesem Eigenständigkeitsstreben suchen, allen Widerständen und Rückschlägen zum Trotz in der Erwartung, daß sich dort nach dem Überschäumen wieder Mäßigung durchsetzen wird.

Die Bereitschaft dazu, die unserem eigenen Empfinden letztlich so sehr nahe Aufgeschlossenheit für das Anderssein des Andern kann den Nachteil, den der Westen heute in diesem brodelnden Raum gegenüber dem skrupellos nur das ideokratische Eigeninteresse vertretenden kommunistischen Block fast Tag für Tag einstecken muß, zu unserem Vorteil wenden.

Unser spezifisch deutscher Beitrag kann eben darin bestehen, zu wissen und in der Politik durchzusetzen, daß – wie die europäische Welt nicht am deutschen Wesen genesen konnte – die Welt nur reicher und friedlicher sein und werden kann, wenn sie Raum bietet für Vielfalt und Freiheit als Voraussetzung partnerschaftlicher Zusammenarbeit, die allen zugute kommt und keinen knechtet.

Deutschland und Israel

Israel ist vom Nahen Osten nicht zu trennen. Das deutsch-israelische Verhältnis indes übersteigt unser Verhältnis zu einem Staat in einer bestimmten Region um ein Vielfaches.

Dieses Verhältnis ist so etwas wie die Geschichte nach Kains Mord an Abel.

Der Zusammenbruch von 1945 war vollkommen, eine Katastrophe ohnegleichen in der Geschichte der großen Völker. Er war weit mehr als ein verlorener Krieg. Er schien das unwiderrufliche Ende eines Volkes – eines Volkes, gezeichnet mit dem Kainsmal der Verbrechen, die in seinem Namen begangen worden waren. Denn grauenvoller und ungleich länger geschichtswirksam als das stets Grauenvolle eines Krieges war der millionenfache Massenmord an den Juden Europas.

Gemeinsinn, Energie und Ingenium haben den deutschen Wiederaufbau gebahnt. Aber was den Deutschen aus dem tiefsten Fall der düstersten Stunde ihrer Geschichte herausgeholfen hat, war mehr, als menschliches Tun vermag. Es war das Walten göttlicher Gnade in der Geschichte, das uns den Weg zum Wiederfinden eigener Persönlichkeit und zur Achtbarkeit unter den Menschen hat gewinnen lassen. Es war wie Kains Rückkehr in die Familie der Völker.

Deutsche und Juden hatten im 19. Jahrhundert zu einer in der zweitausendjährigen weltweiten Geschichte des jüdischen Exils fast einmaligen Symbiose geistigen und künstlerischen Schaffens gefunden. Das Morden hat alles zerstört, es hat auch die politischen und moralischen Grundlagen Deutschlands zerstört. Sie konnten nur neu gegründet werden durch einen Neubeginn des Weges der Deutschen zu den Juden und auch zu dem Staat Israel, der ihnen als rettender Hafen aus der Katastrophe erwuchs.

Darin liegt für uns der tiefe Sinn der Gesetzgebungs- und Vertragswerke, die durch die unerschütterliche und zielbewußte Führung Konrad Adenauers am 10. September 1952 in Luxemburg entstanden. Man hat das in einem durch nichts gerechtfertigten Euphemismus Wiedergutmachung genannt.

Wiedergutgemacht konnte gar nichts werden. Gemordete Leben können durch nichts wieder gutgemacht werden. Aber es waren und sind Reparationen mit den Mitteln, mit denen Reparationen geleistet werden können. Erstmals in der Geschichte und voll begründet durch die gleichfalls erstmalige Ungeheuerlichkeit der Verbrechen auch Reparationen an einen Staat, der zur Zeit ihres Begehens noch gar nicht bestand: Israel. Reparationen geleistet in kollektiver Scham, im Bewußtsein geschichtlicher und moralischer Verantwortung, vor der es kein Entrinnen gibt.

Reparationen werden in der Regel auferlegt. Hier wurden sie freiwillig eingegangen. Nahum Goldmann hat dieses Werk am 5. Mai 1966 in Jerusalem mit den Worten gewürdigt: »Die Wiedergutmachung und die Rückerstattungs-Gesetzgebung ist eine einzigartige Erscheinung. Es gibt praktisch keinen Präzedenzfall, bei dem eine Regierung Indemnitäten gezahlt hat an die Opfer eines früheren Regimes, die noch nicht einmal Bürger des Landes sind, und diese einzigartige Gesetzgebung hat neue internationale Rechtsbegriffe geschaffen und einen wichtigen Präzedenzfall gebildet.«

Reparationen entstehen immer aus dem Blick zurück. Hier haben sie nach vorne geführt. Sie können nicht zum Vergeben führen und sicher nicht zum Vergessen auf seiten derer, die unsagbar gelitten haben. Aber sie können dazu führen, wieder an- und wieder aufgenommen zu werden. Ohne den Luxemburger Vertrag mit Israel, ohne den Vertrag mit der Jewish Claims Conference, ohne die Gesetze der individuellen Reparationen, hätte die Bundesrepublik Deutschland in den Vereinigten Staaten die Füße politisch nicht auf den Boden gebracht, hätte nicht so, wie es ihr gelungen ist, in die europäische Politik eintreten können.

Sicher hielten viele Politiker die Bundesrepublik Deutschland für unentbehrlich in dem entbrennenden Konflikt um westliche Freiheit, aber das allein konnte die Deutschen den anderen nicht wieder akzeptabel machen.

Vergessen wir darüber nicht, daß große Juden und Führer Israels wie David Ben Gurion, Nahum Goldmann, Martin Buber, Moshe Sharett und nach Aufnahme der Beziehungen Golda Meir, Siegfried Moses, Abba Eban und Moshe Dayan und Tausende von Ungenannten unseren Weg nicht nur in Wahrnehmung eigener Interessen, sondern auch mit klugem Verständnis für die Deutschen begleitet haben. Das war mehr als wir erwarten konnten.

Wir haben in Jahrzehnten viel über Vergangenheitsbewältigung diskutiert. Ein Thema, das mehr als schwierig ist angesichts der zu bewältigenden Vergangenheit, um die es geht, schon gar unter den Deutschen, die wir mit unserer Geschichte viel kontroverser leben, als andere Völker dies gemeinhin tun. In einem Volk, in dem die Beurteilung etwa Friedrichs des Großen oder Bismarcks noch heute mehr vom jeweiligen aktuellen politischen Credo der Diskutanten als vom historischen Verständnis, von historischer Einsicht abhängt.

Wir haben das Thema falsch definiert. Es geht nicht um Vergangenheits-, sondern um Gegenwartsbewältigung. Zu bewältigen ist diese Vergangenheit überhaupt nicht, aber ihre in die Gegenwart hineinreichenden Konsequenzen waren und sind eine beständige Aufgabe. In dem Bewußtsein, daß es kein Aussteigen aus der Geschichte und aus der historischen Verantwortung gibt und geben kann, ist sie ein fortdauernder Auftrag, diese Konsequenzen zu bewältigen.

Es ergibt sich daraus die Pflicht, um Juden und ihre Sicherheit besorgt zu sein, auch um den Staat Israel. Ob es von den Adressaten solchen Bemühens angenommen wird oder nicht – wir haben uns als Freunde zu betrachten und zu bewähren.

Wir Deutschen befinden uns gegenüber Israel in einer besonderen Lage. Wir müssen dieser besonderen Lage entsprechen. Wir verstehen, daß die Juden – und das heißt immer auch: Israel – nicht vergessen können, was geschehen ist. Wir sind überzeugt, daß wir es nicht vergessen dürfen.

Wir haben seit 1952 Beziehungen mit Israel gehabt. Es waren Reparationsbeziehungen.

Seit 1965 bemühen wir uns, Beziehungen zwischen unseren Regierungen und Staaten aufzubauen, wie sie zwischen anderen Regierungen und Staaten auch bestehen. Um Israel anzuerkennen, hat Deutschland sehend und wissend den Abbruch seiner teils normalen, teils guten Beziehungen mit zehn Staaten in Kauf genommen. Was Taten anbetrifft ist das ein Entschluß, der in der Geschichte der Diplomatie und Außenpolitik ohne Beispiel und Vorgang dasteht. Er gehört zu den bedeutsamsten politischen Entscheidungen der Regierung Ludwig Erhards. Diese Entscheidung war zu jener Zeit heftig umstritten. Sie erwies sich als ungewöhnlich weitblickend. Man kann sich kaum einen Zeitpunkt vorstellen, der für diesen längst fälligen Schritt besser geeignet gewesen wäre. Das schmälert das Verdienst und den Mut derer, die ihn taten, mitnichten.

Was 1965 vollzogen wurde, war der Schritt von der Vergangenheit in die Zukunft. Es war der Schritt von den rückwärtsblickenden Reparations- zu den nach vorne weisenden außenpolitischen Beziehungen, denn Außenpolitik richtet notwendig den Blick nach vorn. Ihre Aufgabe ist, der Gegenwart Werte abzugewinnen, die den Weg in die Zukunft sichern. Und das ist sehr vornehmlich auch die Aufgabe von Deutschen und Juden in unserer Zeit. Auf dem düsteren Hintergrund und trotz allem, was geschehen ist, haben wir zusammenzuarbeiten und werden wieder Gemeinsames schaffen können. Wir brauchen unendliche Geduld. Es gilt, nichts zu übereilen. Es ist ganz unwichtig, ob wir schnelle Erfolge erringen. Wichtig ist allein, daß wir solide Erfolge aufbauen, die keinen Rückschlägen ausgesetzt sind.

Wir haben vollkommenes Verständnis für echte Gefühle der Abneigung, für tiefe, wahrhaftige Ressentiments. Wir respektieren sie und können nicht anders. Wir würdigen erschüttert und dankbar die Bemühungen um Aussöhnung derer, die selber furchtbar gelitten haben, und aus der Überzeugung, daß, um weiteres Unheil zu verhüten, der Haß überwunden werden, sich auf ihr Leid stellen und der Versöhnung dienen muß.

In den deutsch-israelischen Beziehungen ist für Jahrzehnte unendlich viel zu tun. Wenn trotz allem, was sie belastet, in den vergangenen Jahren viel erreicht werden konnte, so gebührt ein besonderes Verdienst dafür den Israelis guten Willens und guter Tat, die trotz vieler Anfechtungen Bedeutendes für die Wiederanbahnung der Beziehungen vollbracht haben.

Es kann nicht anders sein, als daß in unseren Beziehungen die Vergangenheit die Gegenwart stärker überschattet, als das sonst irgendwo der Fall ist. Aber wir wollen uns davon die Zuversicht in die Zukunft nicht rauben lassen. Am 18. August 1965 sagte der israelische Staatspräsident in Jerusalem: »Die Lehre aber, die wir aus der bitteren Vergangenheit ziehen sollten, lautet folgendermaßen: Wir müssen unsere Kräfte für die Zukunft einsetzen, damit die Prediger des Hasses verstummen und der Geist jener furchtbaren Epoche nie wieder zum Leben erwacht.«

Nur mit großer Sorge kann man verfolgen, wie aus politischen und Zweckgründen das Leid der Vergangenheit immer neu und furchtbar aufgerührt wird, um die Gegenwart zu stören, daß sie der Zukunft nicht zu dienen vermag. Konrad Adenauer sagte bei seinem Israelbesuch in großem Ernst das Wort: »Wenn guter Wille nicht anerkannt wird, kann daraus nichts Gutes entstehen.«

Das gilt auch für die Berichterstattung über Deutschland. Es ist ein untauglicher Versuch, Deutschland nazistisch darstellen zu wollen. Das gibt es nicht und wird es nicht wieder geben. Gewiß heißt es wachsam sein, aber mit Fiktionen ist niemand gedient. Randerscheinungen zu Symptomen machen zu wollen und so zu berichten, ist schlechte und gefährliche Berichterstattung. Allein die Wirklichkeit klar zu erkennen, hilft weiter. Nicht, daß in Hamburg 1966 eine rechtsradikale Splitterpartei ein Prozent mehr Stimmen gewonnen hat, war bezeichnende Wirklichkeit, sondern daß ein jüdischer Mitbürger – der bedeutende Herbert Weichmann – mit der größten Mehrheit, die seine Partei je in Hamburg erzielte, zum Bürgermeister dieser Stadt gewählt wurde.

Von mancher Seite kann man immer noch wieder hören, das jüdische Volk erwarte Taten von Deutschland, damit es in die Völkerfamilie wieder aufgenommen werde. Deutschland hat seinen geachteten Platz in der Völkerfamilie wieder eingenommen und bedarf dafür keiner Genehmigung mehr. Seit dem Entstehen der Bundesrepublik leistet Deutschland beständig seinen konstruktiven Beitrag für die Völkergemeinschaft, der allgemein gewürdigt wird.

Das ist auch Israel zur Genüge bekannt. Wenn dem nicht so wäre, hätte Israel in den 60er Jahren zweifellos nicht die offizielle Anerkennung durch dieses Deutschland gewünscht. Äußerungen, die eine Kränkung, aber sonst nichts bewirken, haben nie eine glückliche Rolle in zwischenstaatlichen Beziehungen gespielt.

Die deutsche Außenpolitik hat im Nahen Osten keine spezifischen eigenen Interessen zu verfolgen. Ihr liegt daran, an der Konsolidierung und friedlichen Entwicklung dieses Raumes mitwirken zu können, weil sie darin den notwendigen Beitrag zum Frieden, den sie hier leisten kann, erblickt. Eine solche Bemühung dient dem wohlverstandenen Interesse aller Mächte im Nahen Osten, und sie dient unserem eigenen Interesse. Denn eine Störung des Friedens im Nahen Osten müßte sich unmittelbar verheerend auf die Lage im Mittelmeer und in Europa auswirken. Nichts in unserer Aktivität richtet sich gegen irgend jemand. Normale deutsche Beziehungen zu den arabischen Mächten liegen im Interesse der betreffenden Staaten, sie liegen im deutschen Interesse, und sie liegen im Interesse der Israelis. Es muß Israel daran liegen, daß im ganzen Nahen Osten die Bundesrepublik Deutschland die deutsche Stimme führt. Alle unsere Beziehungen zu den Mächten des Nahen Ostens entsprechen legitimen Interessen und stehen in keiner Konkurrenz untereinander.

Für uns Deutsche werden die Beziehungen zu Israel noch für lange Zeit Beziehungen spezifischer Verantwortung bleiben. Das ergibt sich aus der historischen Pflicht, den Juden beizustehen, wo und wann immer wir dazu fähig sind. Israel zu helfen ist eine Frage der Selbstachtung. Wer einen Freund im Stich läßt, verwirkt den Anspruch, selbst noch respektiert zu werden.

Das kann nicht die Verpflichtung einschließen, jeder israelischen Regierungspolitik zu applaudieren. Vielmehr müssen wir, wenn wir besorgt sind, daß diese Politik nicht dem Interesse Israels und des Westens dient, dies unseren israelischen Freunden offen sagen, auch wenn sie es zurückweisen. Wir müssen es offen sagen und mit dem Takt, der uns ansteht, der anständig ist. Dazu gibt es heute viele Wege, abseits des großen Marktes.

Der Beginn des Libanonkrieges war ein Akt der Notwehr, um der unter Überfällen und Mord leidenden Bevölkerung Nordisraels Sicherheit zu bringen, nachdem auch die jahrelange Stationierung einer UN-Truppe im Südlibanon dies nicht hatte bewirken können. Die Fortführung des Krieges wurde zu einem Notwehrexzeß.

Diese exzessive Kampfführung, so sehr man sie ablehnen oder für falsch halten mag, indes mit dem Holocaust, der industrialisierten Ermordung von Millionen Juden in Vernichtungslagern, zu vergleichen oder gar auf eine Stufe zu stellen ist eine bösartige Pervertierung dessen, was damals geschehen ist und was heute geschieht. Der Angriff der israelischen Streitkräfte gegen die militärische Organisation PLO hat mit dem Verbrechen der Vernichtungslager nichts gemein.

Die Flächenbombardierung von Städten hat sich seit langem als militärisch nicht sinnvoll erwiesen, weil sie die militärische Substanz des Gegners nur wenig trifft, so wohl auch in Westbeirut. Politisch war sie ein Fehler. Da sie der Zivilbevölkerung Leid und vielfachen Tod bringt, ist sie abzulehnen und zu verurteilen auch und gerade, wenn der militärische Gegner eben diese leidende Zivilbevölkerung niederträchtig zu seiner Geisel macht.

Kritik an israelischer Regierungspolitik muß erlaubt sein und hat nichts mit Antisemitismus zu tun. Aber wenn die Kritik zum Exzeß gerät und die Bomben auf Beirut dem Holocaust gegenübergestellt werden, dann ist dies böse. Wenn andere sich in diesen Kritikexzeß stürzen, begehen sie einen schweren Fehler, verkennen sie völlig, was im Zweiten Weltkrieg tatsächlich geschehen ist. Wenn Deutsche es tun, ist es zudem unanständig. Dann ist es ein Verkennen der Grundlagen, von denen aus wir handeln und Politik zu machen haben. Und es ist ein törichter Versuch, aus der geschichtlichen Verantwortung aussteigen zu wollen.

In Israel hat sich in den letzten Jahrzehnten ein tiefgehender soziologischer Wandel vollzogen. Die Anfangszeit des jüdischen Staates war bis weit in die 60er Jahre von den Einwanderern aus Europa geprägt. Politisch vor allem durch die russische und osteuropäische Einwanderung. Im geistigen und wirtschaftlichen Leben wirkte sich der Einfluß der Einwanderer aus

Deutschland und Mitteleuropa aus. Die Einwanderungswellen aus den Ländern Nordafrikas und Asiens vermochten anfänglich auf die Gestaltung der Strukturen und auf den Weg, den Israel ging, kaum Einfluß zu nehmen. In ihren Herkunftsländern waren sie in unterschiedlicher Weise von den weiterführenden Bildungs- und Ausbildungswegen ausgeschlossen und auf das Handwerk und den unteren Handel beschränkt. In Israel hatten die orientalischen gegenüber den askenasischen Juden erhebliche Startnachteile zu überwinden. Sie haben das in bemerkenswerter Weise vollbracht. Ihre nächste, in Israel aufgewachsene, gebildete und ausgebildete Generation ist in breiter Front in die Führungsschichten in Politik und Militär, in das geistige und wirtschaftliche Leben des Landes eingetreten und mit der unverbrauchten Kraft, die dem Aufstieg eigen ist, wirksam geworden.

Die europäischen Einwanderer sind seinerzeit gekommen mit dem rückerinnernden Wissen um die verheerenden Folgen eines übersteigerten Nationalismus, der die europäische Geschichte im ausgehenden 19. Jahrhundert und in der ersten Hälfte des 20. Jahrhunderts bestimmt hatte bis hin zu seiner Pervertierung ins Verbrechen, die zur Katastrophe für die Juden und für Deutschland wurde. Das war für sie erlebtes Leben der Davongekommenen, gerettet aus Ländern, die einmal ihre Heimat waren. Bei allem Kampf ums Überleben Israels prägte das ihren Geist und ihr politisches Konzept und verlieh ihm philosophische Weite, die zu erringen den Juden vom seelischen Temperament her nicht schwerfällt.

Ganz anders die Situation der orientalischen Juden. Der europäische Nationalismus bis in seine kriminelle Entartung war und ist für sie Geschichte, von der man gehört und gelesen hat. Ihre Vergangenheit lag im Osmanischen Reich, das religiös und mit der armenischen Ausnahme in seiner Endphase auch ethnisch tolerant war. Das setzte sich seit dem Ende des Ersten Weltkrieges und dem Zusammenbruch des Osmanischen Reiches in der arabisch bestimmten Umwelt, wenn auch unter Diskriminierung, so doch ohne blutige Verfolgung im wesentlichen fort. Ihrem Herkommen nach stehen sie dem Nationalismus und auch der Gefahr seiner Übersteigerung in Chauvinismus unbefangener gegenüber.

Die orientalischen Juden in Israel haben mehr Kinder und Enkel als die askenasischen. Israel wird seine Identität weiter verändern, und das wird sein Verhältnis zu den Juden in der Welt, vor allem in den USA, beeinflussen und umgekehrt das der Juden in der Welt zu Israel. Die fast uneingeschränkte, machtvolle und praktisch höchst wirksame Solidarität der Juden weltweit mit Israel ist eine jahrzehntelange, nahezu revolutionäre Tat ohne Beispiel in der Geschichte.

Wenn Israel zu einem nationalistischen Machtstaat im Nahen Osten würde und in seinem neuen Herrschaftsbereich einen hohen Prozentsatz arabischer Bevölkerung gegen deren Willen beherrschte, sich damit von der Zielsetzung des Zionismus entfernte, würden sich viele Fragen stellen, nicht nur unter den Juden zueinander. Israel würde im Urteil seiner nichtjüdischen Umwelt zu einem Staat wie jeder andere, was es im Sendungsbewußtsein seiner Väter und Lenker und im Selbstverständnis der Mehrzahl seiner Bürger ganz gewiß nicht ist und nicht sein soll.

Daß Israel in 36 Jahren seiner Existenz seine demokratische Verfassungswirklichkeit trotz schwerster äußerer Krisen und innerer Belastungen tapfer und unbeirrt durchgehalten hat, ist eine seiner größten Leistungen. Die damit verbundene Ausstrahlung hat seine politisch-strategische Position im Nahen Osten und im östlichen Mittelmeer zu einem für den Westen gar nicht zu überschätzenden Wert heranreifen lassen.

Der arabisch-israelische Konflikt ist unter allen regionalen Konflikten immer derjenige gewesen, bei dem die Gefahr der Eskalation, des Ausuferns zu einem alles umfassenden bewaffneten Konflikt in der Welt, am brennendsten war. Wir haben diese verschiedenen Phasen vor allem auch während des Jom-Kippur-Krieges 1973 in Erinnerung. Diese Gefahr ist nicht geringer geworden. Diese Gefahr ist auch dadurch gewachsen, daß sich die Sowjetunion von einer kontinentalen überwältigend starken Militärmacht zu einer weltumspannenden handlungsfähigen Militärmacht entwickelt hat.

Europa ist für die Position Israels im Nahen Osten von wesentlicher Bedeutung, und die Anwesenheit von amerikanischen Truppen auf unserem Kontinent ist für die Handlungsfähigkeit Amerikas im Nahen Osten von entscheidender Wichtigkeit.

Mit diesem Komplex verbindet sich die Hoffnung und der Wunsch, daß Klugheit und geistige Selbstdisziplin auf beiden Seiten zu einem weiteren Austrag beitragen mögen. Die israelische Politik sollte sehr stark von diesem Gesichtspunkt bestimmt werden.

Von israelischen Freunden ist immer wieder der Vorwurf zu hören, die Europäer, die Deutschen, schauten nur nach dem Öl – hie Israel, hie Öl –, und das Öl sei uns wichtiger als Israel. Diese mitunter in Verlautbarungen durchklingende Kritik ist sehr vordergründig. Die Frage der geregelten Rohstoffversorgung – und Öl ist davon der Primärstoff – ist für Europa eine Lebensfrage, denn davon hängen unsere Wirtschaft und unsere Produktion ab. Daran muß Israel aus eigenem Interesse interessiert sein. Man stelle sich im Falle eines Zusammenbrechens der europäischen Staaten in einer Wirtschaftskatastrophe den machtpolitischen Hintergrund vor. Das wäre eine Situation, die auch die Position Israels in unmittelbare Mitleidenschaft zöge. Die Kritik ist auch ungerecht, denn sie verkennt unseren tätigen Willen, Israel zu helfen.

Kritik sollte nicht auf dem Markt ausgetragen werden. Kritik an einem Freund, wenn einem das, was er tut, Sorge macht, ist notwendig. Wirkliche Sorge muß ausgedrückt werden. Wir haben dazu zahlreiche Möglichkeiten im internationalen Bereich, im bilateralen und multilateralen Feld. Wir sollten diese Wege der Kritik taktvoll benutzen. Ich glaube, wir hätten uns in der Vergangenheit manche Irritationen erspart, und wir würden uns in einer noch schwierigeren Zukunft manche Irritationen ersparen, wenn wir so verfahren.

Die Grundlagen, die vor 30 Jahren für die deutsch-jüdischen Beziehungen gelegt worden sind, können nicht ändern, daß diese Beziehungen noch für Generationen eine historisch-moralische Bürde zu tragen haben.

Damals haben die Deutschen ihren Weg zu den Juden wiedergefunden. Sie werden ihn weitergehen. In den deutsch-jüdischen Beziehungen bleibt uns die Gewißheit, daß das Überwinden der Verzweiflung immer wieder neue Hoffnung schafft.

Deutschland und China

China ist das zentrale Element des Fernen Ostens – geographisch, politisch, und wird es in Zukunft auch in zunehmendem Maße wirtschaftlich.

Lange Zeit nach dem Zweiten Weltkrieg blieb China für die Bundesrepublik Deutschland politisch ein weißer Fleck. Auch heute noch ist es vielen fremd.

Wenn wir das Verhältnis Deutschlands zu China einordnen wollen, ist es deshalb notwendig, sich zunächst einmal zu vergewissern, mit welchem Partner wir es zu tun haben.

Daß sich China der Bevölkerungszahl von einer Milliarde Menschen nähert oder schon darüber hinaus ist, besagt noch relativ wenig. Daß es ein Volk von großer Homogenität ist, bedeutet schon sehr viel mehr. 95 Prozent der Bevölkerung Chinas sind Han-Chinesen oder Chinesen, die sich seit Generationen aus ursprünglichen Minderheiten heraus so assimiliert haben, daß sie als Han-Chinesen betrachtet werden müssen.

Teilt man China durch eine Nord-Süd-Linie in zwei gleiche Hälften, so ballen sich 85 Prozent der Bevölkerung zwischen dieser Mittellinie und der pazifischen Küste, während die westliche Hälfte, die teils stark gebirgig ist, teils Steppen und Wüsten aufweist, nur dünn besiedelt ist.

Dieses Volk ist hochbegabt, es hat seine mehr als 2500jährige Geschichte schon geschrieben zu einer Zeit, von der es über die Alte Welt, über Europa, fast nur Sagen gibt. Dieses hochbegabte Volk ist durch zweitausend Jahre des Wirkens der konfuzianischen Lehre sehr stark individuell bezogen, betrachtet indes in diesem individuellen Bezug nicht nur die Einzelperson, sondern die Familie als die Zelle jeder gesellschaftlichen Struktur.

Dieses Riesenreich, dessen Ausdehnung von Nord nach Süd auf unserem Teil der Erdkugel der Strecke von Drontheim bis Dakar entspricht, hat im Verlauf seiner Geschichte immer das Wirken des Regionalismus erlebt. Alle Klimazonen, alle unterschiedlichen geographischen und ethnologischen Bedingungen sind in ihm vertreten und formen schon von daher sehr unterschiedliche Menschentypen, sehr unterschiedliche Temperamente und Interessenlagen. Dieser Regionalismus hat bis in dieses Jahrhundert hinein immer wieder Trennungen ausgelöst, Jahrzehnte des Zerfalls der Nation. Immer aber auch fand das Reich wieder zusammen. Unwillkürlich wird man an das Spannungsverhältnis von Yin und Yang erinnert.

Die chinesische Politik ist im Laufe der Geschichte eigentlich nie militärisch expansiv gewesen. Das Reich wurde nicht durch militärische Operationen zusammengezwungen, sondern China hat sich auf dem Wege der wirtschaftlichen, der geistigen, der kulturellen und der zivilisatorischen Durchdringung vergrößert, Ränder an sich gezogen, zum Beispiel den ganzen Süden, und sie assimiliert. Es hat alles in sich aufgenommen, was in dieses Reich hineingeströmt ist, und hat diesen Volkskörper geformt.

Auch der chinesische Kommunismus ist ganz ein eigener. Seine Ausformung ist nur auf dem Hintergrund konfuzianischen Denkens zu verstehen. Selbst für einen Chinesen, der Konfuzius nie gelesen hat, ist die Gedankenwelt des Konfuzius aus zwei Jahrtausenden Überlieferung von einer Generation auf die andere immanenter Bestandteil des eigenen Wesens geworden. So wird die vorübergehende Anti-Konfuzius-Kampagne begreiflich, eine Kampagne gegen einen Mann, der seit fast zweitausend Jahren tot ist.

Die kommunistische Bewegung Chinas ist nicht auf der Spitze irgendwelcher Bajonette dorthin gekommen, wie es das Schicksal unserer osteuropäischen Nachbarn war, sondern sie ist autochthon. Von Anfang an war sie zudem nicht nur eine sozialrevolutionäre, sondern eine eminent nationale Bewegung; sie wollte China den Chinesen zurückgeben. Die Initialzündung dazu lieferte der für unser Schicksal so bestimmend gewordene Versailler Vertrag, mit dem das deutsche Schutzgebiet von Kiautschou nicht an China zurück-, sondern an Japan weitergegeben wurde.

Wenn die Volksrepublik China nichts anderes vollbracht hätte, als China den Chinesen zurückzugeben und den Hunger- und Seuchenkatastrophen, von denen das Land in seiner mehr als zweitausendjährigen Geschichte über achtzehnhundert Jahre mit Millionen und Abermillionen von Opfern hat erleben müssen, ein Ende zu setzen, würde seine Führung schon einen ersten Platz in der chinesischen Geschichte einnehmen.

So ist dieses Regime in einer anderen und solideren Weise im öffentlichen Bewußtsein des Volkes verankert, als es kommunistischen Regimes in Europa je beschieden sein kann und beschieden sein wird. Und sehr im Unterschied zum osteuropäischen gibt es im chinesischen Kommunismus quasi-demokratische Elemente der Meinungsbildung, der Willensbildung und der politischen Einwirkung, zum Beispiel in den Wandzeitungen. Gewiß sind Aktionen wie Wandzeitungen oft von den Autoritäten der Partei und des Staates beeinflußt, aber eben nicht nur. Immer wieder bricht sich ein Volkswille, eine originäre öffentliche Meinung Bahn, äußert ganz bestimmte Wünsche und Forderungen – ein Vorgang, der in der Sowjetunion oder gar in der DDR ganz undenkbar und dort im selben Atemzug schon den Bestand des Systems in Frage zu stellen geeignet wäre. Anders in China. Dort gibt es diese quasi-demokratischen Elemente einer Massenbewegung, die insoweit nicht nur Propagandamaterial darstellen.

Wirtschaftlich ist bedeutsam, daß immer noch rund 75 Prozent der Bevölkerung Chinas in der Landwirtschaft tätig sind. Dieser Prozentsatz nimmt ab, allerdings langsam. Wird der Prozeß der Industrialisierung auch energisch vorangetrieben, so verläuft er doch alles andere als rasant. Enorme Schwierigkeiten sind zu überwinden. Das gilt nicht nur für die Produktion, sondern das gilt ganz besonders für das gesamte Verkehrswesen des Landes, bei den Seehäfen angefangen. China hat an seiner langen Küste kaum Naturhäfen. Die Häfen reichen weder für den Import noch für den Export auch nur entfernt aus für den aktuellen Bedarf, geschweige denn für zukünftige Entwicklungen. In der Ölwirtschaft zum Beispiel bildet nicht die Produktionssteigerung, sondern der Transport des Öls den Engpaß. Es fehlt an Pipelines, 80 Prozent des Öls müssen noch auf der Schiene bewegt werden, die Hafenkapazitäten lassen keine Beladung von Großtankern zu, so daß der Transport von vier Millionen Tonnen Öl nach Japan praktisch ein ganzes Jahr in Anspruch nimmt. Es gibt keine Fernstraßen.

Rohstoffmäßig ist China nahezu unabhängig. Die enormen Vorkommen werden nach höchstem technischem und wissenschaftlichem Stand kartographisch erfaßt. China könnte seine Rohstofflieferungen ausdehnen, soweit die Transportmöglichkeiten es zulassen, doch liegt ihm als Land, das sich industrialisiert, mehr daran, Halbfertigwaren zu liefern. Dennoch ist es für geraume Zeit, wenn auch in begrenztem Umfang, als Rohstofflieferant durchaus interessant. Eine Aktivierung dieses Teils der Handelsbeziehungen könnte unter anderem zu einer ausgeglicheneren Handelsbilanz beitragen.

Das Tempo der Industrialisierung wurde zusätzlich dadurch gebremst, daß China keine Kredite aufnahm. Begründet ist diese für uns kaum verständliche Haltung in der Erfahrung der Abhängigkeit von den Großmächten des Westens im 19. und frühen 20. Jahrhundert bis hin zu der Abhängigkeit von der Sowjetunion in den fünfziger und sechziger Jahren. Das sitzt sehr tief.

Angesichts dieser enormen Schwierigkeiten und Hemmnisse muß man im Aufbau neuer Industrien und in der Entwicklung des Verkehrs, das heißt praktisch der gesamten Operationsfähigkeit Chinas, mit sehr langen Zeiträumen rechnen. Das wirkt sich natürlich auf die gesamtpolitische Situation des Landes nach außen aus. Die Produktivität pro Kopf ist in China erstaunlich niedrig. Das lag daran, daß keine Leistungslöhne gezahlt wurden. Was Chinesen leisten können, zeigen sie überall, wo sie frei schaffen können. Wenn sie aber aus ihrer Arbeit keinen entsprechenden Lohn ziehen können, funktioniert es nicht. Gegen die Aufgabe des Lohnschemas stemmte sich die Orthodoxie der Kommunistischen Partei Chinas mit Erbitterung; nicht aus wirtschaftlichen, sondern aus ideologischen Gründen, weil das die Aufgabe der zentralen These Maos von der Schaffung eines neuen Menschen bedeute, der aus innerer Überzeugung sein Alles für die Verwirklichung des Kommunismus einsetzt. Das ist richtig, aber die Schöpfer neuer Menschen sind in der Geschichte allenthalben gescheitert, von Robespierre über Lenin und Hitler bis zu Mao.

Die jetzt beginnende Einführung von Leistungslöhnen ist die größte Leistung der Führung Deng Xiaopings. Sie wird China wirtschaftlich spürbar voranbringen.

Die Armee hat in China immer eine große Rolle gespielt. Das geschah zum Teil zusammen mit der Partei. Es geschah gelegentlich jedoch auch gegen die Partei, zum Beispiel, als Tschou En-lai mit Hilfe der Armee die Kulturrevolution gewaltsam beendete, die aus allen Fugen geraten war. Danach wurde die Armee wieder aus den politischen und zivilen Positionen langsam herausgedrängt.

Im Grunde ist China ein nach innen blickendes Land, beschäftigt sich sehr viel mehr mit sich selbst als mit seiner Umwelt. Ob imperial oder kommunistisch – das Selbstverständnis der Chinesen ist heute wie eh und je, daß im Reich der Mitte auch die Mitte des Weltgeschehens ist, um die sich alles andere gruppiert. Man empfindet es als selbstverständlich, daß alle Welt nach China kommt, leitet daraus aber keineswegs die Verpflichtung ab, seinerseits in der gleichen Weise nach draußen zu gehen. China interessiert sich im Grunde nur insoweit für die Außenwelt, als das für China unmittelbar nützlich ist. Das heißt im Außenhandel: Was China an Technologie bekommen kann, im rein politischen Bezug, was es an Zustimmung, an möglicher Unterstützung findet, wobei man keineswegs auf solche Unterstützung allzusehr angewiesen zu sein glaubt. Der – in seiner Lautstärke mittlerweile sehr gedämpfte – weltrevolutionäre Anspruch, das Wirken hinein in die Dritte Welt, der Wille, ein Teil und wenn möglich der Sprecher der Dritten Welt zu sein, stoßen sich beträchtlich an der praktischen

Führung der Außenpolitik, die viel eher an einem Gleichgewicht der Mächte interessiert ist.

Ein entscheidender Wesenszug der chinesischen Außenpolitik ist: Sie ist eine Außenpolitik der Geduld, des langen Atems, in der Gewißheit, Zeit zu haben. Die chinesische Führung läßt sich ihre Haltung nicht von demoskopischen Umfragen, den Schlagzeilen der Presse oder der »Tagesschau« des Fernsehens diktieren. Völlig frei davon wird eine Perspektive, die über Jahre und durchaus Jahrzehnte reicht, bestimmend für die operative Linie, der man folgen zu sollen glaubt.

Das Verhältnis der Chinesen zu Japan ist wohl auch heute noch mehr von Ressentiments beladen als etwa die Beziehungen unter Europäern. Das liegt an der langdauernden Distanz und Trennung zwischen China und Japan. Dennoch ist Japan mittlerweile der stärkste Außenhandelspartner und Lieferant Chinas. Die Frage in China lautet nicht, ob man das fortsetzen soll, sondern lediglich, wie weit man gehen soll.

Ganz deutlich ist indessen eine Sorge spürbar, was den Fortbestand des japanisch-amerikanischen Bündnisses angeht. Es liegt im Interesse Chinas, daß dieses Bündnis fortgesetzt wird und nicht eine innenpolitische Erosion in Japan zu einer Lage führt, die das Bündnis nicht mehr zu tragen in der Lage oder willens ist. Die Sorge um die pazifische Lage lieferte auch den letzten Anstoß zum Ausbruch des chinesisch-sowjetischen Konfliktes. Das Verlangen Moskaus Ende 1959 nach Errichtung eines gemeinsamen russisch-chinesischen Flottenkommandos und Zusammenlegung der Flotten war für China unannehmbar. Da hat es erkannt, daß es nicht nur das Problem der viele tausend Kilometer langen Landgrenze mit der Sowjetunion gibt, sondern daß es sich auch von See her dem sowjetischen Willen als dem wesentlich stärkeren Partner nachordnen sollte. China hat eine nach Tonnage und Mannschaft starke Flotte. Aber es ist keine hochseeoperative Flotte, sondern ihrem Charakter nach eine Küstenschutzflotte.

China beobachtet mit angespannter Aufmerksamkeit, wie von Jahr zu Jahr die sowjetische Flottenpräsenz im Pazifik zunimmt. In dem Maße, in dem das geschieht, werden sich die Beziehungen zu den Vereinigten Staaten fortentwickeln. Denn China braucht diese Rückendeckung zur See hin, zum Pazifik hin, um seine Tore offenhalten zu können, um seine Bewegungsfreiheit nach außen zu sichern. Dazu braucht es die Zusammenarbeit mit den Vereinigten Staaten, mit denen es, im Gegensatz zum Verhältnis zur Sowjetunion, keine tiefgreifenden historischen und keine naturgegebenen Konfliktstoffe gibt.

Deutlich zeigt China auch sein Interesse an der amerikanischen Präsenz im Südpazifik. Seine Sorge ist, daß bei einem amerikanischen Abzug ein Vakuum entstünde, in das dann – wie es Vakua eben so geht – eine andere Macht hineinstieße. Die amerikanischen Stützpunkte auf den Philippinen haben praktisch die Funktion einer Kontrolle des Zugangs vom Indischen Ozean zum Pazifik. China hat das allergrößte Interesse daran, daß sich die Sowjetunion, die ihm schon zu Lande gegenübersteht, nicht auch noch auf der Seeseite eine Position schafft, die bedrohlich werden könnte.

Taiwan ist ein Störfaktor zwischen China und den USA. Die Chinesen haben ihn in den letzten 15 Jahren nie in den Vordergrund gerückt. Sie sind sich einer langfristigen Lösung ohne Gewalt sicher. Die Reagan-Regierung hat in ihrer Anfangsphase mit einer Vorzugspolitik gegenüber Taiwan, der Plakatierung Pekings als eines »ideologisierten Gesellschaftssystems«, und mit der völligen Verkennung des machtpolitischen Weltfaktors China die Pekinger Führung tief irritiert, die eben noch gemeinsam mit Präsident Carter nach der sowjetischen Invasion Afghanistans von einer Politik gleichberechtigter Interessen zur Zurückweisung des sowjetischen Expansionismus gesprochen hatte. So viel Dilettantismus und Mißachtung pazifischer und vor allem globaler Interessen durch Washington stieß auf erstauntes Unverständnis bei den Pekinger Profis. So kam es zu einem chinesischen Signal in Richtung Moskau. Inzwischen hat das Weiße Haus seine Chinapolitik, ostentativ unterstrichen durch den Besuch Reagans in China, erheblich korrigiert.

Es wird immer wieder Versuche zu einer erneuten Annäherung zwischen Peking und Moskau geben. Hierzu sollte man sich vor Augen halten, daß das Verhältnis zwischen den beiden Völkern zwar nicht von Haß, aber von einem abgrundtiefen Mißtrauen erfüllt ist. Es sind ganze Arbeiten darüber geschrieben worden, ob der chinesisch-sowjetische Konflikt mehr ein ideologischer Konflikt oder mehr ein Konflikt der Staaten ist. Er ist sicherlich beides. Er ist ein Kampf um die vorrangige Position in der gesamten kommunistischen Welt, und er ist ein Kampf um die Vorherrschaft in Asien. Eine Lösung wäre nur möglich, wenn sich der eine dem anderen nachordnete. Das wird keiner von beiden tun. Die Sowjetunion ist heute rein machtpolitisch überlegen, besitzt militärisch das weitaus größere Potential und ist wirtschaftlich stärker. Aber über sehr lange Zeiträume – und das ist die Dimension, in der die Chinesen denken – werden die Masse, die Homogenität und die natürliche Begabung der Bevölkerung die chinesische Macht gegenüber dem nördlichen Nachbarn langsam wachsen lassen. Die Fortentwicklung außenpolitischer Interessen und Veränderungen in der Führung mögen gewisse Modifizierungen im Ton zur Folge haben. Nicht immer braucht sich der Interessengegensatz so schrill zu äußern, wie das in der Vergangenheit oft war. Aber er ist so tiefgreifend, daß der Konflikt nicht überwunden werden kann. Das ist kein Konflikt um ein paar tausend Quadratmeilen, sondern ein grundsätzlicher, ein geopolitischer Konflikt. So werden China und die Sowjetunion – und so werden wir – mit diesem Konflikt noch auf lange Zeit leben müssen.

Eine Minderung der Spannung könnte beide entlasten. Die Chinesen, weil sie alle Anstrengungen auf die Bewältigung ihrer wirtschaftlichen Schwierigkeiten konzentrieren, die Sowjets, weil sie sich ganz auf die Auseinandersetzung mit dem Westen konzentrieren könnten. Aber China hält unverwandt an seinen Forderungen fest: Rückzug aus Afghanistan; sowjetischer Truppenabzug von den chinesischen Grenzen; Einstellung der Sowjethilfe für Vietnam. Das akzeptieren die Sowjets nicht. Es wäre das Eingeständnis einer Niederlage.

Nicht wegen der 60 km unzugänglicher gemeinsamer Grenze im Hochgebirge wendet sich China so entschieden gegen die sowjetische Besetzung Afghanistans. Es sieht vielmehr zwischen dem sowjetischen Engagement für Vietnam und dessen Angriff auf Kambodscha sowie dem Krieg in Afghanistan einen Zusammenhang: die Einkreisung des unbotmäßigen China.

In der chinesischen Lagebeurteilung ist das strategische Ziel der sowjetischen Besetzung die Demontage des chinesischen Verbündeten Pakistan und der Zugang zum Indischen Ozean, womit Indien in den unmittelbaren Einflußbereich Moskaus geriete, während das auf sowjetische Hilfe angewiesene Vietnam durch die Beherrschung von Kambodscha und Laos zur eindeutigen Vormacht Südostasiens mit Pressionsmöglichkeit gegen Thailand und Birma werden soll.

Als Mitte der 70er Jahre Delhi und Moskau gegen die Einrichtung der amerikanischen Basis Diego Garcia im Indischen Ozean Sturm liefen, erklärte Peking ungerührt, es sei grundsätzlich gegen fremde Basen in Übersee, aber die amerikanische Präsenz im Indischen Ozean müsse möglich gemacht werden, weil dort sonst Moskau die Vorherrschaft erringe.

Das ist in wenigen Worten und groben Linien die Macht China, die vielen von uns fremd und undurchsichtig erscheint.

Dieses China ist nicht erst seit heute unser Partner. Nach vereinzelten Kontakten in früherer Zeit – zum Beispiel Handelsvereinbarungen Preußens mit China im 18. Jahrhundert – begann die Periode kontinuierlicher deutsch-chinesischer Beziehungen im vergangenen Jahrhundert, nachdem sich 1842 die ersten deutschen Handelsfirmen in China niedergelassen hatten. Ihre Zahl vermehrte sich rasch. 1861 führte das handelspolitische Interesse Preußens zum Abschluß eines Vertrags zwischen China und dem Königreich Preußen sowie dem Deutschen Zollverein. Im selben Jahr wurde ein preußisches Generalkonsulat in Schanghai eröffnet, dessen Leiter, von Rehfues, 1863 erster preußischer und vier Jahre später Gesandter des Norddeutschen Bundes in Peking wurde. 1871 wurde Rehfues dann Gesandter des Deutschen Reiches in der chinesischen Hauptstadt.

Aber nicht nur handelspolitisch war das Reich der Mitte für Deutschland interessant, auch die Wissenschaftler faszinierte es. Einer der bekanntesten war der Geograph von Richthofen, der eine bis 1872 dauernde Expedition durch China unternahm. Eine Reihe namhafter Gelehrter folgte ihm. Aber auch auf einem dritten Gebiet, auf dem es später zu enger Zusammenarbeit kommen sollte, ergaben sich früh Kontakte. Bereits 1881 kamen die ersten deutschen Militärberater nach China. Krupp lieferte Waffen.

Eine von China ungern erinnerte Periode der deutsch-chinesischen Beziehungen begann, als sich Deutschland Ende des vergangenen Jahrhunderts im Rahmen der damaligen Großmachtpolitik um chinesische Konzessionen bemühte. Es besetzte Kiaochow mit Tsingtao auf der Halbinsel Shantung. Im Jahre 1898 wurde auf 99 Jahre ein Pachtvertrag über dieses Gebiet abgeschlossen. In Kiaochow wurde durch Verbesserung der Infrastruktur (so zum Beispiel die Fertigstellung der Shantung-Bahn 1905) die wirtschaftliche Entwicklung stark gefördert. Das Deutsche Reich war sichtlich bemüht, dieses Gebiet zu einer Musterkolonie auszubauen.

Die demütigende Behandlung Chinas durch ausländische Mächte, die sich durch China abgetrotzte »ungleiche Verträge« Schutzgebiete und Konzessionen aneigneten, blieb nicht unwidersprochen. Es regten sich nationale Kräfte, deren Ziele die Wiederherstellung der nationalen Würde und Unabhängigkeit waren. Im Zuge dieser Bestrebungen kam es zum Boxer-Aufstand, in dessen Verlauf 1900 der deutsche Gesandte von Ketteler ermordet wurde. Der Aufstand wurde durch ein aus vielen Nationen gebildetes Expeditionskorps, dem auch deutsche Verbände angehörten, unter deutschem Oberbefehl unterdrückt. Den Aufstand mußte China finanziell teuer entgelten. Zusätzlich mußte sich als Sühne für den Mord an Ketteler ein chinesischer Prinz bei Kaiser Wilhelm II. entschuldigen.

In den folgenden Jahren kamen immer mehr Deutsche nach China. In mehreren chinesischen Städten gab es deutsche Gruppen, vornehmlich Kaufleute, die zum Teil in Konzessionen mit eigener Konsulargerichtsbarkeit und anderen Privilegien lebten. Dort entwickelte sich ein reges gesellschaftliches und kulturelles Leben, wurden Schulen, Verbände und Vereine gegründet, Zeitungen herausgegeben und Interessengemeinschaften gebildet (zum Beispiel 1914 die Deutsche Gemeinde in Schanghai, die ähnliche Institutionen in anderen Städten nach sich zog). Diese Gruppen führten jedoch häufig ein abgeschlossenes Leben und trugen nur sehr begrenzt zur Vertiefung der bilateralen deutsch-chinesischen Beziehungen bei. Diese Beziehungen kamen dann zu einem vorläufigen Ende, als China Deutschland am 14. August 1917 den Krieg erklärte. Kiaochow war bereits im November 1914 von den Japanern erobert worden. 1919 kam es zur Ausweisung fast aller China-Deutschen.

Kurze Zeit später wurden die Beziehungen jedoch wieder aufgenommen und eng gestaltet. 1921 schon kehrten die ersten Deutschen nach China zurück. Das beschlagnahmte deutsche Eigentum wurde zum größten Teil zurückerstattet. Hierzu trug unter anderem auch die Tatsache bei, daß sich China von den Siegermächten des Ersten Weltkriegs schlecht behandelt fühlte und den Versailler Vertrag nicht unterzeichnete. Die Konzessionen und Sonderrechte wurden nicht beseitigt, China erlangte seine volle Souveränität nicht zurück. Das Deutsche Reich hingegen verzichtete auf alle Sonderrechte und war von den in Frage kommenden Mächten das erste, das mit China gleichberechtigt zu verkehren bereit war. Obgleich Deutschland damals kaum in der Lage gewesen wäre, aus eigener Kraft seinen alten Status in China wiederzuerlangen, wirkte sich das deutsche Vorgehen positiv aus. Im Mai 1921 schlossen das Deutsche Reich und China einen Sonderfrieden.

1928 begann dann ein besonderer Abschnitt im deutsch-chinesischen Verhältnis. Als Militärberater der chinesischen Armee kam Oberst Bauer zu Chiang Kai-shek. Er wurde in den folgenden Jahren von General Wetzell, Generaloberst von Seeckt sowie General von Falkenhausen und anderen abgelöst. Die deutschen Militärberater, die aufgrund von Privatverträgen nach China kamen, halfen nicht nur bei der Reorganisation der chinesischen Armee, sondern entwickelten für sie auch strategische und taktische Konzeptionen, so Seeckt mit seiner Einkesselungsstrategie gegen die kommunistische Bauernarmee Mao Tse-tungs. Bei den Kommunisten befand sich während des Langen Marsches 1934/35 als einziger Ausländer der Deutsche Otto Braun, dessen chinesischer Name Li Teh lautet. Zum Teil als Folge der engen militärpolitischen Beziehungen zwischen dem Deutschen Reich und der Republik China kam es auch zu einer stärkeren Ausweitung des bilateralen Handels: Im Jahre 1937 kamen 15,3 Prozent der chinesischen Einfuhren aus Deutschland, der deutsche Anteil an den chinesischen Ausfuhren betrug 8,8 Prozent.

Als Folge der sich immer enger gestaltenden deutsch-japanischen Beziehungen kam es 1938 zum Abzug der deutschen Militärberater und zu einer steten Verschlechterung der deutsch-chinesischen Beziehungen. 1941 erklärte Chiang Kai-shek Deutschland den Krieg. Dieses war damit nur noch in dem von Japan gestützten Teilstaat vertreten.

1945 brachen mit der deutschen Kapitulation die politischen und wirtschaftlichen Beziehungen zusammen. Es blieben zwar noch einige Deutsche in China, die aber nach der Übernahme der Macht durch die Kommunisten das Land verlassen mußten. 1954 war die Rückkehr aller Deutschen bis auf einzelne Fälle abgeschlossen.

Als Folge des Zweiten Weltkriegs wurde die politische Weltkarte neu gestaltet. Deutschland war geteilt, China wurde im Jahre 1949 Volksrepublik, wobei sich die alte Kuomintang-Regierung auf Taiwan halten konnte. Bei dieser Sachlage mußte ein Wiederbeginn auf neuen Wegen gesucht werden. An das Alte anzuknüpfen war nicht möglich. Während die DDR bereits im Jahre 1949 diplomatische Beziehungen mit der Volksrepublik China aufnahm, wurden zwischen der Bundesrepublik und China zunächst nur die Wirtschaftskontakte neu geknüpft. Bereits 1951 bezog die Bundesrepublik für 200 Millionen DM chinesische Produkte, lieferte allerdings nur für 16 Millionen DM. 1958 hatte die deutsche Ausfuhr aber wiederum 681 Millionen DM erreicht, während chinesische Produkte für 245 Millionen DM auf dem deutschen Markt verkauft wurden. Kurz vor der Kulturrevolution 1966 war schließlich im Handelsvolumen die Milliardengrenze erreicht.

Diplomatische Bemühungen, die im Jahre 1964 in Form erster Gespräche von Vertretern beider Länder in der Schweiz unternommen wurden, scheiterten deutscherseits an der Rücksichtnahme auf amerikanische Bedenken. Erst zu Beginn der 70er Jahre änderte sich die Situation grundlegend. Nach Beendigung der Kulturrevolution hatte sich die Volksrepublik China außenpolitisch wieder geöffnet und bekundete nunmehr ihr Interesse an einer Zusammenarbeit mit allen Staaten der Welt. Im besonderen zeigte sie sich an einem Ausgleich mit den Vereinigten Staaten interessiert, weil sie infolge ihrer Auseinandersetzung mit der Sowjetunion größeren außenpolitischen Spielraum benötigte. So kam es zu Henry Kissingers erstem Kontakt in Peking im Juli 1971 und zu Nixons Chinabesuch im Februar 1972. Auch Japan entschloß sich, sein Verhältnis zu dem großen Nachbarn auf dem Festland zu normalisieren. Die politische Großwetterlage hatte sich damit dergestalt geändert, daß auch eine deutsch-chinesische Annäherung immer dringender wurde. Hinzu kam die Ostpolitik der Bundesregierung, die eine Abrundung durch eine Normalisierung auch des deutsch-chinesischen Verhältnisses erforderte.

Anläßlich der Aufnahme der diplomatischen Beziehungen zwischen der Bundesrepublik Deutschland und der Volksrepublik China im Oktober 1972 stellte der damalige Außenminister Walter Scheel in Peking fest, daß die deutsche Seite durch ein »kontinuierliches politisches Gespräch, durch die Belebung der wirtschaftlichen, wissenschaftlich-technischen und kulturellen Kontakte, durch die Begegnung zwischen Chinesen und Deutschen eine bleibende Verständigung« zwischen den beiden Völkern anstrebe. Hiermit war ein Programm aufgestellt worden, das bis heute seine Gültigkeit bewahrt hat.

Aus der in verschiedenen Phasen abgelaufenen Geschichte des deutsch-chinesischen Verhältnisses ergab sich wenig, an das wir bei der Wiederaufnahme unserer Beziehungen mit dem neuen China anknüpfen konnten. Wir mußten praktisch von vorne anfangen. Kamen wir auch spät nach Peking, so war es doch nicht zu spät. Die Tatsache, daß die Bundesregierung die Chiang-Kai-shek-Regierung in Taiwan nie anerkannt hatte, erleichterte uns dabei das Beginnen. Besonders aber kann das, was die deutsche Wirtschaft seit den 50er Jahren mit vielfachen Initiativen für den Aufbau der deutsch-chinesischen Handelsbeziehungen vollbracht hat, in seiner Auswirkung auf die Normalisierung der gesamten Beziehungen nicht hoch genug eingeschätzt werden.

Bilateral sehen die Chinesen in der Bundesrepublik vor allem den Wirtschaftspartner. Politisch sind wir für sie in erster Linie ein Staat, der in der NATO und in der europäischen Einigungspolitik eine wichtige Rolle spielt. Das chinesische Interesse an Europa gilt mehr noch als den einzelnen Staaten dem langsam voranschreitenden Prozeß der politischen Einigung in der Europäischen Gemeinschaft. Es beruht, ebenso wie das Interesse an der Zusammenarbeit Europas mit den Vereinigten Staaten, auf der Erkenntnis, daß nur so eine weltpolitische Machtkonstellation einigermaßen gleichgewichtig erhalten werden kann. Es ist kein bloßes kurzfristiges, taktisches Interesse, das sich aus dieser oder jener Phase des chinesisch-sowjetischen Konflikts ergibt, sondern eher langfristig zu sehen. Dabei wird mitunter ein gewisses Verwundern spürbar, daß die Europäer, obwohl sie sehen müssen, daß die einzelnen Staaten zur weltpolitischen Ohnmacht verurteilt sind, ihre Einigung nicht dynamischer vorantreiben, um sich politisch mehr Geltung zu verschaffen und ihre Interessen wirksamer wahrnehmen zu können. Die chinesische Außenpolitik steht multilateralen Bemühungen, die in KSZE und MBFR ihren Ausdruck finden, mit großer Skepsis gegenüber. Sie glaubt darin immer wieder einen europäischen Hang zu erkennen, die Spannung aufzuteilen und Entspannung auf Kosten anderer, zum Beispiel Chinas, zu suchen, so mit Vorschlägen, wie die SS 20 östlich des Ural zu stationieren und andere Ungereimtheiten. Die Chinesen sehen die Dinge global. Sie mißtrauen dem europäischen Regionalismus, dem europäischen Mangel an globalem Blick.

Chinesische Unruhe ist auch spürbar beim Blick auf die wirtschaftliche Zusammenarbeit der Sowjetunion mit dem Westen. Man ist besorgt, daß eine daraus resultierende schnelle Stärkung des sowjetischen Potentials zu Lasten Chinas gehen könnte. Das ist kein speziell deutsch-chinesisches Problem, sondern es gilt auch für die Wirtschaftsbeziehungen der anderen europäischen Staaten zur Sowjetunion und mehr noch für die wirtschaftliche Zusammenarbeit Amerikas und Japans mit Rußland.

Eines der erklärten Hauptprinzipien der chinesischen Außenpolitik ist die Ablehnung der Hegemonie. In Konsequenz dieses Leitgedankens werden die beiden Weltmächte hegemonialen Strebens beschuldigt. Wie immer sich die chinesische Außenpolitik weiter gestaltet, sicher ist, daß das chinesische Volk durch seine bereits erwähnte Homogenität, durch seinen Genius, durch seine Selbstdisziplin und Schaffenskraft, wenn es sich kontinuierlich weiterentwickeln kann, weltpolitisch eine immer bedeutendere Rolle spielen wird.

In den deutsch-chinesischen Beziehungen kommt es nirgends auf schnelle oder kurzfristige Effekte an, sondern allein auf langfristige Entwicklung. Chinesen haben ein sehr langes Gedächtnis und einen hochentwickelten Sinn für alte Freundschaft. Es ist interessant und bezeichnend, daß beispielsweise auf der Kantoner Messe Geschäftspartner, die schon seit zwanzig und mehr Jahren die Messe besuchen, bessere Preise gemacht bekommen als Neuankömmlinge.

Auch bei vollkommen unterschiedlicher Ordnung unserer politischen, gesellschaftlichen und wirtschaftlichen Systeme können sich bei wechselseitigem Respekt und dem Fehlen natürlicher und geschichtsgegebener Reibungsflächen die Beziehungen konstruktiv entwickeln.

Welches sind nun die Prinzipien, von denen sich deutsche Chinapolitik leiten lassen sollte?

Da ist zunächst die Tatsache, daß wir in China keine eigenen politischen

Interessen verfolgen und es seit der Zeit vor dem Ersten Weltkrieg auch nicht getan haben, und daß wir andererseits in der Lage sind, China das zu bieten – vor allem wirtschaftlich und technologisch –, was es haben will und auch braucht. Schon oben wurde gesagt, daß die Chinesen ein feines Gespür für echte und dauerhafte Freundschaft haben. Dieses sollten wir pflegen, weit über das tagespolitische Vorteilsdenken hinaus.

Gerade die wissenschaftlich-technologischen Kontakte spielen im deutsch-chinesischen Verhältnis eine besondere Rolle. Auf diesem Gebiet besteht in China immer noch ein starker Nachholbedarf. Die Volksrepublik China ist lebhaft daran interessiert, die letzten Erkenntnisse, Verfahren und Einrichtungen kennenzulernen. Dies ist in Gesprächen mit führenden chinesischen Persönlichkeiten immer wieder gesagt worden. Das chinesische wissenschaftliche Spitzengremium, die »Academia Sinica«, die mit 36 Instituten den ganzen naturwissenschaftlichen Bereich abdeckt, hat durch Einladung einer Delegation der Max-Planck-Gesellschaft die Beziehungen zur deutschen Wissenschaft aufgenommen und einen Wissenschaftleraustausch vereinbart. Hervorragend besetzte chinesische Delegationen haben die Bundesrepublik und dort zahlreiche wichtige Forschungsstätten besucht.

Gegenüber dem wirtschaftlichen, aber auch dem wissenschaftlich-technologischen Austausch, wo wir uns in hohem Maße in einem »ideologiefreien« Raum bewegen, kommen wir bei der Kultur, aber auch bei der Informations- und Medienpolitik – bei dem Versuch also, dem jeweiligen Partner ein »Bild« des eigenen Landes zu vermitteln – nicht ohne Wertvorstellungen und Wertbezüge aus. Gerade die »Werte« sind aber bei dem Partner in diesen Bereichen nicht unbestritten. China und Deutschland gehören nicht nur verschiedenen Wirtschafts- und Sozialordnungen, sondern auch verschiedenen »Weltordnungen« an. Die Chinesen sind sich dessen auch voll bewußt.

Auf dem Sektor der Kulturveranstaltungen sollten wir deshalb mit Feingefühl und Takt vorgehen, denn die Chinesen möchten das Kunstschaffen und Kunstaufgebot möglichst von westlichen Einflüssen freihalten. Die Gedanken zu diesem Thema, die Mao Tse-tung im Jahre 1942 in Yenan entwickelt hatte, sind auch heute noch Richtschnur. Kunst und Literatur in China sollen ihren Stoff aus dem Leben der Arbeiter, Bauern und Soldaten schöpfen und diesen »Verständliches« anbieten, sie allerdings auch durch Qualitätssteigerung auf ein höheres kulturelles Niveau führen; von dem ihnen durch die Sowjets vermittelten »Sozialistischen Realismus« der darstellenden Kunst machen sie sich wieder frei. Das freiheitlich-individualistisch geprägte westliche Kunstschaffen paßt nicht in ihre Linie. Die Chinesen sagen auch ganz offen, daß sie in der Entwicklung dieser Beziehungen keine Priorität sehen. Sie bemühen sich ihrerseits, im Ausland mit eher »ideologiefreien« Programmen, zum Beispiel mit Artistengruppen, aufzutreten.

Unter Austauschgesichtspunkten etwas günstiger steht es mit der gegenseitigen Informations- und Medienpolitik. Lange Zeit konnte sich China dem Ausland gegenüber publizistisch nicht darstellen, wofür nationale Zerrissenheit, halbkolonialer Status und technische Rückständigkeit maßgebend waren. Inzwischen bemüht sich Peking intensiv, auch über die Medien, dem Ausland ein Bild des »Neuen China« und seinen, von ihm so gesehenen, Errungenschaften zu vermitteln.

Bleibt noch die Politik – wobei freilich in den Beziehungen zwischen Staaten letztlich alles Politik ist.

Politisch sollten wir, so meine ich, vor allem Chinas eigene Interessen berücksichtigen, Stolpersteine aus dem Weg räumen, Möglichkeiten der Zusammenarbeit nach Kräften fördern. Denn weltpolitisch besteht eine wirkungsvolle Gleichrichtung der Interessen. Das ergibt sich aus der geopolitischen Lage und ist nicht zuletzt wieder eine Folge des chinesisch-sowjetischen Konfliktes.

Die Chinesen sprechen sich für die NATO aus. Obwohl sie gegen die Stationierung fremder Truppen auf ausländischem Boden sind, haben sie wiederholt erklärt, daß sie das im Falle der amerikanischen Anwesenheit in Europa für begründet halten wegen der besonderen Gefahr, in der sich Europa gegenüber dem Warschauer Pakt befindet. Natürlich liegt dieses Motiv sehr im chinesischen Eigeninteresse, denn China möchte die Sowjetunion an deren Westgrenze voll beschäftigt sehen. Das würde in dem Maße dahinschwinden, in dem die westliche Verteidigung geschwächt würde oder das westliche Bündnis auseinanderfiele. In allen Berlinfragen halten sich die Chinesen zurück.

Die außenpolitische Führung Chinas hat wiederholt und öffentlich unterstrichen, daß sie unsere Auffassung von der einen deutschen Nation teilt, die einen Anspruch auf Selbstbestimmungsrecht und die Wiederherstellung ihrer Einheit hat. Insoweit gilt das auch grundsätzlich für unsere Berlinpolitik.

Sehr nachdenklich stimmt die Frage eines führenden chinesischen Außenpolitikers: »Seid ihr nicht schon zu reich geworden in Europa, um euch noch verteidigen zu können? Seid ihr überhaupt noch dazu entschlossen?«

Die beste wirtschaftliche und soziale Ordnung und die in unserem Sinne freiheitlichste ist letzten Endes nur soviel wert, wie sie auch geschützt und verteidigt werden kann. Unsere Sicherheit ist nicht nur ein militärisches Problem. In erster Linie ist sie ein politisches Problem und ein Problem unserer Willensstärke und unserer europäischen Überzeugungen, die nicht nur deklamiert werden müssen, sondern die in praktische Tat umzusetzen sind.

Nachdenklich stimmt auch diese Frage: »Ihr alle in Europa – erfahrene, kluge Leute – erkennt, daß ein Vereinigtes Europa seine Interessen in ganz anderer Weise vertreten kann als ein Europa mit der Vielgestaltigkeit eurer europäischen Staaten. Ihr erkennt das, und trotzdem kommt ihr nicht über die Hürde, euch zusammenzufinden, euch zu organisieren zu einer europäischen Einheit.«

Was wir von den Chinesen lernen können und lernen sollten ist Gelassenheit, Politik gelassen voranzutreiben, ohne hektisch nach ständig neuen Vorschlägen zu suchen, mit denen man nur immer wieder die eigene Position untergräbt. Außenpolitik nicht um innenpolitischer Bedürfnisse willen über die Bühne zu hetzen, sondern – um der außenpolitischen Interessen willen – nervenstark zu gestalten.

Ist China eine Weltmacht?

Läßt man die Landmasse, die Bevölkerung, die Quantität und die Talente in dieser Bevölkerung als Kriterium gelten, dann muß man die Frage bejahen. Ich glaube aber, daß in unserer heute notwendigen Schau das Kriterium für die Weltmacht nicht die Masse an Land und Volk ist, sondern die Fähigkeit, politisch, wirtschaftlich und auch militärisch an jeder Stelle des Globus agieren und reagieren zu können. Unter diesem Gesichtspunkt gibt es heute in der Tat nur zwei Mächte, die Weltmächte sind.

China hat bis dahin noch einen langen Weg zu gehen. Es wird ihn gehen, wenn es sich kontinuierlich weiterentwickeln kann. In 30, 40 Jahren wird es dann die Rolle eines Riesen in der weltpolitischen Konstellation spielen. Aber das ist noch ein langer und sehr schwieriger Weg.

Für Deutschlands Chinapolitik muß ganz weit oben die Überlegung stehen, daß die Chinesen ein langes Gedächtnis haben. Man kann gute Beziehungen mit ihnen nicht, wenn man sie gerade braucht, aus dem Hut zaubern. Irgendwann werden wir sie brauchen. Dann können besonders gute, nicht nur deutsch-chinesische, sondern europäisch-chinesische Beziehungen sehr, sehr wesentlich sein. Und deswegen sollten wir Europäer alles tun, um die Beziehungen zu diesem China harmonisch und kontinuierlich zum gegenseitigen Vorteil zu entwickeln.

Für uns haben gute Beziehungen zu China einen Wert an sich. Sie sind gegen niemand gerichtet, noch wollen wir uns von irgendwem in einen Gegensatz hineinreden lassen. Wir können keines unserer Probleme kurz- oder mittelfristig damit lösen. Gute Beziehungen zu dem zahlreichsten Volk der Erde sind in der Gegenwart nützlich und für die Zukunft nötig, vielleicht unerläßlich.

Es ist darum wichtig, die Möglichkeiten politischen Zusammenwirkens klar zu sehen und zu nutzen und zugleich deren Grenzen zu erkennen, sich der umfassenden Verschiedenheit der Systeme bewußt zu bleiben.

Anders gesagt: Weder Liebedienerei noch Eigensüchtelei zu üben. Die chinesische Karte kann niemand spielen. Dazu ist jeder Arm zu schwach und die Karte zu schwer. Zum kurzfristigen Taktieren geben die Beziehungen nichts her, wohl aber bei der Planung langfristiger, wesentlicher Ziele. Gibt es die bei uns im operativen Raum über die Deklamation hinaus?

Vom Pazifischen Becken wird heute Großes erwartet. Es soll zum weltpolitischen Schwerpunktbereich, zum Zentrum der Wirtschaft, des Handels, der Macht und der Antriebskräfte des 21. Jahrhunderts werden. Diese Erwartung ist nicht ganz unbegründet.

Beide Weltmächte sind pazifische Mächte. China ist es und versteht sich so, Japan gibt mit seinem außerordentlichen Schwung das Wachstumstempo an und zieht die sich schnell entwickelnden Länder wie Korea, Taiwan, die ASEAN-Staaten und Australien wirkungsvoll mit. Die Rohstoffarmut dieser Länder – ausgenommen China und Australien – oder die nur unzureichende Ausbeute vorhandener Rohstoffe hat sie auf den Weg der Innovation, der Entwicklung technologisch modernster Fertigungen gezwungen.

Amerika bildet mit seiner Bevölkerungsverschiebung und der Entwicklung modernster Technologie und Fertigung in seiner pazifischen Region einen neuen Schwerpunkt. China wird später – im nächsten Jahrhundert –, wenn es seine noch hemmenden Anfangsschwierigkeiten überwindet, zum größten Markt heranwachsen. Heute liegt sein Außenhandelsvolumen nur wenig über dem von Taiwan. Die USA, China und Japan stimmen in dem gemeinsamen Interesse überein, sich einer sowjetischen Machtausdehnung im Pazifik in den Weg zu stellen. Wirtschaftlich ist der Großraum in starkem Aufschwung, politisch und strategisch jedoch ist er in sich unsicher und krisenanfällig, sehr heterogen. Man kann ihn nicht als etwas Ganzes beurteilen, wie etwa den Atlantischen Raum oder den Mittelmeerraum.

China hat verdeutlicht, daß es seine wachsende, geostrategische und wirtschaftliche Bedeutung richtig einschätzt, Chancen, aber auch krisenhafte Konfrontationen darin erkennt und seine Rolle spielen will.

Was sich im Pazifischen Raum tut, wie immer sich die Lage im einzelnen weiterentwickelt, ist eine geistige und politisch-wirtschaftliche Herausforderung für uns Europäer. Mit Selbstmitleid und passivem Staunen werden wir ihr nicht gewachsen sein.

Deutschland im Bündnis

Das gemeinsame Interesse ist der Fels, auf dem Bündnisse gebaut werden können. Fehlt es, so wird nur auf Sand gebaut. Das Bündnis zwischen Westeuropa und Nordamerika, kurz NATO genannt, verdankt sein Entstehen dem Bemühen, einer gefährlichen Situation durch das Schaffen eines Gegengewichts das Bedrohlichste zu nehmen.

Wie wir heute wissen, hat die Entwicklung, die zum späteren Ost-West-Konflikt geführt hat, schon bald nach der Konferenz von Jalta eingesetzt. Sie nahm ihren Anfang mit der sowjetischen Politik, die unter Bruch der in Jalta gegebenen Zusagen und der später geschlossenen Friedensverträge zur vollkommenen politischen Vergewaltigung der osteuropäischen Staaten hinführte. Durch den griechischen Bürgerkrieg versuchte sich die Sowjetunion mit Gewalt einen breiten Zugang zum Mittelmeer zu schaffen, um den seit Jahrhunderten angestrebten Zugang durch den Bosporus auszuflankieren. Die Tschechoslowakei, die sich vermöge ihrer geographischen Lage und ihrer sozialen und wirtschaftlichen Struktur am längsten eines rein kommunistischen Regimes hatte erwehren können, wurde durch einen brutalen Staatsstreich sowjetisiert.

Die Blockade Berlins sollte die Situation in Osteuropa im sowjetischen Sinne bereinigen und die störende, die sowjetische Herrschaft in ganz Osteuropa beunruhigende Anwesenheit des Westens in Berlin beenden. Dort gelang es zum ersten Mal, dem sowjetischen Vordringen erfolgreich zu widerstehen und eine Bastion zu halten. Die Überwindung der Berliner Blockade durch den Westen ist in ihrer politischen Bedeutung für die kommenden Jahre gar nicht zu überschätzen. Der damalige Entschluß der amerikanischen Regierung hat – mehr als alles, was nach dem Krieg geschehen ist – die Weltgeschichte bestimmt. Wäre Berlin damals in russische Hände gefallen, so hätte die Einbeziehung Westdeutschlands und in der Folge größerer Teile Westeuropas in den sowjetischen Bereich nicht aufgehalten werden können.

Für uns noch heute unmittelbar näher wirkend: Mit der Luftbrücke ist die Beendigung des Besatzungszustandes in den westlichen Zonen

Deutschlands psychologisch ausgegangen und hat der Wandel zum Verhältnis einer engen Zusammenarbeit zwischen dem deutschen Volk und den Westmächten eingesetzt. Die Luftbrücke war für uns, aber wie wir rückblickend feststellen können, auch für die andern – wer hat das damals erkannt? – das eigentliche Kriegsende.

Wie sah, gegenüber dieser Aggression aus dem Osten, damals Europa aus? Deutschland war politisch, wirtschaftlich und militärisch ein bloßes Objekt fremder Verwaltung, ohne eigenen Willen und eigene Kraft. Die westeuropäischen Länder, in ihrer Substanz durch die Leiden des Krieges tief getroffen, rangen mit den elementarsten Sorgen eines staatlichen und wirtschaftlichen Wiederaufbaus, der, wie sich herausstellte, aus der Armut der eigenen Mittel nicht bewerkstelligt werden konnte. Die Situation der innen- und sozialpolitischen Entwicklung in Westeuropa schien geradezu den sowjetischen Wünschen in die Hand zu arbeiten.

In dieser Situation haben die Vereinigten Staaten durch zwei geniale und konstruktive Entschlüsse die Rettung und Stabilisierung Europas eingeleitet: durch den Marshallplan zur inneren Gesundung dieser Länder, und durch das Nordatlantische Bündnis, um den äußeren Schutz zu garantieren. In dieser Lage, in der die Vereinigten Staaten mit einer intakten, höchst leistungsfähigen Wirtschaft und dem Monopol des Besitzes der Atombombe eine Macht darstellten, mit der sich nichts – auch nicht die Sowjetunion – messen konnte, gab es für die europäischen Länder praktisch nur die Wahl zwischen Untergang oder Anschluß an diese Macht, das heißt den Eintritt in dieses Nordatlantische Bündnis.

Das gemeinsame vitale Interesse war der Schutz gegen weiteres Vordringen der Sowjetunion. Das gemeinsame ideologische Interesse lag in der Abwehr des Kommunismus. Die Frage, ob die NATO eine bloße militärische Allianz oder ein politisches Bündnis sein sollte, war überhaupt nicht aktuell, denn der Schutz, den die NATO gewährte, um überleben zu können, reichte in dieser bedrängten Zeit aus, um ihre Existenz politisch rechtfertigen zu können. Mit anderen Worten: Die militärische Sicherheit war politisch ausreichend.

Wenn das Nordatlantische Bündnis nichts anderes vermocht hätte, als die freie Welt gegen die damalige aktuelle militärische Gefahr aus dem Osten zu sichern, dann müßte sie allein aus diesem Grund als eine große politische Errungenschaft in die Geschichte eingehen.

Dieser Erfolg des Bündnisses ist mittlerweile fast zu einer Schwäche geworden. Weil es so erfolgreich war, weil seinetwegen seitdem die Befürchtung, daß man sich wirklich mit der Waffe in der Hand seiner Haut werde wehren müssen, niemals mehr so hautnah aktuell geworden ist, fällt es uns heute schwer – schon gar der seither ins Erwachsenenalter gelangten Generation –, die Gefahr überhaupt noch ernst zu nehmen.

Mein Leben teilt sich in etwa zwei gleiche Hälften von je rund 35 Jahren. Die eine Hälfte ist fast ausschließlich geprägt von äußerer und innerer Not und Bedrückung: Erster Weltkrieg (noch nicht bewußt erlebt) und seine – bis auf wenige Jahre, in denen ein Silberstreifen am Horizont zu leuchten schien – kummervolle Folgezeit, danach nationalsozialistische Diktatur und der dieser fast zwangsläufig – zwangsläufig auch deswegen, weil die freiheitlichen Kräfte es nicht fertigbrachten, sich rechtzeitig zusammenzuschließen – folgende Zweite Weltkrieg. Die zweite Hälfte ist fast ausschließlich gekennzeichnet von Aufstieg, Wohlstand, Sicherheit und Geborgenheit, wobei es gewiß immer wieder Zeiten der Besorgnis und der Kümmernisse gegeben hat, aber doch stets auch die Gewißheit, daß diese Gegenwart und Zukunft heller und besser ist als meine ersten 35 Lebensjahre, daß sie frei ist und offen.

Dies ist mir bis heute nicht selbstverständlich geworden. Ich kann aber sehr wohl verstehen, daß es jenen selbstverständlich erscheinen will, die nur das gekannt haben, was ich in meiner zweiten Lebenshälfte der Tatsache zu verdanken habe, daß der größere Teil meines Vaterlandes seinen Platz gefunden hat in einer größeren Gemeinschaft und in einer Gemeinschaft der guten Werte zudem: dem Nordatlantischen Bündnis.

Erst in diesen Tagen kehrt tiefe Sorge zurück. Nicht weil die Gefahr wieder so unheimlich, unmittelbar geworden wäre, wie sie zur Zeit der Berlinblockade war, sondern weil sie mittelbarer und darum um so bedrohlicher geworden ist, und weil gleichzeitig eine allzu wenig geschichtsbewußte Generation (welche Versäumnisse treffen dabei gerade die ältere Generation!) den Blick dafür verloren zu haben scheint. Weil sie die Lage so sieht, wie sie ihren Wünschen entspricht, und nicht so, wie sie ist.

Seit dem Jahre 1949, als die NATO entstand und der ihr zugrunde liegende Vertrag geschlossen wurde, hat sich die politische Umwelt für das Bündnis entscheidend verändert. Besteht der Fels des gemeinsamen Interesses noch, oder ist der Fels von früher zu Sand verkrümelt?

Das Atommonopol gibt es längst nicht mehr, sondern es existieren zwei große Staaten, die die Qualifikation »Weltmacht« verdienen. Die westliche Weltmacht ist – wenn sie sich das nur bewußt macht – an materiellen, vor allem aber an geistigen und moralischen Quellen und Produktionsmitteln immer noch überlegen. Die östliche ist vermöge ihres autokratischen Regimes in der Lage, die vorhandenen geistigen und materiellen Möglichkeiten rücksichtslos für gewünschte Ziele einzusetzen und leichter eine größere Konzentration der vorhandenen Mittel zu erreichen. Die Sowjetunion ist vom Range einer überlegenen Landmacht zu einer militärischen Weltmacht globaler Handlungsfähigkeit, auch auf hoher See und in der Luft, gewachsen.

Das Ost-West-Verhältnis hat überdies eine neue Dimension hinzugewonnen. Dem Spannungsbogen Moskau – Westeuropa – Washington hat sich als eine wesentliche Komponente des weltpolitischen Machtgefüges die Interessenangleichung Washington – Peking – Tokio hinzugefügt. Die USA und die Sowjetunion begegnen sich nicht mehr nur über Europa und den Atlantik, sondern auch über den Pazifik und über Asien. Auch wenn China für lange Zeit noch nicht politisch, wirtschaftlich und militärisch zu operativem Eingreifen in globaler Ausdehnung befähigt sein wird, ist es durch seine bloße Existenz, die Gegebenheit des chinesisch-sowjetischen Machtkampfes um die Vorherrschaft in Asien und im Weltkommunismus und durch seine wachsende Aktivität eine dynamische Kraft. Die Qualität der chinesisch-sowjetischen Beziehungen ist von entscheidender Bedeutung für die Erhaltung des Weltfriedens. Der Ausbruch eines offenen Konfliktes zwischen beiden Mächten wäre eine seiner ernstesten Bedrohungen.

Das stets vorhanden gewesene Nord-Süd-Problem ist im Laufe der 30er Jahre zunehmend zu einer politischen und wirtschaftspolitischen Frage ersten Ranges geworden. Die Entwicklungshilfe-Politik ist nur ein, wenn auch sehr wichtiger Aspekt dieses Komplexes. Die politische Situation in den Gebieten außerhalb des NATO-Vertrags-Bereichs, die vor 30 Jahren für die atlantische Sicherheit wenig bedeutete, wirkt heute unmittelbar auf die Sicherheits-, besonders die Versorgungslage der Allianz ein. Die expansive sowjetische Politik in Afrika und Asien verdeutlicht das seit Jahren mit wiederkehrender Drastik.

Die für die Kräfteverschiebung und für die Versorgung unentbehrlichen atlantischen Seewege zwischen Europa und Nordamerika sind nicht mehr unbedroht wie in den ersten Jahrzehnten des Bündnisses.

Trotz der gewachsenen militärischen Überlegenheit des Ostens ist die Gefahr eines direkten Angriffes auf Westeuropa aus politischen und militärischen Risikogründen geringer geworden. Ohne das Wirken der NATO könnten Europäer und Amerikaner diese Feststellung nicht treffen.

Wenn das Bündnis das zur Verteidigung – nichts anderes ist und bleibt sein Ziel – Notwendige weiterhin tut, wird es in der Lage sein, die militärische Bedrohung, die auf Fähigkeiten der anderen Seite beruht, auch weiterhin zu bannen. Aber es muß sich darauf einrichten, daß seine Sicherheitspolitik in zunehmendem Maße unter allumfassenden politischen Aspekten geführt werden muß, daß die militärische Verteidigung nur ein Bestandteil davon ist, und daß die politische Entwicklung in der gesamten Umwelt immer stärker auf die gemeinsame Sicherheitslage einwirkt. Den schwersten Belastungen war das Bündnis ausgesetzt, wenn zeitweise Regimes an ihm teilhatten, die die Menschenrechte mißachteten. Man kann nicht vorgeben, die Freiheit verteidigen zu wollen, und gleichzeitig Menschenrechte unterdrücken. Freiheit ohne Grundwerte ist undenkbar.

Der Begriff der Sicherheitspolitik ist vielschichtiger geworden. Das heißt, wenn wir unsere anfällige Freiheit wirksam schützen wollen, müssen wir unsere Politik intensiver konsultieren mit dem Ziele, sie so weitgehend wie möglich zu koordinieren, nicht nur im unmittelbaren Bündnisbereich, sondern in allen Bezügen, die für die Sicherheit relevant sind. Dazu bedarf es einer beständigen Stärkung der inneren Kohäsion der Allianz und einer dynamischen Festigung der grundlegenden Identität unserer Interessen, ohne die wir die ersten drei Jahrzehnte des Schutzbündnisses mit seinen mannigfachen Anfechtungen und Krisen nicht gesichert hätten überleben können.

Wir müssen die gemeinsamen Anstrengungen im Bündnis zunehmend politisch und nicht nur militärisch begreifen. Die NATO erscheint in ihrer Wirkung auf die Öffentlichkeit zu oft und zu sehr als eine Militärorganisation. Das ist sie auch, aber darin liegt nur ein Teil ihrer Aufgabe.

Da die Interdependenz in unserer ständig komplizierter werdenden Welt schnell wächst, wird die seit vielen Jahren dauernde Bemühung des Bündnisses, Konfliktstoffe auszuräumen oder doch zu mildern, noch zwingender.

Die Politik, Spannung zu entschärfen, wird nie zu einem Zustand entspannter Glückseligkeit führen können. Das bleibt eine Illusion. Konkurrenz, die Spannung schafft, wird es immer geben. Es wird sich bei Politik immer um einen dynamischen Prozeß handeln, nie um das Erreichen eines Zustandes. Dabei ist Rüstung insoweit unentbehrlich, als die Allianz und jedes ihrer Mitglieder nicht durch eine Politik der Nötigung mit militärischen Mitteln erpreßbar werden darf.

Die Schaffung der NATO war eine Reaktion auf eine gegebene Bedrohung. Es liegt im Wesen eines Verteidigungsbündnisses zu reagieren. Seine Anstrengungen werden weitgehend dadurch bestimmt, daß wir versuchen müssen, die Vorsprünge der anderen Seite auszugleichen, damit unsere Verteidigungsfähigkeit erhalten bleibt. Dabei kann nicht das militärisch Optimale und absolut Erstrebenswerte bestimmend sein, sondern das politisch Einzuordnende und Machbare muß den Kurs bestimmen.

Ob Sicherheit, Entspannungsbemühungen oder Abrüstung den Vorrang haben, heißt die Frage falsch stellen. Alle drei Faktoren bedingen einander. Fortschritte der Entspannung sind Teil einer umfassenden Sicherheitspolitik so gut wie ausreichende Rüstung. Sicherheit auf niedrigerem Niveau aufgrund kontrollierter Verhandlungsergebnisse zu finden bleibt ständiges Ziel. Wenn man diesen Komplex politisch nicht als Einheit sieht, wäre die Alternative: Rüstungswettlauf zum Unheil aller.

Auch der Begriff der Abschreckung sollte aus seiner weitgehend militärischen Interpretation weiter entwickelt werden. Militärisch gesehen bedeutet er, daß ein angreifender Gegner ein unkalkulierbares Risiko der Selbstzerstörung läuft. Nicht minder wichtig ist die Stärkung der politischen Abschreckung, die verhindert, daß es zu krisenhaften Zuspitzungen kommt. Das heißt, neben die militärische Unkalkulierbarkeit ist die politische Kalkulierbarkeit zu stellen; dem potentiellen Gegner ist die Gewißheit zu vermitteln, daß die praktische Solidarität aller Bündnismitglieder deren sofortiges gemeinsames Handeln erwarten läßt. Der stärkste Abschreckungswert liegt in dem engen Verbund zwischen den USA, Westeuropa und Kanada und in der Koordinierung unserer Politik.

Nicht der Verteidigung kommt die erste Priorität der Abwehr zu, sondern der Abschreckung, das heißt dem Bemühen, dem Eintreten des Verteidigungsfalles vorzubeugen, ihn zu verhindern. Dazu ist ausreichende Verteidigungsfähigkeit unerläßlich. Der Überzeugungskraft der Abschreckung müssen politische und militärische – konventionelle und nukleare – Anstrengungen dienen. Nicht ob wir unterlegen sind, ist entscheidend, sondern daß wir nicht so unterlegen werden, daß ein Angriff auf die Allianz oder eines ihrer Mitglieder kein tödliches Risiko für den Angreifer bedeutet.

Manche beklagen, mit der NATO-Nachrüstung sei eine unerträgliche nukleare »Grenzsituation« entstanden. Eine solche Bewertung verkennt, daß diese Grenzsituation in unser aller Leben getreten ist, seit es Atomwaffen gibt. Sie hat sich qualitativ und quantitativ verändert, wie sich alles auf Erden laufend verändert. Es gibt nirgends den stationären Zustand. Das Problem ist nicht, Atomwaffen abzuschaffen. Das wird so wenig gelingen, wie man die Elektrizität oder die Sünde abschaffen kann. Das Problem ist, die Waffen unter Kontrolle zu halten und zu vermindern. Das bedarf einer ständigen mühevollen Anstrengung. Abschreckung ist als verteidigungspolitisches Prinzip uralt. So alt, wie Menschen bestrebt sind, sich gegen das gewaltsame Eindringen anderer in ihr Leben zu schützen. Abel versuchte abzuschrecken, als er einen Stein hob, um sich vor Kains Angriff zu schützen. Die nukleare Abschreckung ist eine sicherheitspolitische Revolution, wie es die Erfindung der Feuerwaffen im ausgehenden Mittelalter war, mit dem qualitativen Unterschied, daß Nuklearwaffen bloße Abschreckungswaffen sind, deren tatsächliche Verwendung Angreifer und Verteidiger zerstört zurückließe – daß sie Kriege unführbar machen. In dieser Grenzsituation leben wir Menschen seit Jahrzehnten und werden damit auf absehbare Zeit leben müssen.

Wir scheinen seit Jahren dazu zu neigen, unsere konventionellen Abwehrfähigkeiten selber zu unterschätzen. Es ist zu hoffen, daß die andere Seite sich durch diesen oft prononciert vorgetragenen westlichen Pessimismus die Klarheit des Urteils nicht trüben läßt.

Die nukleare Debatte sollte nicht verunklaren, daß der schlimmste destabilisierende Effekt von zu krasser Disparität im konventionellen Bereich ausgeht. Deshalb ist die Aufrechterhaltung beziehungsweise die Wiederherstellung der ausreichenden konventionellen Komponente für die Wirksamkeit der Abschreckung so wesentlich.

Mit dem Erreichen der strategisch-nuklearen Parität durch die Sowjetunion mit SALT I haben die USA ihre strategische Überlegenheit verloren. Seitdem ist die konventionelle Unterlegenheit der NATO gegenüber dem Warschauer Pakt noch gravierender geworden, als sie es vorher schon war. Mit der einseitigen sowjetischen Aufrüstung im nuklearen Mittelstreckenbereich hat diese Unterlegenheit eine dramatische Steigerung erfahren, die vor allem die deutsche Bundesregierung Ende der 70er Jahre veranlaßt hat, auf das Schaffen eines abschreckenden Gegengewichts zu drängen. Die NATO hat mit dem Doppelbeschluß vom 12. Dezember 1979 diese Planung zur Disposition von Verhandlungen gestellt und mit der Nulloption die optimale Lösung des Verzichtes beider Seiten auf nukleare Mittelstreckenwaffen zu ihrem Verhandlungsziel erklärt. Die Planung von 572 Instrumenten, darunter 108 Pershing II, hat von vornherein darauf verzichtet, ein vollkommenes Gegengewicht gegen die sowjetischen SS 20 zu schaffen, die durch SS 4 und SS 5 ergänzt wurden. Die Absicht der NATO war und ist nicht mehr, als in diesem Bereich ein begrenztes Abschreckungspotential aufzubauen und dabei faktische Unterlegenheit in Kauf zu nehmen, was der Verteidiger bis zu einem gewissen Grade riskieren kann.

Im Dezember 1979 verfügte die Sowjetunion über 60 SS 20 mit 180 Gefechtsköpfen, wozu vier- bis fünfhundert SS 4 und SS 5 mit je einem Gefechtskopf kamen. Heute verfügt die Sowjetunion über 355 SS 20 mit 1065 Gefechtsköpfen. Damals und heute hat die NATO nichts Vergleichbares stationiert. Die Reichweite der im Westen vorgesehenen Systeme ist bewußt so begrenzt worden, daß der Großteil des sowjetischen Territoriums und die Mehrheit der dortigen Systeme außerhalb der Reichweite bleiben. Sie können nur knapp 8 Prozent der sowjetischen Nuklearraketen abdecken und auch nicht die sowjetischen Kommandozentralen, während die SS 20 von Stellungen außerhalb dieses Wirkungsbereiches ganz Westeuropa abzudecken vermögen. Dies macht deutlich, daß weder Pershing II noch Marschflugkörper als Erstschlagwaffen in Frage kommen können.

Das wissen die sowjetischen Führungsstäbe. Sie wissen, daß dieses Potential eine Gegendrohung im Sinne von Abschreckung ist und keine Erstschlagbedrohung. Damit wissen sie auch, daß für sie kein Grund besteht, diese Gefahr durch einen präventiven Erstschlag auszuschalten. Gegenteilige Behauptungen gehören in den Bereich der Propaganda und in das Streben, bewußt Angst zu erzeugen und damit Einfluß auf die Politik des Westens zu gewinnen.

Es ist richtig, daß mit einem direkten Angriff der Sowjetunion auf Teile des Westens jetzt oder in absehbarer Zeit nicht zu rechnen ist. Das gilt aber nur solange, wie alle Teile des Westens durch kollektive Garantie und kollektive Abschreckung geschützt sind. Dies läßt sich ohne die volle Mitwirkung der USA nicht gewährleisten.

Die Sowjetunion ist durch ihre strategische Tiefe, ihre wirtschaftliche Not-Autarkie, ihre politische Handlungsfähigkeit und ihre militärische Macht eine Weltmacht, deren Handeln letztlich durch ideologisches und politisches Expansionsstreben bestimmt ist. Sie stößt in jedes entstehende Vakuum hinein. Afghanistan wäre nicht angegriffen worden, wenn es hätte verteidigt werden können.

Wir sind schon mitten drin in dem so viel befürchteten Prozeß der politischen Erpressung mit subversiven Mitteln und Drohungen. Die viel empfohlene westliche Flexibilität hat nur zu Verzichten auf Teile der eigenen Position ohne Gegenleistungen geführt. Ein Nachgeben hinter die qualitativen Kriterien des NATO-Doppelbeschlusses vom Dezember 1979 würde ein unkalkulierbares Risiko heraufbeschwören. Ein Wandel der westlichen Strategie, ohne das Entstehen eines lebensgefährlichen Vakuums heraufzubeschwören, ist nur in einer allmählichen Evolution durch Schaffung weitreichender konventioneller Instrumente möglich. Zur Zeit gibt es keine strategische Alternative zur Strategie der NATO, die nicht bloßem Wunschdenken entspringt. Das Ganze heißt nicht, aufrüsten um abzurüsten, sondern es heißt, Rüstungsbegrenzungen zu ermöglichen.

Seit etwa 60 Jahren, unterbrochen vom Zweiten Weltkrieg, bemüht sich die bewaffnete Welt um Abrüstung: Verhandlungen im Rahmen des Völkerbundes, in- und außerhalb der UNO. Das Ergebnis, besser: das Ausbleiben von Resultaten ist niederschmetternd. Die Erfahrung dieser 60 Jahre lehrt, daß Abrüstung, das heißt die Abschaffung von andere bedrohenden, militärischen Potentialen, für absehbare Zeit eine Illusion bleibt.

Was eher erreichbar scheint, ist die Kontrolle, die Begrenzung und dann die Minderung von Rüstungen, von konventioneller und seit 30 Jahren auch und heute vornehmlich von nuklearer Rüstung. Das heißt, die unvermeidliche Konkurrenz der verschiedenen Systeme zu entmilitarisieren.

Quantität und Qualität des nuklearen Rüstungspotentials haben ein Ausmaß erreicht, das, wenn es außer Kontrolle gerät, alles Leben auf dem Globus auslöschen kann. Bisher konnte es unter vollkommener Kontrolle gehalten werden. Die amerikanische Selbstdisziplin und dann die Patt-Situation haben – trotz zahlreicher regionaler Kampfhandlungen – der Welt einen fast vierzigjährigen, unbefriedigenden Friedenszustand verschafft. Man sollte das Ausbleiben von Krieg nicht gering achten. Friede ist im Laufe der Geschichte selten mehr gewesen.

Alle Verhandlungen – auch die über Kontrolle, Begrenzung und Minderung – haben gelehrt, daß sich zwei fast unüberwindbare Hindernisse dem Erringen wirksamer Resultate entgegenstellen:

a) Definition der Stärken, die nicht nur quantitativ, sondern auch qualitativ schwer erfaßbar sind;
b) die trotz fortgeschrittener Elektronik unentbehrlichen Kontrollen und Inspektionen am Ort der Tat oder Rüstung.

Der Westen ist mit all seinen Veröffentlichungen und Parlamentsberatungen fast ein aufgeschlagenes Buch. Der Osten ist vermöge seiner politischen Systeme schwer einsehbar.

Für a) und b) Lösungsvorschläge zu erarbeiten, die für alle akzeptabel sind, ist wohl die wichtigste Voraussetzung, in Zukunft zu wirklichen Ergebnissen zu gelangen, die Mißtrauen abbauen, politisch und wirtschaftlich entlasten. Welche Methoden, welche Systematik ist denkbar? Neutrale Bewertungsgremien? Wie können sie verbindlich gemacht werden?

Das Mißtrauen hat dazu geführt, »vertrauensbildende Maßnahmen« zu erfinden, zum Beispiel im Helsinki-Abkommen. Das Übermaß des Mißtrauens führt dazu, daß sie nur unzulänglich funktionieren. Gibt es vertrauensbildende Maßnahmen, die Mißtrauen abbauen können? Welche? Ein Erfolg von MBFR könnte in diese Kategorie gehören, wenn nicht nur Personalstärken, sondern auch schweres Material erfaßt werden.

Atomfreie Zonen werden propagiert. Sie sind eine Selbsttäuschung, solange Nuklearwaffen von außen in sie hineinwirken können, wozu mit moderner Raketentechnik alle Nuklearmächte fähig sind. Sie sind gefährlich, solange sie regionale Machtvakua schaffen – zumal für den Westen angesichts der mangelnden Tiefe seines Verteidigungsraumes.

Die Sowjetunion versucht immer wieder, die Verlagerung eurostrategischer Waffen aus ihrem europäischen Gebiet hinter den Ural als Abrüstungsmaßnahme für den Westen attraktiv darzustellen. Angesichts der Reichweite der SS 20 ist dies kein Angebot, denn die SS 20 ist sehr mobil, kann von einer Lafette abgefeuert werden, womit sich sofort die Frage der Inspektion vor Ort erhebt. Und sie kann auch aus Stellungen östlich des Ural ganz Europa mit Ausnahme eines Teils der britischen Inseln und der iberischen Halbinsel bestreichen.

Vor allem aber bedeutet dies ein Zerreißen des gemeinsamen abrüstungspolitischen Interesses des Westens und der Fernostmächte China und Japan. Auch ohne formelle Abmachungen sind sie durch das gemeinsame Interesse an der Eindämmung der Macht und des Expansionsstrebens der Sowjetunion mit dem Westen verbunden. Ein volles Drittel des nuklearen und konventionellen Potentials der Sowjetunion ist an deren Ostgrenze disponiert.

Jedes vermeintliche Abrüstungsbenefiz, das der Westen von der Sowjetunion in Form einer bloßen Verlagerung sowjetischen Potentials von West nach Ost entgegennimmt, würde die Beziehungen des Westens, besonders Europas, zu den Fernostmächten aufs schwerste belasten. Genau das ist die sowjetische Absicht. Besonders Peking ist in dieser Frage außerordentlich sensibel. Das war der Hauptgrund für die chinesische Ablehnung der sogenannten multilateralen europäischen Entspannungspolitik Anfang der 70er Jahre.

Bei dem gegenwärtigen Kräfteverhältnis hat die NATO keine Wahl, als das Prinzip der Abschreckung allem anderen voranzustellen, das heißt jeden Angriff für den Angreifer zu einem tödlichen Risiko zu machen. Das bedingt die nukleare Erstschlagsdrohung, da das konventionelle Abschreckungspotential nicht ausreicht und das konventionelle Übergewicht der Sowjetunion ohne die nukleare Erstschlagsmöglichkeit noch erdrückender und somit die westliche Sicherheit weiter gemindert würde.

Die qualitative Verbesserung des konventionellen NATO-Potentials durch modernste, weitreichende, sogenannte »intelligente« Waffen in den nächsten drei bis fünfzehn Jahren kann die Nuklearschwelle heben, aber nicht ersetzen. Diese neuen Waffensysteme werden auch neue Probleme für Rüstungskontrolle, -begrenzung, -minderung schaffen, die bedacht werden müssen.

Wir sind geneigt, alle Aufmerksamkeit auf das Rüstungs- und Abrüstungsproblem in der West-Ost-Erstreckung der nördlichen Halbkugel zu konzentrieren. Wir dürfen nicht übersehen, daß Rüstungspolitik viel verheerender und drastischer in den politischen und wirtschaftlichen Verhältnissen und im menschlichen Leiden der Dritten Welt wirksam ist. Fast alle der 60 kriegerischen Kampfhandlungen der letzten 37 Jahre haben sich in der Dritten Welt abgespielt.

Daß die Staaten der Dritten Welt im Abrüstungsausschuß der UNO vertreten und an den Abrüstungsverhandlungen der UNO in Genf beteiligt sind, hilft gar nichts. Seit der Zeit des Völkerbundes hat sich immer wieder erwiesen, daß Verhandlungen um so eher zum Scheitern verurteilt sind, je mehr Delegationen an ihnen teilnehmen. Nur in kleinen und kleinsten Gremien lassen sich Annäherungswerte erreichen. Das kleinste ist die Bilateralität der beiden Großmächte. Von ihnen muß das weltweite Signal der Beruhigung ausgehen. Das ist in seiner Auswirkung entscheidend.

Um Rüstungsminderung steht es schlecht, solange es nicht gelingt, einen bindenden Modus vivendi gewaltfreien, weltweiten Verhaltens aller Mächte, angeführt von den beiden Großen, zu erreichen.

Alles, was bisher an alternativen Strategien vorgetragen wurde, um Abschreckung und »flexible Reaktion« zu ersetzen, ist Wunschdenken oder im schlimmeren Fall Augenwischerei entsprungen. Die einzige, weit über das ESECS-Programm weitreichender »intelligenter« konventioneller Waffensysteme hinausgreifende Idee ist von den Amerikanern ersonnen und von Präsident Reagan als Forschungsprojekt angekündigt worden: ein Weltraum-Abwehrsystem – »star wars« –, mit dem Interkontinental-Raketen im Anflug zerstört werden könnten. Das wäre die Ablösung der nuklearen Abschreckung, die mit dem Gegenschlag, dem Gegenangriff im Falle des Feindangriffs droht, durch eine klassisch-defensive Maßnahme der Verhinderung. Kaum war dieses Abwehrsystem erklärt, wurde es von allen Seiten verdammt. Die Sowjets und ihre Nachredner bei uns verkündeten, der ruchlose Ronald Reagan erstrebe die Weltherrschaft. Keiner von ihnen ahnt wohl, wie lästig den Amerikanern ihre Weltmachtrolle schon heute ist. Ernstzunehmende Bündnispolitiker warnten vor transatlantischer Abkoppelung und Aufbrechen der NATO, ohne zu erkennen, daß

1. wenn so etwas gemacht werden kann, es so wenig aufzuhalten ist wie die Erfindung und Durchsetzung des Automobils vor hundert Jahren. Wenn die Amerikaner nicht die ersten sind, die es haben, werden es die Russen sein. Ist das besser?
2. wenn es nur auf Interkontinental-Raketen ausgesetzt wird, tatsächlich ein Abkoppelungseffekt von den USA darin liegen könnte, nicht muß. Wenn es aber von Anfang an auch Mittel- und Kurzstreckenraketen mit einigen hundert km Reichweite einbezieht, dann ist es ein revolutionärer Durchbruch für den Verteidiger, der die konventionell gravierende Wirkung, die nicht zu bestreiten ist, nicht durch die Aufstellung zahlreicher Divisionen, die er nicht aufzustellen vermag, kompensieren muß, sondern durch die im sogenannten Rogers-Plan geforderten und in der ESECS-Studie erläuterten intelligenten, weitreichenden konventionellen Waffensysteme kompensieren kann. Bei konsequenter Bündnispolitik ist die Wirkung des Ganzen nicht ab-, sondern fester ankoppelnd.

Das Ganze ist Kriegsverhütung, aber nicht durch tödlichen Gegenschlag, sondern durch technisch-verhindernde Wirkung.

Wer die Geschichte der nuklearen Waffenentwicklung seit 1945 und die politische Philosophie und Praxis der Amerikaner ein wenig kennt, kann ihnen nicht guten Gedankens unterstellen, daß sie als erste im Besitz eines solchen praktikablen Systems es benutzen würden, um die Sowjetunion in einem Überraschungsschlag zu verkrüppeln. Der US-Verteidigungsminister hat vielmehr erklärt, wenn man dieses System beherrsche, könne man sein Wissen auch den Sowjets vermitteln und damit das Ende aller Atomwaffen herbeiführen. Keiner der menschenfreundlichen Abschreckungsgegner applaudierte Reagan für seinen Entschluß. Er mußte geprügelt werden, weil er amerikanischer Präsident ist.

Verschiedentlich wurde der Vorschlag gemacht, das NATO-Gebiet auszudehnen, um den Gefahren, die der konventionellen Sicherheit von außerhalb des Bündnisgebietes drohen, wirksamer begegnen zu können. Das ist nicht nur kurzsichtig, sondern eine große Gefahr. Das läßt sich nicht machen, ohne den NATO-Vertrag aufzuknüpfen. Dann bekommt ihn aber niemand wieder zu. Das würde eine Diskussion eröffnen, die die Kräfte der Kohäsion und der Solidarität, die im Bündnis stecken, für nichts verheizt, ohne überhaupt je zu einem konstruktiven Ergebnis zu führen.

Außerdem wäre es politisch abenteuerlich, unter dem NATO-Stern in der Dritten Welt auftreten zu wollen. Das würde alle Widerstände gegen uns wecken. Denn täuschen wir uns nicht: Die 104 Staaten, die gegen die Sowjetunion in Sachen Afghanistan in der UNO votiert haben, die 34 islamischen Staaten, die in Islamabad gegen die Sowjetunion gestimmt haben, haben damit nicht für den Westen gestimmt, weder für die Vereinigten Staaten, noch für die Westeuropäer, geschweige denn für die NATO, sondern sie haben für sich selbst votiert. Wenn wir eine kluge Politik machen wollen, dann müssen wir das in Rechnung stellen. Über die werbende Kraft des NATO-Konzepts in der Dritten Welt sollten wir uns keinen Täuschungen hingeben.

Wir müssen das NATO-Gebiet absichern und dürfen es weder politisch noch wirtschaftlich noch militärisch schwächen, nur weil wir zusätzlich irgendwo in der Welt weitere Aufgaben gestellt bekommen. Das wäre ein zu großes Risiko und trüge zudem die Gefahr in sich, daß wir damit ernste und offene Verwicklungen in Europa heraufbeschwören. Im übrigen müssen wir erkennen, daß wir uns außerhalb des Vertragsgebietes um westliche Interessen zu kümmern haben, wenn nicht als Allianz, so jeder einzelne Verbündete, der dazu in der Lage ist. Jeder hat seine Kontakte von unterschiedlichem Gewicht und unterschiedlicher Bonität. All das müssen wir in koordinierter Weise zum Tragen bringen. Je mehr wir das tun, desto weniger brauchen wir unsere Umwelt mit militärischen Angeboten zu beglücken. Wir sollten die Länder der Dritten Welt – etwa die Staaten in der Golfregion und in Südwestasien – dadurch stärken, daß wir ihnen behilflich sind, sich selber zu stärken.

Den Schutz unserer kollektiven Sicherheit gegen Bedrohung von außerhalb, zum Beispiel der Rohstoffzufuhr aus dem Mittleren Osten, den Amerikanern allein überlassen zu wollen und sie dabei mit barscher Kritik zu begleiten, ist ein doppelter Fehler. Die europäischen Interessen sind hier unmittelbarer berührt als die amerikanischen. Die USA sind zur Not in der Ölversorgung autark. Sie neigen mitunter dazu, Probleme, die primär politisch sind, zu militärisch zu sehen. Das können wir aber nicht in unserem Sinne beeinflussen, indem wir auf offenem Markt erklären, es sei zwar ihre Sache, Ordnung zu schaffen, aber sie zeigten sich dazu ziemlich unfähig. Vielmehr müssen wir ihnen sagen, da es sich um unser gemeinsames Interesse handle, wollten wir in gemeinsamer Anstrengung eng zusammenarbeiten.

Es ist eine Ironie der Geschichte: Je abhängiger die Europäer von ihrer außereuropäischen Umwelt werden, um so mehr starren sie gebannt auf ihre Hinterhöfe und verlieren an Fähigkeit zu globaler Lagebeurteilung über See, wo die großen Entscheidungen fallen und immer gefallen sind. Zu Lande konnte man Schlachten gewinnen, Kriege wurden über See entschieden. Heute, wo alles darauf ankommt, Krieg zu verhüten, muß er auch durch überseeische Anstrengungen verhütet werden.

Bedenken wir, daß wir alles vermeiden müssen, was das Bündnis im Bewußtsein der politischen amerikanischen Öffentlichkeit zu unterwühlen geeignet ist. Schon heute finden wir die Reaktion: »Die Europäer wissen alles besser, sie lassen uns die weltweite Dreckarbeit tun, beschimpfen uns dabei, besonders den Präsidenten, und kümmern sich nur um ihre Geschäfte.« Achten wir also darauf, unsere amerikanischen Freunde besser zu informieren über das, was die Verbündeten für die gemeinsame Sicherheit in Europa leisten. In dieser Hinsicht werden die öffentliche Meinung im Kongreß und in den Medien dem europäischen Beitrag bei weitem nicht gerecht.

Eine nicht zu übersehende Rolle in der amerikanischen Auseinandersetzung mit den Verbündeten spielt die europäische Sozialpolitik.

Etwa so: „Warum sollen wir die Last der Sicherheit von Leuten tragen, die das Letzte aus ihrer Wirtschaft zur sozialen Wohlfahrt oder Bereicherung herauspressen, ihre eigenen Staaten verhöhnen und nicht bereit sind, etwas für sie zu tun." Das wird den Notwendigkeiten europäischer Sozialpolitik nicht gerecht. Aber wie in jeder Übertreibung steckt ein Korn Berechtigung darin, die Mahnung, die Proportionen zu wahren, nicht außer acht zu lassen, daß auch innere Wohlfahrt des Schutzes gegen Bedrohung von außen bedarf.

Es zeigt auch, welche Wirkung hemmungslose Demagogie im Innern nach außen heraufbeschwört.

Wir sind ein Bündnis souveräner Staaten, und niemand kann zu irgend etwas gezwungen werden – Gott sei Dank! Das wollen wir aufrechterhalten, denn sonst würden wir uns auf einen Weg begeben, der uns an seinem Ende kaum noch unterschiede von der Kommandowirtschaft des Warschauer Paktes, die in der Führungsstruktur zwar akut Stärke und Schnelligkeit beweisen kann, aber im Grunde einer dauernden Erosion von innen her unterliegt, wie die Entwicklung in osteuropäischen Ländern zeigt. Unsere Solidarität dagegen ist freiwillig, aber sie ist eine Pflicht der Selbsterhaltung. Das müssen wir Europäer sehen. Wenn wir es tun, wenn wir diese Chance wahrnehmen, werden wir sicher fahren. Wenn wir es nicht tun, droht aus der Erosion des Bündnisses größte Gefahr für die westliche Sicherheit.

Wir haben alle Krisen, manchmal mit Ach und Krach, überwinden können, weil wir überzeugt waren, daß die weitgehende Identität der grundlegenden Interessen das Bündnis trägt, und daß diese weitgehende Identität fortdauert. Was heute neu ist, ist das Infragestellen der grundlegenden, weitgehenden Identität, die angesichts der regionalen Interessen und bei den in ihren Größenordnungen und Potentialen so unterschiedlichen Mächten nicht alle Einzelheiten umfassen kann. Ihr Kernstück ist dennoch intakt: die Gemeinsamkeit des Willens zum Überleben, des Willens zur Selbstbehauptung.

Daß dieser Wille zur Selbstbehauptung gerade auch in unserem Land in Frage gestellt wird, ganz im Unterschied etwa zu Großbritannien, zu Frankreich und auch zu Italien, ist unser Problem. Man unterschätze nicht, mit welchem Mut und mit welcher Konsequenz unsere italienischen Freunde über Jahrzehnte hindurch unter schwersten innenpolitischen Bedingungen eine konsequente Bündnispolitik in großer Solidarität durchgehalten haben. Wenn wir diese Solidarität praktizieren und wenn wir sie weiterentwickeln hin zu einer Union Europa, dann wäre das der größte Beitrag zu unserer Sicherheit, den wir überhaupt leisten können, der weit hinausgeht über alles, was wir an Modernisierung von Panzern, von hoffentlich wieder überlegenerer Technologie einbringen. Allein durch die Wirkung dieser Willensleistung, im politischen Raum sich zu organisieren als Europäer zum Schutz des eigenen Lebens, wirkt wie ein Fanal.

Die Sowjets haben eine feine Antenne für diese Dinge und würden das sofort und ganz verstehen. Diese politische Tat wäre das stärkste an Abschreckung, was wir schaffen könnten, stärker als alle Armeen nuklearer oder konventioneller Waffen. Natürlich ist militärische Abschreckung etwas Schreckliches, aber man kann sie nicht messen an eigenen Idealvorstellungen oder daran, wie man die Welt gerne hätte, sondern man muß sie messen an der Bedrohung, mit der man in der Wirklichkeit konfrontiert ist. Diese Wirklichkeit ist nicht bloß die Folge des sowjetischen Potentials, sondern des sowjetischen Willens, dieses militärische Potential politisch zu nutzen, sicher nicht in Form eines offenen Angriffes von Ost nach West, durch die norddeutsche Tiefebene oder über den Böhmerwald oder längs der Donau – nicht, solange die NATO das noch zu einem unkalkulierbaren Risiko macht –, aber diese militärische Macht zu nutzen, wenn sich die Gelegenheit bietet und wo sie sich bietet zur politischen Erpressung, etwa an den Flanken im Norden gegenüber Norwegen.

Oder gegenüber der Südflanke. Sowjetischer politischer Druck wirkt im ganzen Mittelmeerraum. Wenn die Front weich würde, löcherig würde auch gegenüber der zentralen Front, dann böten sich Ansatzpunkte: Berlin und unser gesamtes geteiltes Land und getrenntes Volk. Weil das so ist, kommt uns eine ganz besondere Verantwortung zu, um unserer selbst willen und um Europas willen.

Das Kernstück dieser europäischen Arbeit, wenn aus ihr noch etwas werden kann, ist die deutsch-französische Zusammenarbeit und die deutsch-französische Freundschaft, um die sich alles andere gruppiert oder – ohne diese – auseinanderfällt. So ist für uns ein starkes, ein gesundes Frankreich ein ganz elementares Eigeninteresse, und wir müssen jede mögliche Entwicklung, die Frankreich gefährden, von innen her schwächen könnte, als eigene Gefahr begreifen. Wir müssen von Herzen wünschen, daß Frankreich in seiner ungeheuren Kraft zur Regeneration auch diese Krise, in der es wirtschaftlich steckt, überwindet, denn die innere Stabilität eines Landes ist nicht zu trennen von seiner wirtschaftlichen Gesundheit und Prosperität.

Das gilt auch für uns, die wir den Osthandel gern unter dem Gesichtspunkt des wirtschaftlichen Nutzens sehen und dabei übersehen, daß er auch sicherheitpolitisch relevant ist. Das ist sicher ein Gebiet, das wir im eigenen Interesse nicht nur unter den Gesichtspunkten der Möglichkeiten, sondern auch der Gefährdungen neu durchdenken müssen. Man kann in diesen sehr wesentlichen Bereichen nicht nur an einzelnen Geschäften – und seien sie noch so groß – die Dinge exemplifizieren, sondern muß das in seiner Gesamtheit sehen. Panzerteile und die Lastwagen für die Invasion in Afghanistan werden in Kama produziert. In dem Werk Togliatti entstehen die Panzer der sowjetischen Luftlandetruppen. Amerikanische und deutsche Elektronik und die anderer europäischer Länder hat den Russen in der Weiterentwicklung ihrer Rüstung enorm geholfen, denn es gibt keine höchstentwickelte Elektronik für zivile Zwecke, die nicht auch in der gegebenen oder modifizierten Form für Rüstungsvorhaben genutzt werden kann.

Es ist interessant, daß sich die Entwicklung zum Beispiel des sowjetischen Kampfpanzers 80, eine Weiterentwicklung des T 72, offensichtlich erheblich verzögert und er eben nicht 1980 und auch nicht 1981 eingeführt werden konnte, sondern unter der Wirkung des Technologiestops nach der Entwicklung in und um Afghanistan bis heute nur in Prototypen besteht.

Aber diese Überlegungen gelten nicht nur für Spitzentechnologien. Dazu gehört auch der Agrarbereich. Wir müssen mit unseren amerikanischen Freunden ganz offen darüber sprechen, daß die enormen Agrareinfuhren, die Amerika der Sowjetunion durch Kredite ermöglicht, die Sowjetunion später zwar harte Währung kosten, aber viele Arbeitskräfte und enormen technischen Einsatz in ihrer Agrarwirtschaft ersparen, die somit frei werden für die Rüstungsindustrie der Sowjetunion, die (was wir uns überhaupt nicht vorstellen können) vollkommen getrennt ist von dem zivilen Sektor. Auch wenn die Sowjets aus anderen Ländern einen Teil des Getreides ersatzweise beziehen: Eine amerikanische Politik tut not, die nicht nur die anderen anhält, in der Belieferung der Sowjets mit Technologie vorsichtig und voller Skrupel zu sein, sondern auch fair genug ist, dieses Problem mit in die Diskussion und auch in die Restriktion einzubeziehen.

Wenn wir Vertrauen schaffen und zur anderen Seite hin das Signal senden, daß wir fest entschlossen sind, uns zu verteidigen, dann schaffen wir die beste Chance, daß wir nie dazu gezwungen werden. Je schwächer wir uns machen, vor allem von innen heraus, um so mehr wächst das Risiko.

Geblieben ist der NATO nach einer 35jährigen Friedenserhaltung in einer sich ständig ändernden Welt die grundlegende Identität des Interesses an gemeinsamer Sicherheit, die alle Krisen hat überwinden lassen. Gestiegen ist die Notwendigkeit politischer Koordination, weil Sicherheitspolitik komplexer geworden ist und mit militärischen Mitteln allein weniger denn je bestritten werden kann. Gesteigert ist der Imperativ von Rüstungsbegrenzung und Abrüstung, von Minderung des Mißtrauens, weil ein Krieg in Europa, ob konventionell oder nuklear, für alle Beteiligten eine vollkommene Katastrophe wäre.

Für uns Deutsche ist es wichtig, unsere Position klar zu halten, um das Vertrauen im eigenen Lager und den Respekt auf der anderen Seite zu festigen, niemals zu vergessen oder andere vergessen zu lassen, daß wir fest und sicher, zuversichtlich und aufgeschlossen zu der Wert- und Schicksalsgemeinschaft des Bündnisses stehen.

Allein vom Bündnis ausgehend können Annäherungswerte zur friedlichen, schrittweisen Lösung der deutschen Frage erreicht werden. Wir werden wie bisher zur Festigung dieser Grundlage beizutragen haben, um darauf basierend aktiv an der Minderung der Spannungen mitzuwirken, ohne die für uns Deutsche und für das Atlantische Bündnis keine Fortschritte zu erlangen sind.

Das Bündnis ist nicht unsere Staatsräson. Die liegt in unserem Auftrag, die Trennung unseres Volkes und die Teilung unseres Landes zu überwinden. Dafür existieren wir als Bundesrepublik Deutschland. Aber das Bündnis ist das feste Fundament, auf dem allein wir diese Politik aufbauen können.

Deutschsein – mit Maß und Ziel

Europäer und Amerikaner haben vor mehr als 30 Jahren erlebt, daß sich die Deutschen aus der selbstverschuldeten größten Katastrophe ihrer Geschichte in einer gewaltigen Kraftanstrengung herauszuarbeiten begannen, sich eine klug ausgewogene, vorbildlich demokratische Verfassung gaben, in beispielhaftem Gemeinsinn tüchtig und vernünftig miteinander und mit anderen umgingen und zusammenarbeiteten, voller Maß und Ziel.

Das Ausland faßte wieder Vertrauen, trotz allem, was geschehen war. Viele wurden unsere Verbündeten, viele unsere Freunde. Sie gewöhnten sich an die Stabilität der Bundesrepublik, an die Berechenbarkeit und Zuverlässigkeit der Deutschen. Das Bild deutscher Maßlosigkeit, Irrationalität und Unberechenbarkeit begann zu verblassen. Man sah, wie die Deutschen ihr Kernproblem, die deutsche Teilung, ohne es je aus dem Auge zu verlieren, mit Umsicht behandelten, ihre Beziehungen zu der übermächtigen Sowjetunion in exponierter Lage, sich fest in der Europäischen Gemeinschaft und dem Atlantischen Bündnis verankernd, konstruktiv, aber frei von irrealen Wunschvorstellungen angingen, in ihrer Wirtschaft alle initiativen Kräfte sich frei entfalten ließen.

Seit geraumer Zeit aber werden erneut Zweifel an dem Weg der Deutschen laut. Völker neigen dazu, diejenigen ihrer Tugenden, die eigentlich problematisch sind, besonders hoch zu preisen. So ist es zu dem Hohelied von der deutschen Treue gekommen. Die Disziplin hat bei uns wohl deshalb bisweilen groteske Ausformungen gefunden, weil es um unsere Selbstdisziplin recht schwach bestellt ist. Das »deutsche Organisationstalent« ist in Wirklichkeit nicht so hervorragend, sondern mehr ein Hang zur Perfektion. Andere haben das schärfer gesehen als wir selber. Beobachter von draußen gewinnen den Eindruck, daß wir, wie alle mit den Fährnissen objektiver Krisen ringend, uns eilends in eine subjektive Krise unseres Selbstbewußtseins stürzen. Die Deutschen eilen immer. Man beobachtet, daß wir dabei wieder jene Eigenschaften entwickeln, die unsere Umwelt schon das Fürchten gelehrt haben: Maßlosigkeit, Hang zum Wunschdenken, das in diesem

Jahrhundert zu zwei Katastrophen sein gerüttelt Maß beigetragen hat, Verdrängen tatsächlicher Gegebenheiten, Selbstmitleid.

Unser ambivalentes Verhalten zur afghanischen, zur polnischen Tragödie – größte private Anteilnahme und Hilfeleistung, mehr aufs Deklaratorische beschränkte Zurückhaltung des organisierten Deutschland und Verstummen sonst Redseliger – hat das Staunen, die Verwunderung über uns laute Stimmen finden lassen.

Man hat woanders, bis hin zu den italienischen Kommunisten, klarer erkannt, daß Polen der im Augenblick sichtbarste Teil der tiefen, geistigen, strukturellen und operativen Krise des Kommunismus sowjetischer Machart ist, daß Afghanistan das wahre Ziel sowjetischer Machtpolitik symptomatisch enthüllt, daß es in dieser Lage entscheidend darauf ankommt, den Sowjets ihre Grenzen deutlich zu machen, nicht durch laute, sondern durch feste Geschlossenheit des Westens, die gemeinsam handlungsfähig macht.

Aber bei uns wirkt ungleich tiefer und breiter als in jedem anderen Land die seit Jahren geschickt betriebene sowjetische Desinformationspolitik in eine Vielzahl von Organisationen und Medien hinein. Da werden dann nicht die Sowjetunion und die polnischen Gewalthaber kritisiert, sondern »Solidarität« und vor allem die Amerikaner. Da wird gejammert, die Sowjets würden mißverstanden. Da wird die Revolution der Angst geschürt, der Angst nicht vor der Sowjetunion, deren Waffen auf uns gerichtet sind, sondern der Angst vor Amerika, das in enger Zusammenarbeit mit uns seit 30 Jahren unentwegt unsere Sicherheit gewährleistet.

Man ist draußen betroffen, daß die sonst so lautstarken Alternativen und die Friedensbewegung zu Polen, zu Afghanistan schweigen, nichts tun, aber für Nicaragua und El Salvador demonstrieren, als seien sie von den USA besetzt und unterdrückt. Man versteht nicht, daß die evangelische Kirche schweigt, die sonst zu allem spricht, und sei es »Startbahn West« oder 35-Stunden-Wochen. Die sich rühmt, der Friedensbewegung nicht nachzulaufen, sondern sie anzuführen. Die immer mehr als alternative Partei erscheint und immer weniger Kirche bleibt, immer weniger religiöse und geistliche Heimstatt für viele Tausende evangelischer Christen, die eine andere, eigene politische Meinung vertreten und die linksradikale Unterwanderung ihrer Kirche tief besorgt verfolgen. Die eine Kirche mit einem festen Platz in unserem Volke wollen und keine, die auf Treibsand baut. Eine Kirche, die Gottes Wort verkündet und sich nicht mit allzu inkompetentem menschlichen Gerede in jeder modischen Diskussion verfängt, die Gottvertrauen stärkt und nicht Menschenangst propagiert.

Die Bundeswehr hat sich bescheiden und tüchtig im Bündnis großes Vertrauen und auf der anderen Seite Respekt erworben. Heute ist man im Westen verständnislos betroffen, wie in unserem Land Feindschaft, ja Haß gegen die eigenen Selbstverteidigungskräfte geschürt wird, ohne daß sich eine nennenswerte Gegenbewegung formiert. Ein europäischer Gesprächspartner fragte: »Wollt ihr mit der Friedensbewegung und der Hetze gegen die Verteidigungsbereitschaft euren Selbstbehauptungswillen aufgeben? Wird daraus ein Signal zur freiwilligen Kapitulation? Sehen eure Hunderttausende von gutwilligen Träumern denn nicht, von wem und zu wessen Nutzen sie mißbraucht werden?«

Auf der Hofgartenkundgebung der Friedensbewegung am 10. Oktober 1981 sagte einer der Redner, wenn der Deutsche Bundestag diesen machtvollen Appell nicht höre, müsse er sich gefallen lassen, daß ihm die Kompetenz für die Sicherheitspolitik genommen werde. So gesagt in nächster Gegenwart von zwei Präsidiumsmitgliedern beider damaligen Regierungsparteien, die die Friedensbewegung mit anführen. Nirgends eine Reaktion darauf, von keiner Partei. Einige Tage später fragte ein französischer Freund: »Ist euch solches Infragestellen eurer politischen Grundordnung keine Reaktion wert?«

Unsere Schulen, die allzuoft nach katastrophalen Reformen nur noch in Frage stellen können, was an Werten noch vorhanden ist, versagen. Es ist erschütternd, von Wissenschaftlern deutscher Universitäten zu hören, es sei schlimm und behindere das Studium enorm, daß die meisten Abiturienten viel weniger Wissen mitbrächten als früher. Aber noch schlimmer sei, daß sie nicht nur nicht präzise und logisch zu denken gelernt, sondern auch den Kopf voller Vorurteile hätten und daß sie ihre deutsche Sprache nicht mehr umfassend und klar beherrschten, sondern sich wortarm in stereotypen Formulierungen ausdrückten. So komme es dazu, daß man nicht mehr diskutiere, sondern den Andersdenkenden niederschreie. Das Vokabular verarme.

Das haben unsere Nachbarn auch gemerkt. Seit Jahren anerkennen die renommierte Wirtschaftshochschule St. Gallen und andere Schweizer Universitäten das deutsche Abitur nicht mehr als Befähigungsnachweis zum Studium, sondern verlangen von deutschen Studienbewerbern eine Eingangsprüfung. Andere ausländische Universitäten haben inzwischen nachgezogen. Düstere Aussichten für ein Volk, das seine Zukunft mangels anderer Gottesgaben aus Geist und Intelligenz heraus entwickeln muß.

Das ist bedrückend genug, aber es hat auch einen direkten Bezug zu der irrationalen Angst, die unter uns umgeht und immer mehr junge Menschen erfaßt. Die Fähigkeit zu klarem Nachdenken, zum präzisen Erfassen und Beurteilen einer Lage ist das wirksamste Mittel gegen die Angst, ist der Tod der Angst. Seit Hiroshima, seit dreieinhalb Jahrzehnten leben wir in der Grenzsituation zur atomaren Vernichtung. Das ist unser Schicksal, denn es ist unmöglich, eine solche Kraft, die ins Leben getreten ist, zu eliminieren. Vielmehr geht es darum, sie unter Kontrolle zu halten, wie unsere fernen Ahnen das Feuer unter Kontrolle bringen mußten. Das ist bisher gelungen, zunächst dadurch, daß die Amerikaner ihr Monopol und dann ihre überwältigende Überlegenheit nie benutzt, angedroht oder auch nur ins operative Kalkül gezogen haben, später durch annäherndes Gleichgewicht des Zerstörungspotentials.

Der Grund zur Angst ist heute nicht größer als vor zehn oder zwanzig Jahren, wenn wir richtig handeln. Wenn wir die Amerikaner und ihre Waffen verteufeln und die Russen und ihr Arsenal verharmlosen oder verschweigen, geraten wir auf eine Rutschbahn, auf der wir Westeuropa mitziehen.

Wenn wir im stillen Winkel verrückt spielen könnten, würde das unsere Verbündeten wenig kümmern, aber unser Potential und unsere geopolitische Lage machen uns zu einem für alle anderen wesentlichen Faktor. Die sich basisdemokratisch nennenden radikalen, auf den Umsturz der bestehenden staatlichen Ordnung und Verfassungswirklichkeit gerichteten, wahrlich nihilistischen Bewegungen (denn was anderes bieten sie als die Verneinung des Bestehenden, verbrämt mit der Flucht in einen Wahn als Ausweg aus der Mühe und Anstrengung – und Einfallsreichtum – erfordernden Wirklichkeit?) führen zu einem neutralistischen Nationalismus, in dem Links- und Rechtsextremisten sich treffen und Illusionen sich bis zur Selbstzerstörung austoben können. Sicher gibt es diese gewalttätigen Tagträumer überall, aber was die Deutschen tun, tun sie gründlich, bis zur Maßlosigkeit, wenn man sie für sich allein gewähren läßt.

Meine Generation hat es nicht verstanden, den Sturmlauf der Technologie in der Wiederaufbauzeit gedanklich zu verarbeiten und mit dem menschlichen Bewußtsein zu assimilieren. Zu sehr war sie ermüdet von der Anstrengung des Wiederaufbaus aus einer scheinbaren Hoffnungslosigkeit und meinte, nun Anspruch zu haben auf Ruhe und Genuß. Als sie die Freiheit – endlich! – gewonnen hatte, vergaß sie, daß Freiheit täglich neu erobert werden muß, auch und gerade, wenn man sich in ihrem Besitz wähnt. Deshalb konnte die Veränderung der Umwelt- und Lebensbedingungen nicht verarbeitet werden und stieß auf Widerstand. Versäumte Vermittlung geschichtlichen Wissens führte zu Geschichtsfeindlichkeit und

Diskontinuität. Dies und der aus Permissivität (Gefahr des Freiheitsbesitzes) herrührende Sittenverfall zersetzten die gesellschaftliche Substanz und deformierten sie. Damit war der Anarchie der Boden bereitet. Vor dem Ansturm kapitulierten wir mit unseren Bildungs- und Ausbildungssystemen, ideologisierten sie bereitwillig und nannten das Reform. So bekamen wir Einrichtungen, die die jungen Menschen nicht mehr lehrten, nachdenklich, tiefgründig, gewissenhaft zu lernen und zivilisiert miteinander umzugehen, sondern die sie verwirrten.

Arbeit und Leistung wurden als Plage diffamiert, ihr kreativer und bereichernder, das Leben gestaltender Sinn geleugnet. Unternehmerischer Geist und Wagemut wurden verteufelt, die all dem innewohnende Zielbestimmung menschlicher Würde zerschlagen. Die unbegrenzte Vielfalt an Begabungen, Talenten und Entfaltungsmöglichkeiten wurde verdrängt und unter ein völlig mißverstandenes Gleichheitsgebot gepflügt. Toleranz wurde in Indifferenz oder Roheit gegenüber menschlichem Mitgefühl und Wahrhaftigkeit pervertiert, das Gebot der Toleranz in ein Instrument der Erpressung verwandelt, Ordnung und Pflicht wurden zu Repression, um das Individuum zu entfesseln und die Gemeinschaft bereits im Kern, in der Familie, zu zersetzen. Hedonismus wird zum Weg und Ziel der Selbstverwirklichung befördert, obwohl sich der Mensch nur in Bindungen und an Pflichten verwirklichen kann.

So beeinflußt wurde ein großer Teil der Jugend zu dem, was er ist. Wir müssen es als Gnade begreifen, daß es nicht noch schlimmer kam. Die radikalen Aktivisten sind kleine Gruppen, aber sie bringen Hunderttausende – Sympathisanten und Mitläufer, und manchmal vielleicht ganz einfach Menschen, die Gemeinschaft erleben wollen – auf die Beine. Im Hintergrund organisierend und finanzierend, spielen die Kommunisten eine sehr viel stärkere Rolle als vordergründig an Zahl.

Die überwältigende Mehrheit des Volkes, auch der Jugend, hält sich dem fern. Aber die Mehrheit ist leider, wie immer, schweigend. Sie entscheidet im stillen und spricht bei den Wahlen. Dazwischen beherrschen die Lautstarken die Szene.

Seit der Studentenrevolte Ende der 60er Jahre haben wir eine Kulturrevolution durchgemacht. Aber die Revolution hat ihre Kinder – noch – nicht gefressen, sondern über einen Marsch durch die Institutionen in das »Establishment« eingeführt: Schulen, Universitäten, Verwaltung, Gerichte, Gewerkschaften, Parteien, Verbände und andere Organisationen, die Redaktionen der Medien, vor allem des wirksamsten Mediums, des Fernsehens. Dort reden und agieren sie antiautoritär und reagieren auf Kritik autoritär.

Bei vielem, was man mit Universitäten und Schulen erlebt, bei manchem Gerichtsurteil, das man liest, bei vielen Fernsehsendungen, die man sieht und hört, kann man über die intellektuelle Minderwertigkeit, die daraus spricht, verzagen.

Ist es unvermeidlich, oder wiederholt sich schon wieder in anderer Weise, daß Unkultur die Präsentation von Kultur bestimmt? Darf moralisierenden Dilettanten soviel Einfluß überlassen werden? Punktuelle Eindrücke und Erfahrungen werden zu einer umfassenden Vision der Zukunft und zu einer vernichtenden Kritik der Gegenwart verabsolutiert. Die damit unvermeidlich werdende Sprunghaftigkeit verheddert sich in einer Dialektik von immer wiederkehrender Euphorie und Enttäuschung.

Intellektuelle, deren Unfähigkeit, die Wirklichkeit zu begreifen, sie daran hindert, reif zu werden, gewinnen besonders auf junge Menschen übermäßigen Einfluß und damit auf die Gestaltung des Zeitgeistes, der den Fortschritt in der Übersteigerung der Freiheit zur rücksichtslosen Willkür und in der Negierung von Ordnung und Pflicht sucht. Der Hang zu großen Gefühlen, zu formlosen Gedanken, das Suchen der Wirklichkeit in Ideen und nicht da, wo sie zu finden ist, kehrt wieder in einer – verglichen mit dem Idealismus der Deutschen Romantik – ungeschliffenen, rohen Form. Die Sucht nach dem Absoluten, die den Interessenausgleich als schmutziges Geschäft verachtet, triumphiert. Wir sind schon wieder mittendrin, das Bild des häßlichen Deutschen auf den Altar zu stellen.

Heute spürt man wieder Haß, wie seit der Hitlerzeit nicht mehr. Da werden Überzeugungen zu Glaubenssätzen, zur Ersatzreligion, oder die Religion wird als politische Keule mißbraucht. Der atomare Holocaust dient als dramaturgisches Mittel zur Selbst-Dramatisierung und zu dem uns Deutschen so nahen Selbstmitleid. Kulturpessimismus, Ausstiegssyndrome, auf Nihilismus zielender Skeptizismus. »Götterdämmerung«... Doch in der Jugend ist viel Denken und Fühlen für andere wirksam, viel Hilfsbereitschaft und tätige Hilfe. Auch Irrungen in der Zielauswahl ändern nichts an gutem Wollen. Die Bereitschaft der Jungen wirklich zu diskutieren, die Meinung anderer anzuhören und auch zu tolerieren, wächst. Der Katholikentag in München hat es im Vergleich zu früheren Veranstaltungen beider Kirchen deutlich gezeigt.

Aber diese Kulturrevolution, die als Aufstand der Nachkriegsgeneration und gegen die Väter, denen die Überwindung der Katastrophe gelungen war, ausbrach, hat auch ihren epochalen Sinn. Nicht als eine die Kultur steigernde Schöpfung, dazu fehlt es ihr an geistiger Kreativität, aber als bissiger Hecht im Karpfenteich. Wenn sie nicht herangewachsen wäre, hätte man Elemente von ihr erfinden müssen, um der entstandenen Selbstgefälligkeit und Sterilität vieler Institutionen, die es sich in unserem Gemeinwesen bequem gemacht haben, Wind um die Ohren zu blasen, um allen, die Verantwortung tragen, klarzumachen, daß aus Unaufmerksamkeit und Gedankenlosigkeit vieles versäumt wurde, verfilzte. Solchen Wind brauchten wir durchaus. Ob mit soviel fanatischem Eifer, solch zelotischem Ernst? Nur ist dieser epochale Sinn der Kulturrevolution von denen, die er angeht, noch nicht ganz erfaßt worden. Man mußte gerade in diesem Jahr immer wieder betroffen sein über den Mangel an politischem Instinkt und an Sensibilität bei den Verantwortlichen. Je eher das begriffen wird, um so wirkungsvoller können die zur Landplage gewordenen neurotischen Hechte aufs Trockene gesetzt werden, wo immer sie jetzt agieren. Die anderen werden jeden Tag einen Tag älter und haben die große Chance, erwachsen zu werden.

Wir müssen Anspruch und Forderung, die als Repression diskreditiert wurden, wieder in den Mittelpunkt von Erziehung und Ausbildung rücken und die zurückweisen, die aus politischer Absicht die Familie als Urzelle jedes Gemeinschaftsgefühls lahmlegen und das Zusammenwirken von Eltern und Schule beseitigen wollen, um das Bewußtsein schon des Kindes allein in ihrem Sinne beeinflussen zu können. Es dürfen keine Reservate mehr geduldet werden, in denen ungeahndet Zügellosigkeit und Gewalt gepredigt werden dürfen. Wir müssen den Nihilismus in allen seinen Deckmänteln erkennen und ihm seine Auswirkung in Gesellschaft und Bildungseinrichtungen, in der Untergangspropaganda des Fernsehens und der Film- und Videoproduktion verwehren.

Demokratisierung ist kein Allheilmittel für alle Lebensumstände. Sie bedarf des Maßes und der Differenzierung; Eiferer fügen ihr Schaden zu. Alles Abstimmungen und Mehrheitsentscheidungen unterwerfen zu wollen führt zu Hysterie und Verfall. Wissenschaft und Kultur in allen ihren Bereichen, Ausbildung und Erziehung, Finanzwirtschaft und Produktion der Wirtschaft den Mehrheitsentscheidungen aller Beteiligten zu unterwerfen, führt zu unaufhaltsamer Leistungsminderung, erstickt schöpferisches Potential und bereitet radikalen Pressionsgruppen das Feld für zerstörende Auswirkung. Auch Mehrheiten können irren.

Je mehr die Besten, Fähigsten, Geistvollsten gefördert werden und sich frei in allen Lebensbereichen entfalten können, um so mehr kann irrenden Mehrheitsentscheidungen vorgebeugt werden. Die Demokratie bedarf dringend der aktiven Mitwirkung der Besten, um mit Maß und Ziel zu funktionieren. Geschichtlich ist das im 19. und 20. Jahrhundert am besten den Schweizern und Engländern gelungen.

Die Älteren und meine Generation werden heftig gescholten für all das, was wir falsch gemacht und zu verantworten haben. Vieles davon ist im Ansatz begründet. So ist es noch jeder dahinschwindenden Generation ergangen und wird es in Zukunft ergehen. Nur eines sollten die Jungen nicht vergessen: Kein Mensch ist verantwortlich für das Datum seiner Geburt und für die Zeit, in die er hineinwächst. Um urteilen, vor allem verurteilen zu können, muß man sich um Kenntnis und Erkenntnis bemühen. Wenn wir, 1945 aus dem Krieg kommend, so gesonnen gewesen wären, wie viele junge Leute unseres damaligen Alters heute, dann säßen wir alle zusammen noch auf den Trümmern von 1945. Aber wir waren nicht so. Wir haben angepackt und das Land aus der Katastrophe herausgearbeitet, wir haben es versucht. Wir lassen uns schelten. Darauf kommt es nicht an. Nur bitten wir darum: Macht nicht wieder alles kaputt.

Unsere wiederzugewinnende Stabilität des Willens und des Geistes wird nicht unwesentlich von unserer volkswirtschaftlichen Entwicklung und internationalen Konkurrenzfähigkeit abhängen und umgekehrt. Es gibt da viele gewichtige Sorgen: zu hohe Gestehungskosten, Arbeitszeitvergleich etwa zwischen Amerikanern, Japanern und Deutschen. Zurückfallen in bestimmten Bereichen der Elektronik und anderer Zukunftsindustrien, es ist die Rede von Technologiefeindlichkeit der Jugend. Sicher trifft das auf eine beträchtliche Zahl junger oder noch junger Menschen zu, aber es gibt auch eine viel größere Anzahl noch jüngerer, unsere Enkel, die mit Elektronik aufwachsen und mit ihr umgehen, wie wir früher mit Zinnsoldaten und Kreisel. Und insgeheim gehört dazu mancher, der auf dem öffentlichen Markt mit dem rotgrünen Finger auf die »neue Technologie« zeigt. Die Ergebnisse der Bundeswettbewerbe »Jugend forscht« und die internationalen Konkurrenzen ganz junger Mathematiker zeigen, daß bei uns trotz allem eine hochbegabte junge Elite heranwächst. Ohne Eliten hat noch kein Volk in der Geschichte überleben können. Ob man sie so nennt oder nicht, ist ganz gleich. Man muß sie fördern. Das eröffnet gute Aussicht auf Erfolg, denn an Deutschlands Universitäten, Oberschulen und in den Lehrwerkstätten beginnt die Generation der ganz Jungen ihre Wende zu vollziehen – offenbar konsequenter und erfolgreicher als die Erwachsenen.

Über die Lehrlinge – »Auszubildende«, wie der offizielle, unsere schöne Sprache deformierende Ausdruck der Reformgesetzgebung lautet – sagt ein Unternehmer: »Ganz bewußt sage ich lernwillig, denn es ist eine Freude, die Bereitschaft, den Eifer, das Vermögen, den Willen der meisten dieser jungen Leute zu beobachten, wenn sie den Einstieg in das berufliche Geschehen finden.« Wir sind dabei, die schwerste unserer Krisen – die des Bildungs- und Ausbildungswesens – zu überwinden. Nicht weil die von Ideologie und Theorie verblendeten Reformgesetzgeber den von ihnen angerichteten Unfug erkennen und reformieren, sondern weil Lehrlinge, Schüler und Studenten die Sache selbst in die Hand nehmen und aus ihrem Leben etwas Vernünftiges machen wollen, das sie weiter bringt als »Frust« und Krakeelen.

Es war eine unbegreifliche Ironie, daß ausgerechnet die Partei, die sich als die der Werktätigen versteht, die praktische Berufsausbildung jahrelang durch ihre Politik der Studienschwemme deklassiert hat. Die jungen Leute selber rücken das jetzt zurecht. Millionen Familien von Handwerkern und Facharbeitern haben sich Generationen hindurch bis in unsere Tage als solidestes Bollwerk einer anständigen Gesellschaft und als reiches Reservoir für den Aufstieg Begabter erwiesen. Die Zahl junger Selbständiger wächst von Monat zu Monat.

Notwendigkeit des Strukturwandels, schneller Fortschritt der Technologie, der Automatisierung und Elektronisierung der Arbeitsabläufe sind unabwendbar. Je mehr wir ihrer Unabweisbarkeit inneren und äußeren Widerstand entgegensetzen, um so mehr wird uns diese neue industrielle und zivilisatorische Revolution überrollen und als Opfer beiseitestoßen, um so weniger befähigen wir uns, sie als Evolution zu beherrschen.

Als vor 150 Jahren die stürmische Entwicklung der Eisenbahnen begann, geriet das gesamte überkommene Verkehrswesen des pferdebespannten Fuhrbetriebs mit Fuhrleuten, Wagenbauern, Stellmachern, Schmieden und Pferdezüchtern in eine revolutionäre Krise. In weniger als zwei Jahrzehnten schrumpften ganze Erwerbszweige dahin. Neue mußten geschaffen werden. Hunderttausende verloren ihre Tätigkeit und mußten sich eine neue suchen. Für sie wäre es zunächst bequemer gewesen, wir hätten uns von der Entwicklung des Schienenverkehrs abgekoppelt. Doch das hätte uns ins Elend geführt.

Demokratie ist das anspruchsvollste politische und rechtliche Verfassungssystem. Es verlangt Kenntnis, Gemeinsinn und Selbstdisziplin. In der Hand von Toren und Zügellosen wird es zum Selbstmord. Was wir mit Außenpolitik erreichen und wie wir sie gestalten können, hängt entscheidend von der inneren seelischen Stabilität unseres Gemeinwesens ab und davon, ob es uns wieder gelingt, alle aufbauenden geistigen, wissenschaftlichen und wirtschaftlichen Kräfte sich frei entfalten zu lassen. Es wird darauf ankommen, was die Deutschen für Deutschland zu tun bereit sind. Ohne einen kräftigen Schuß Vaterlandsliebe, der unsere Landsleute drüben miteinschließt, wird aus uns nicht mehr viel werden.

Die elfhundertjährige Geschichte der Deutschen war in ihren Höhen und Tiefen keine Lehre der Weisheit. Gewinnen wir aus der schmerzlichen Verbundenheit mit unserer Geschichte, der wir uns nicht entziehen können, eines: Laßt uns weiser werden. Laßt es uns gemeinsam mit unsern französischen Freunden versuchen.

Es ist viel Kraft in diesem Land und seinen Menschen. Manchmal gar scheint es der Kraft zuviel. Kraft ist nicht böse an sich. Entscheidend ist, wozu man sie verwendet. Und weil in diesem Land und seinen Menschen so viel Kraft steckt, fast mehr, als sie für sich alleine brauchen, sind wir immer dann eine Gefahr für die Welt, wenn wir im eignen Safte schmoren.

So will mir denn scheinen, der geschichtliche Auftrag für die Deutschen laute, ihre Kraft in den Dienst der Völkergemeinschaft zu stellen. Nicht ihr Deutschsein in abstrakter Kraftmeierei zu vernebeln, sondern den Überschuß an Sturm und Drang einem Ziel zugute kommen zu lassen, das einen jeden von uns und uns als Nation (die wir sind, auch und gerade, weil es den natürlich abgeschlossenen deutschen Staat nicht gibt) übersteigt: Deutsch zu sein mit Maß und Ziel.

Das ist eine Forderung an jeden einzelnen von uns. Es ist vor allem eine Forderung an jede deutsche Staatsführung. Denn da der einzelne es für sich allein nicht schaffen kann, muß die Führung dieses Volkes dessen Kraft kanalisieren.

Das verlangt mehr als das durchschnittliche Maß an Weisheit.

So lange wir leben haben wir die Chance, den alten schwedischen Kanzler Graf Oxenstierna zu widerlegen, der vor über dreihundert Jahren auf dem Sterbebett zu seinem Sohn sagte: «Wisse, mein Sohn, mit wie wenig Weisheit die Welt regiert wird.»

Register

Abba Eban 120
Abdu(h), Muhammad 104
Absrüstung (s. auch Rüstungsbegrenzung) 61, 80, 152, 155ff., 163
Abschreckung 32, 42, 56, 63, 152ff., 156ff., 161
Absolutismus 11
Adenauer, Konrad 26, 33, 38, 52, 69, 75, 119, 122
Afghani, Dschamal Ad Din Al 104
Afghanistan 45, 64, 69, 76ff., 81, 98, 111, 114, 134f., 154, 159, 162, 165
Afrika 83, 102, 108, 125, 150
Agrarfragen s. Landwirtschaft
Ägypten 105, 109f.
Alliierte 10f., 13
Alternative Bewegung 25
Amerika 27, 29, 32, 38f., 41ff., 45f., 51–70, 79, 82, 89, 97, 99, 102, 109, 111, 113, 115f., 120, 125f., 133, 138ff., 144, 148, 150, 152ff., 157ff., 162, 165f., 168, 172
Anti-Amerikanismus 28, 67f.
Äquidistanz 53, 66
Antisemitismus 28, 124
Arabische Halbinsel 63, 111f.
Arabischer Golf, s. Persischer Golf
Arafat, Yasir 110
Arbeitsplätze s. Beschäftigung
Argentinien 90
ASEAN 144
Asien 55, 64, 82, 97, 102, 125, 134, 150
Äthiopien 63, 112
Atlantik 55ff., 63, 69, 144, 150
Australien 144

Baltikum 76f.
Bangladesch 98
Bauer, Oberst 137
Begin, Menachem 113
Beiderseitige ausgewogene Truppenverminderungen (MBFR) 61, 140, 156
Ben Gurion, David 120
Beneluxstaaten 36, 38, 42
Berlin 15, 42, 61, 71, 81f., 142, 147, 161
Besatzungsmächte 10ff.

Beschäftigung 34f., 40, 79, 90
Birma 135
Bismarck, Otto von 121
Blockfreiheit s. Ungebundenheit
Bolschewismus 77
Boxeraufstand 136
Brandt, Willy 75
Brasilien 90
Braun, Otto (Li Teh) 137
Breschnew, Leonid Iljitsch 83
Buber, Martin 120
Bundeskanzler 15ff., 70
Bundespräsident 15ff.
Bundesrat 18, 21f.
Bundesstaat, europäischer 37
Bundestag 18, 20, 37, 82, 113, 167
Bundesverfassungsgericht 25
Bundesversammlung 16
Bundeswehr 167
Bündnis, s. NATO
Bürokratismus 37, 68, 91

Carter, Jimmy 134
Chiang Kai-shek 137ff.
China, Volksrepublik 55, 63, 69, 82f., 97, 129–145, 150
chinesisch-sowjetischer Konflikt 77, 82, 133ff.
Chodowiecki, Daniel 71
Chruschtschow, Nikita 77
COMECON, s. Rat für gegenseitige Wirtschaftshilfe
Costa Rica 69

Dänemark 33
Dayan, Moshe 120
DDR 23, 73f., 81f., 96, 131, 138
De Gaulle, Charles 35, 38, 44, 69
Deng Xiaoping 132
Descartes, René 52
Deutscher Zollverein 136
Deutsches Reich 9, 13, 44, 136f.
deutsch-französische Freundschaft 31, 40ff., 65, 75, 88, 162

175

Deutsch-Französische Union 37ff.
Deutsch-Französischer Vertrag von 1962 38
Dissidenten 77, 81
Doppelbeschluß der NATO s. Nachrüstung
Dritte Welt 45, 85–100, 132, 157, 159

ECU, Europäische Währungseinheit 39
EFTA s. Europäische Freihandelszone
El Salvador 69, 77, 166
England s. Großbritannien
englisch-französische Nuklearmacht 32
Entspannung 28, 62, 82f., 85 f., 152, 156
Entwicklungsländer 59, 61, 85–100, 105
Entwicklungspolitik 85–100, 150
Erhard, Ludwig 27, 121
Erster Weltkrieg 125, 137, 141, 149
Europäische Einigung 32f., 43f., 60, 62, 139, 143, 161
Europäische Freihandelszone (EFTA) 45
Europäische Friedensordnung 44
Europäische Gemeinschaft (EG) 31f., 34ff., 41f., 45, 57ff., 107, 139, 165
Europäische Kommission 32
Europäische Politische Zusammenarbeit (EPZ) 32
Europäische Zahlungsunion 107
Europäisches Währungssystem (EWS) 39
EWG, s. Europäische Gemeinschaft (EG)
EWS, s. Europäisches Währungssystem

Falkenhausen, Ludwig Freiherr von 137
Faschismus 24
Ferner Osten 129
Finanzpolitik 62
Force de frappe 40, 42
Frankreich 37ff., 65, 74f., 88, 97, 99, 111, 161f.
Freiheit der Wohnung 12
Freizügigkeit 12
Friedensbewegung 166
Friedrich der Große 121
Fundamentalismus 76, 111f., 114, 116

Gaddafi, Muammer Al- 110
Gesetzgebungsnotstand 17, 19ff.
Gewerkschaften 23, 93
Giscard d'Estaing, Valéry 83,
Glemp, Kardinal 73
Goebbels, Joseph 79
Goldmann, Nahum 120
Golfkrieg, s. irakisch-iranischer Krieg
Golfstaaten 110, 159
Gorbatschow, Michail 78
Grenada 69
Griechenland 33, 35, 102
Gromyko, Andrei 82
Großbritannien 35, 42, 97, 99, 111, 161, 172

Grundgesetz 13 ff.
Grundkonsens 17, 19, 23, 33
Grundrechte 12
Grüne 25

Handel 45, 57ff., 96, 131, 133, 137, 139, 144, 162
Handelsbilanz 57f., 131
Handelshemmnisse 35, 59f., 89
Handelsschranken, Abbau der 89
Herder, Johann Gottfried von 71
Heuss, Theodor 13
Hitler, Adolf 74, 77, 79, 81, 116, 132, 170
Honduras 69
Hormuz, Straße von 63f.

Idealismus 71, 170
Imperialismus 93, 97
Importbeschränkungen 59
Indien 95 ff., 115, 135
Indischer Ozean 31, 97ff., 108, 110, 134f.
Industrialisierung 80, 85, 92ff., 97, 102, 106f., 109, 131 f., 173
Industriegesellschaft 27, 39, 45, 59f., 68, 85, 89, 93f., 105, 109
Inflation 34f., 90
Innovation (s. auch Technologie, moderne) 35, 39, 68, 144
Interdependenz 51, 61, 151
Internationaler Währungsfonds (IWF) 89
Investitionen 34, 79, 107
Iqbal, Sir Mohammed 104
Irak 65, 101, 105, 111, 113f.
Irakisch-iranischer Krieg 65, 108, 113
Iran 64f., 101, 105, 112ff.
Islam 104, 114, 116
Isolationismus 56
Israel 64, 101, 108, 110, 112f., 116, 119–127
Israelisch-arabischer Konflikt s. Nahostkonflikt
Italien 38, 42, 111, 161, 166
IWF, s. Internationaler Währungsfonds

Jalta, Konferenz von 147
Japan 27, 39f., 46, 63, 97, 130f., 133, 138, 140, 144, 172
japanisch-amerikanisches Bündnis 133
Jaruzelski, Wojciech 73
Jewish Claims Conference 120

Kadar, Janos 72
Kambodscha 98, 135
Kamputschea, s. Kambodscha
Kanada (s. auch Amerika) 152
Kapitalhilfe 88
Kapitalismus 93

Karibik 56, 69f.
Karl der Große 38f.
Katar 105
Kenia 101
Ketteler, von, Gesandter 136
Khomeini, Ayatollah 113
Kiepura, Jan 71
Kirchen 72f., 170
Kissinger, Henry 138
Klassenkampf 23, 48, 77, 93
Koexistenz 77, 83, 86
Kohl, Helmut 37
Kommunismus 24, 52, 77, 92f., 130, 132, 148, 150, 166
Kommunistische Parteien 73, 84, 98, 130, 132, 166, 169
Konferenz über Sicherheit und Zusammenarbeit in Europa (KSZE) 45, 61, 76, 140, 155
Konferenz über Vertrauensbildung und Abrüstung in Europa (KVAE) 61
Konfuzius 129 f.
Kongreß, amerikanischer 57, 61, 113, 160
Konzert der Großmächte 51
Kopelew, Lew Sinowjewitsch 83
Kopernikus 71
Korea 144
Krisenmanagement 65
KSZE, s. Konferenz über Sicherheit und Zusammenarbeit in Europa
Kuba 69
Kubakrise 1962 55, 77
Kulturpolitik, auswärtige 75f.
Kulturrevolution 27, 132, 138, 169ff.
Kunst 67, 75, 141f.
Kuwait 105f., 110, 114
KVAE, s. Konferenz über Vertrauensbildung und Abrüstung in Europa

Landwirtschaft 59, 80, 93, 105ff., 131, 163
Langer Marsch 137
Laos 135
Leistungsbilanz 58
Lenin, Wladimir Iljitsch 54, 77, 83, 86, 93, 132
Libanon 64, 101, 110f.
Libanonkrieg 110f., 124
Liberale Bewegung 11
Libyen 110

Machtvakuum 33, 53, 64, 109, 114, 134, 156
Mao Tse-tung 132, 137, 141
Marktwirtschaft 36, 92
Marschflugkörper 154
Marshallplan 107, 148
MBFR = Mutual Balanced Force Reduction, s. Beiderseitige ausgewogene Truppenverminderungen

Meir, Golda 120
Menschenrechte 64, 84, 116, 151
Mexiko 90
Mittelmeer 32, 103, 123, 126, 144, 147, 161
Mitterrand, François 37
Mittlerer Osten 63, 78, 83, 96, 101–117, 159
Montini, Giovanni, Kardinal 113
Moses, Siegfried 120
Murphy, Robert 77

Nachrüstung 56, 62, 78, 152ff.
Naher Osten 32, 57, 64, 101–117, 119, 123, 126
Nahostkonflikt 55, 57, 64, 101, 108ff., 126
Napoleon Bonaparte 11, 41
Nationalismus 44, 67, 97, 125, 168
NATO, s. Nordatlantikpaktorganisation
Nazismus 52, 66, 122, 149
Nicaragua 69, 77, 166
Nietzsche, Friedrich 24
Nixdorf, Heinz 27
Nixon, Richard Milhouse 68, 138
Nordatlantikpaktorganisation (NATO) 32f., 36, 40f., 44, 54, 60f., 63, 67, 70, 78, 81, 139, 142, 147–163, 165
Norddeutscher Bund 136
Nordsee 63
Nord-Süd-Kommission der UNO 90
Nord-Süd-Problem 46, 85–100, 102, 150
Norwegen 161
Nulloption 153

OECD s. Organisation für wirtschaftliche Zusammenarbeit und Entwicklung
OEEC 107
Organisation für wirtschaftliche Zusammenarbeit und Entwicklung (OECD) 107
Osmanisches Reich 125
Ostafrika 63
Osteuropa 71–84, 147, 160
Ostpolitik 61, 82f., 139
Ostsee 71
Ost-West-Konflikt 46, 54, 62, 85, 97, 99, 147
Oxenstierna, Axel Gustavsson Graf 174

Pakistan 97 ff., 114f., 135
Palästinenser 109f.
Panamakanal 70
Parlamentarischer Rat 13, 15
Parlamentsauflösung 16f., 19f.
Paul VI., Papst 113
Pazifik 55, 63f., 69, 82, 133f., 144f., 150
Pazifismus/Pazifisten 54
Pershing II 153f.
Persischer Golf 103, 113ff.
Philippinen 134

PLO (Palestine Liberation Organization) 109f., 124
Polen 45, 53, 71, 73ff., 79, 81, 166
Politische Einigung Europas, s. Europäische Einigung
Potsdamer Erklärung 10, 13
Präferenzabkommen der EG 59
Präsenz, amerikanische in Europa 32, 42, 56, 70, 126, 142
Preußen 135f.
Protektionismus 39, 59ff.

Radziwill, poln. Magnatengeschlecht 71
Raketendebatte 29
Rat für gegenseitige Wirtschaftshilfe (RGW) 72f.
Reagan, Ronald 62, 68, 81f., 134, 157f.
Rechtsradikalismus 19, 24
Rechtsstaat 11
Rehfues, Gesandter von 136
Reichskanzler 15ff., 22
Reichspräsident 15ff., 22
Reichsrat 18
Reichstag 16f., 22
Reparationen 121
RGW, s. Rat für gegenseitige Wirtschaftshilfe
Richthofen, Ferdinand Freiherr von 136
Robespierre, Maximilien de 132
Rohstoffversorgung 62f., 94, 126, 131, 144, 159
Roosevelt, Franklin Delano 79
Rückerstattung 120
Rüstungsbegrenzung 45, 66, 155f., 157, 163

Sacharow, Andrei Dmitrijewitsch 81
SALT (Strategic Arms Limitation Talks) 61, 153
Saudi-Arabien 63, 110, 112ff.
Scheel, Walter 139
Schleyer, Hanns Martin 36
Schwarzes Meer 103
Schweiz 138, 167, 172
Seeckt, Hans von 137
Selbstbestimmung 14, 113, 142
Shamir, Yitzhak 113
Sharett, Moshe 120
Sicherheit/Sicherheitspolitik 24, 32f., 62, 64, 67, 80, 148, 151f., 161, 163, 167
Sicherheitsrat der Vereinten Nationen 42
Silone, Ignazio 84
Solidarität, polnische Gewerkschaft 74, 166
Solschenizyn, Alexander Issajewitsch 81, 83
Somalia 63
Sonderziehungsrechte 90
Sowjetunion 15, 23, 38, 42f., 46, 51, 55, 62ff., 69f., 71ff., 76, 78f., 81ff., 85, 90, 97f., 102, 108, 110f., 113ff., 126, 131, 133ff., 140, 142, 147ff., 153f., 156ff., 161ff., 165 f., 168
Sozialdemokratische Partei Deutschlands (SPD) 19, 173
Sozialismus 77, 79, 83, 97
Spanien 33
SS 20 56, 66, 78, 83, 140, 153f., 156
Strukturanpassung 34
Subventionen 34f., 59, 68
Subversion 79
Südasien 97ff., 115
Südjemen 63, 111f.
Südliches Afrika 63
Südostasien 63, 83, 96f., 99, 135
Suezkonflikt von 1956 66
Supermacht/Supermächte, s. Weltmacht/Weltmächte
Supranationalismus 37
Syrien 105, 111, 114

Taiwan 134, 138f., 144
Technische Hilfe 88, 92
Technologie, moderne 31, 33, 37, 47, 68, 80, 132, 141, 144, 162, 168, 172f.
Teilung Deutschlands, Überwindung der 23, 43f., 66, 74, 86f., 100, 142, 163, 165
Terrorismus 29, 36
Thailand 135
Totalitarismus 24
Tschechoslowakei 71f., 147
Tschernenko, Konstantin 73
Tschou En-lai 132
Türkei 105, 114f.

Übervölkerung 46, 89, 93, 99, 105
Umwelt 28, 34, 36, 95
Ungarn 71f.
Ungebundenheit, Politik der 86 f.
Ungleiche Verträge 136
UNO, s. Vereinte Nationen
USA, s. Amerika

Veit Stoß 71
Venezuela 90
Vereinigte Staaten, s. Amerika
Vereinte Nationen 42, 155, 157, 159
Verfassung 10–24, 126, 165, 168, 173
Verfassungsrat, deutsch-französischer 37f.
Versailler Vertrag 130, 137
Verschuldung der Entwicklungsländer 89f., 94
Verteidigung 32, 54, 57, 60, 63
Vietnam 55, 63, 68, 135
Völkerbund 155, 157
Völkerrecht 13
Vorneverteidigung 40

Wachstum 34, 89, 144
Währung 26, 39, 57, 61, 79
Warschauer Pakt 142, 153, 160
Watergate 68
Weichmann, Herbert 123
Welthandel, s. Handel
Welthandels- und Entwicklungskonferenz 85
Weltmacht/Weltmächte 11, 15, 51, 53ff., 69, 77f., 116, 143, 149f., 154, 157
Weltmarkt (s. auch Handel) 35, 60, 69, 96
Weltraum-Abwehrsystem (»star wars«) 157
Westeuropäische Union (WEU) 33
Wetzell, General 137
WEU, s. Westeuropäische Union
Widerstandsrecht 28

Wiederaufbau 92, 119, 168
Wiederbewaffnung der Bundesrepublik Deutschland 52
Wiedergutmachung 120
Wilhelm II., Kaiser 136
Wirtschaft 24, 27, 34, 39, 41, 48, 57, 59, 61f., 67, 72, 80, 98, 105ff., 131, 135, 139f., 144, 148, 171f.
Wissenschaft 67

Zahlungsbilanz 58
Zentralbanken 39, 89
Zinsen 34, 61, 88f.
Zionismus 126
Zölle 36, 59f.
Zweiter Weltkrieg 51, 61, 78, 81, 97, 102, 119, 124, 129, 138, 149, 155

Nicholas Wapshott / George Brock

Margaret Thatcher
Eine Frau regiert in Downing Street

Aus dem Englischen von Hermann Kusterer
408 Seiten und 28 Bildseiten
Format 12,5 x 20,5 cm, gebunden DM 38,–
ISBN 3-512-00684-1

Margaret Thatcher – die Karriere einer Frau mit Mut und Stehvermögen. Dieses Buch, verfaßt von zwei TIMES-Redakteuren, offenbart uns Hintergründe und Zusammenhänge ihres stufenweisen Wegs zur Macht, wertet ihre Persönlichkeit und verschafft dem Leser glänzende Einblicke in das britische Regierungssystem.

Erstmals in der britischen Geschichte übernahm eine Frau das Amt des Premierministers und gestaltet britische Politik. Diese erste deutschsprachige Biographie ist ein sehr persönliches Porträt und versucht eine Wertung ihrer zeitgeschichtlichen Leistung als Führerin der Konservativen Partei und Premierministerin. Die Beantwortung einer Fülle von persönlichen Fragen und die Erklärung wesentlicher politischer Zusammenhänge vermitteln dem Leser das Mosaikbild einer Persönlichkeit von staatsmännischen Konturen.

Seewald Verlag · Stuttgart · Herford